© Verlag Zabert Sandmann
München
4. Auflage 2011
ISBN 978-3-89883-266-3

Grafische Gestaltung	Georg Feigl
Coverfoto und Rezeptfotos	Olaf Gollnek
Porträtfotos	Olaf Gollnek (Seite 6), Frank von Wieding (Seite 7)
Redaktion	Gertrud Köhn, Eva-Maria Hege, Kathrin Ullerich
Herstellung	Karin Mayer, Peter Karg-Cordes
Lithografie	Christine Rühmer
Druck & Bindung	Mohn media Mohndruck GmbH, Gütersloh

 Beim Druck dieses Buchs wurde durch den innovativen Einsatz der Kraft-Wärme-Kopplung im Vergleich zum herkömmlichen Energieeinsatz bis zu 52 % weniger CO_2 emittiert. *Dr. Schorb, ifeu.Institut*

»Wünsch dir Sass!« im NDR-Fernsehen, Redaktion: Christian Stichler
Lizensiert durch Studio Hamburg Distribution & Marketing GmbH, Koordination: Petra Rönnfeldt

Besuchen Sie uns auch im Internet unter www.zsverlag.de

Inhalt

6   **VORWORT**

8   **VORSPEISEN**

34   **SALATE**

54   **SUPPEN**

76   **GEMÜSE**

104   **NUDELN & CO.**

132   **FISCH**

156   **GEFLÜGEL & WILD**

186   **FLEISCH**

220   **SÜSSES & DESSERTS**

242   **REGISTER**

Liebe Leserin, lieber Leser,

Sie mögen denken, einen Mangel an Kochbüchern und Kochsendungen gibt es nicht. Da haben Sie recht! Aber unter den unzähligen Menschen, die jeden Tag versuchen, uns Zuschauern Lust und Appetit auf Selbstgekochtes zu machen, gibt es ein paar Gesichter, die unverwechselbar sind. Echte Typen, die auffallen und polarisieren. Und Rainer Sass ist einer jener Typen. Mit allergrößter Leidenschaft geht er seinem Kochhandwerk nach – und das schon seit mehr als zwei Jahr-

zehnten. Dabei ist Rainer Sass kein gelernter Koch. Aber wer fragt schon bei einem Künstler nach dem Gesellenbrief? Rainer Sass versteht nämlich die Kunst, aus einfachen und klassischen Produkten Gerichte zuzubereiten, die nicht nur geradlinig, ehrlich und alltagstauglich, sondern vor allem auch eins sind: lecker!

Rainer Sass gehört zur Gründungsgeneration des heutigen Kochfernsehens – so lange wie er ist kaum ein anderer dabei. Und das will etwas heißen im schnelllebigen TV-Geschäft. Seit 25 Jahren ist Rainer Sass für den Norddeutschen Rundfunk tätig. Ein Vierteljahrhundert! Als er 1985 bei den Kollegen von NDR 2 angefangen hat zu kochen, war Helmut Kohl noch Bundeskanzler und Boris Becker gewann mit 17 Jahren zum ersten Mal Wimbledon. Damals kochte Rainer Sass für seine Hörer. Schnell wechselte er ins Fernsehen, war über Jahre mit seinem roten Kochmobil im Norden unterwegs und hat allein für die Sendung »DAS!« mehr als 1000 Rezepte entwickelt.

Dabei ist Rainer Sass nie stehen geblieben – kulinarisch ebenso wenig wie handwerklich. Sein jüngstes Format heißt »Wünsch dir Sass!«, im NDR Fernsehen und anderen Dritten Programmen der ARD ein gro-

ßer Erfolg. Denn Rainer Sass macht in seiner Sendung etwas, was viele andere nicht tun. Er verlässt das Fernsehstudio, fährt zu unseren Zuschauern im Norden und hilft ihnen zu Hause in ihrer eigenen Küche beim Kochen und Einkaufen. Er bereitet das zu, was sie sich wünschen. Er vermittelt die Lust am Essen und nimmt die Angst vorm Selberkochen. Er ist damit ganz nah bei unseren Zuschauern. Gerade das macht die Sendung »Wünsch dir Sass!« aus.

In diesem Buch sind die besten Rezepte aus dieser Reihe versammelt und natürlich noch einige mehr. Damit auch Sie, bei denen Rainer Sass noch nicht zu Hause war, seine Rezepte nachkochen und nacherleben können, haben wir sie hier alle in einem Buch zusammengefasst.

Ich wünsche Ihnen beim Nachlesen und Nachkochen viel Freude!

Ihr

Frank Beckmann
Programmdirektor NDR Fernsehen

Vorspeisen

Eine gute unkomplizierte Vorspeise
ist der richtige Einsteiger für ein Menü –
oder einfach einmal einige Vorspeisen
zusammen servieren und
zum Menü machen.

THUNFISCH-TOAST
mit Paprika

ZUTATEN FÜR 4 PERSONEN

Für die Mayonnaise:
4 Eigelb · 1 TL Senf · 6 EL Olivenöl
1 walnussgroßes Stück Ingwer
1/2 TL Chilipulver · 1 TL Zitronensaft · Salz

Für die Toastbrote:
je 2 rote und gelbe Paprikaschoten
1 Mango · 2 kleine Köpfe Römersalat
4 Scheiben Thunfischfilet (à 120–140 g)
Meersalz · Pfeffer aus der Mühle
4 Scheiben Toastbrot · 3 EL Olivenöl

ZUBEREITUNG

1. Den Backofen auf 200 °C vorheizen. Für die Mayonnaise die Eigelbe und den Senf in einen Rührbecher geben und mit dem Stabmixer aufschlagen. Das Olivenöl nach und nach dazugießen und weiterschlagen, bis die Masse cremig wird. Den Ingwer schälen und fein reiben. Die Mayonnaise mit dem Ingwer, Chilipulver, Zitronensaft und Salz würzen.

2. Für die Toastbrote die Paprikaschoten längs halbieren, entkernen, waschen und mit den Schnittflächen nach unten auf ein Backblech legen. Im Ofen 20 Minuten garen, bis die Haut leicht schwarz wird.

3. Inzwischen die Mango schälen, das Fruchtfleisch zuerst in Spalten vom Stein und dann in feine Scheiben schneiden. Den Römersalat putzen, waschen, trocken schleudern und in Streifen schneiden. Die Paprikaschoten mit einem feuchten Küchentuch bedecken und 5 Minuten ruhen lassen. Dann häuten und in Streifen schneiden.

4. Den Thunfisch waschen und trocken tupfen, mit Salz und Pfeffer würzen. Die Toastbrote in einer beschichteten Pfanne ohne Fett goldbraun rösten. Das Olivenöl in einer Pfanne erhitzen, den Thunfisch darin auf jeder Seite 1 Minute braten, nochmals mit Salz und Pfeffer würzen. Die Toastbrote mit Römersalat, Thunfisch, Paprikastreifen und Mangoscheiben belegen und mit der Mayonnaise beträufeln.

GARNELEN-SANDWICH
mit Mango

ZUTATEN FÜR 4 PERSONEN

Für die Mayonnaise:
4 Eigelb · 1 EL Senf · 6 EL Olivenöl
1 TL trockener Martini · 1 EL Ketchup
1 EL Sahne · 1/2 Bund Dill (fein gehackt)

Für die Sandwiches:
2 Knoblauchzehen
1 walnussgroßes Stück Ingwer
16 Garnelen (mit Schale)
4 EL Olivenöl · Salz · Pfeffer aus der Mühle
8 Scheiben Kastenweißbrot
1 Mango · 1 Bund Rucola

ZUBEREITUNG

1. Für die Mayonnaise die Eigelbe und den Senf in einen Rührbecher geben und mit dem Stabmixer aufschlagen. Das Olivenöl nach und nach dazugießen und weiterschlagen, bis eine cremige Mayonnaise entstanden ist. Den Martini, das Ketchup, die Sahne und den Dill unterrühren.

2. Für die Sandwiches den Knoblauch schälen und in kleine Würfel schneiden. Den Ingwer schälen und fein reiben. Die Garnelen schälen, am Rücken entlang einschneiden und den dunklen Darm mit einem spitzen Messer entfernen. Die Garnelen waschen und trocken tupfen. Das Olivenöl in einer beschichteten Pfanne erhitzen und die Garnelen darin auf jeder Seite 2 Minuten braten. Mit Salz, Pfeffer, Ingwer und Knoblauch würzen.

3. Die Brotscheiben in einer beschichteten Pfanne ohne Fett auf beiden Seiten goldbraun rösten. Die Mango schälen, das Fruchtfleisch in Spalten vom Stein und dann in kleine Würfel schneiden. Den Rucola verlesen und die groben Stiele entfernen. Den Rucola waschen und trocken schütteln.

4. Auf 4 Brotscheiben etwas Dill-Mayonnaise geben, Rucola, Garnelen und Mangowürfel darauf verteilen. Mit den übrigen Brotscheiben belegen und die restliche Mayonnaise dazu reichen.

ARTISCHOCKEN
mit zweierlei Dips

ZUTATEN FÜR 4 PERSONEN

Für die Artischocken:
Salz · 2 Zitronen
(davon 1 unbehandelt)
4 Artischocken

Für die Joghurtsauce:
je 150 g Naturjoghurt und Crème fraîche
1 EL grober Senf · 1 EL gehackte Petersilie
Salz · Pfeffer aus der Mühle

Für die Orangen-Vinaigrette:
1 EL Honig · 3 EL Olivenöl
Saft von 1 Orange · Saft von 1/2 Zitrone
1 walnussgroßes Stück Ingwer (fein gerieben)
Salz · Pfeffer aus der Mühle

ZUBEREITUNG

1. Für die Artischocken in einem großen Topf reichlich Salzwasser zum Kochen bringen. Die unbehandelte Zitrone heiß waschen, abtrocknen und in Scheiben schneiden. Die andere Zitrone halbieren und auspressen. Die Artischocken waschen, die Stiele abbrechen und die harten Blattspitzen mit einer Schere abschneiden. Je 1 Zitronenscheibe mit Küchengarn auf und unter die Artischocken binden. Den Zitronensaft und die Artischocken in das kochende Salzwasser geben und die Artischocken zugedeckt bei mittlerer Hitze 35 bis 40 Minuten garen.

2. Für die Joghurtsauce den Joghurt, die Crème fraîche, den Senf und die Petersilie verrühren. Mit Salz und reichlich Pfeffer abschmecken.

3. Für die Orangen-Vinaigrette den Honig, das Olivenöl, den Orangen- und Zitronensaft und den Ingwer verrühren. Mit Salz und Pfeffer abschmecken.

4. Die Artischocken aus dem Kochwasser heben, die Zitronen entfernen und die Artischocken mit den Saucen servieren. Bei Tisch zupft jeder von seiner Artischocke nach und nach die Blätter ab und genießt den weichen unteren Teil mit den Dips.

OBATZDA
mit Blauschimmelkäse

ZUTATEN FÜR 4 PERSONEN
100 g Camembert
100 g Blauschimmelkäse (z. B. Bavaria Blue)
100 g Frischkäse
40 g weiche Butter
2 Frühlingszwiebeln
1 Bund Schnittlauch
Salz · 1/2 TL Paprikapulver
Pfeffer aus der Mühle
3 EL Öl · 10 Salbeiblätter

ZUBEREITUNG

1. Vom Camembert und Blauschimmelkäse die Rinden entfernen. Beide Käsesorten in kleine Würfel schneiden und mit dem Frischkäse und der Butter in eine Schüssel geben.

2. Die Frühlingszwiebeln putzen, waschen und in feine Ringe schneiden. Den Schnittlauch waschen, trocken schütteln und in feine Röllchen schneiden. Frühlingszwiebeln, Schnittlauch, Salz, Paprikapulver und großzügig Pfeffer zum Käse geben und alles mit einer Gabel mischen, aber nicht zerdrücken.

3. Das Öl in einer Pfanne erhitzen und die Salbeiblätter darin etwa 1 Minute knusprig frittieren. Auf Küchenpapier abtropfen lassen und auf den Obatzden geben.

TIPP

Schichten Sie den Obatzden mit dem frittierten Salbei in Glasschälchen – das sieht gut aus und ist ein schöner Knuspereffekt beim Essen. Am besten servieren Sie dazu dunkles Bauernbrot.

GEFLÜGELLEBERMUS
mit Pumpernickel

ZUTATEN FÜR 4 PERSONEN

300 g Geflügellebern
2 Schalotten
1 Knoblauchzehe
2 EL Olivenöl
Salz · Pfeffer aus der Mühle
je 1 TL getrockneter Rosmarin und Thymian
1 TL gehackte Petersilie
4 EL Weißwein
4 Mini-Brötchen
4 Scheiben Pumpernickel

ZUBEREITUNG

1. Die Geflügellebern putzen, waschen, trocken tupfen und in Würfel schneiden. Die Schalotten und den Knoblauch schälen und in kleine Würfel schneiden. Das Olivenöl in einer beschichteten Pfanne erhitzen und die Lebern darin anbraten. Die Schalotten und den Knoblauch dazugeben und unter gelegentlichem Rühren 3 bis 4 Minuten mitbraten. Mit Salz und Pfeffer würzen und die Kräuter untermischen. Den Wein angießen und einkochen lassen. Die Lebermischung etwas abkühlen lassen.

2. Die Mischung in einen Rührbecher geben und mit dem Stabmixer fein pürieren. Mit Salz und Pfeffer abschmecken.

3. Die Mini-Brötchen quer halbieren und beide Hälften jeweils mit Lebermasse bestreichen. Die Brötchen mit je 1 Pumpernickelscheibe dazwischen zusammensetzen und nach Belieben mit etwas Petersilie auf einer Platte anrichten.

TIPP

Wenn Sie nur große Pumpernickelscheiben bekommen, schneiden Sie diese einfach auf die Größe der Brötchen zu.

MANGOCREME
mit gebratenen Bananen

ZUTATEN FÜR 6–8 PERSONEN

je 1 reife Mango und Avocado
3 Bananen
1 EL Naturjoghurt · 1 EL Crème fraîche
1 geh. TL Honig
1 EL Olivenöl
1 Döschen gemahlener Safran (0,1 g)
1/2 TL Cayennepfeffer
Saft von 1/2 Zitrone
Salz · 50 g Butter

ZUBEREITUNG

1. Die Mango schälen, das Fruchtfleisch zuerst in Spalten vom Stein und dann in Würfel schneiden. Die Avocado längs halbieren, den Kern entfernen und das Fruchtfleisch mit einem Löffel aus den Schalen lösen. 1 Banane schälen und in Stücke schneiden.

2. Das Mango- und Avocadofruchtfleisch, die Banane, den Joghurt, die Crème fraîche, den Honig, das Olivenöl, den Safran, den Cayennepfeffer und den Zitronensaft in einen Rührbecher geben und mit dem Stabmixer pürieren. Mit Salz abschmecken.

3. Die restlichen Bananen schälen und längs halbieren. Die Butter in einer Pfanne erhitzen und die Bananen darin auf beiden Seiten goldbraun braten. Die Bananen mit der Mangocreme servieren.

TIPP

Die Mangocreme ist nicht nur eine feine Vorspeise, sondern auch ideal zum Frühstück, entweder wie hier mit gebratenen Bananen oder aufs Brot gestrichen. Im Kühlschrank kann man sie 2 bis 3 Tage aufbewahren.

TOMATENBROT
mit Kräuterrührei

ZUTATEN FÜR 6 PERSONEN

Für das Tomatenbrot:
10 Pfefferkörner
1 kg Tomaten
2 EL Olivenöl
Meersalz · Zucker
6 Scheiben Bauernbrot
2 Knoblauchzehen
200 g Crème fraîche

Für das Rührei:
10 Eier
Salz · Pfeffer aus der Mühle
1 Schalotte · 50 g Butter
5 EL gehackte Kräuter (z. B. Thymian,
Basilikum, Rosmarin, Salbei, Petersilie)

ZUBEREITUNG

1. Für das Tomatenbrot den Backofengrill vorheizen. Die Pfefferkörner im Mörser grob zerstoßen. Die Tomaten waschen und in mundgerechte Stücke schneiden, dabei die Stielansätze entfernen. Die Tomaten in eine Schüssel geben, mit dem Olivenöl, dem zerstoßenen Pfeffer, Meersalz und 1 Prise Zucker mischen und 15 Minuten marinieren.

2. Die Brotscheiben auf ein Backblech legen und im Ofen auf der oberen Schiene einige Minuten rösten. Den Knoblauch schälen, halbieren und die Brote damit auf der knusprigen Seite einreiben.

3. Für das Rührei die Eier mit Salz und Pfeffer in einer Schüssel verquirlen. Die Schalotte schälen und in kleine Würfel schneiden. Die Butter in einer Pfanne erhitzen und die Schalotte darin andünsten. Die Eimasse dazugeben und bei schwacher Hitze unter gelegentlichem Rühren stocken lassen. Zum Schluss die Kräuter untermischen.

4. Die Brotscheiben mit Crème fraîche bestreichen. Das Rührei und die marinierten Tomaten daraufgeben und nach Belieben mit Olivenöl beträufeln.

MOZZARELLA-TOAST
mit Tomaten

ZUTATEN FÜR 4 PERSONEN

4 Tomaten
Salz · Pfeffer aus der Mühle
2 Kugeln Büffelmozzarella (à 200 g)
8 Scheiben Toastbrot
3 Eier · 3 EL Milch
2 EL Mehl
4 EL Olivenöl

ZUBEREITUNG

1. Die Tomaten kreuzweise einritzen, in kochendes Wasser tauchen, häuten, halbieren und entkernen. Das Fruchtfleisch in kleine Würfel schneiden und mit Salz und Pfeffer würzen.

2. Den Mozzarella in Scheiben schneiden. 4 Toastbrote mit dem Mozzarella belegen und die Tomatenwürfel darauf verteilen. Jeweils 1 Toastbrot darauflegen und andrücken.

3. Die Eier mit der Milch in einem tiefen Teller verquirlen. Das Mehl auf einem flachen Teller verteilen. Die Toasts zuerst mit beiden Seiten in das Mehl drücken und dann in der Eiermilch wenden.

4. Das Olivenöl in einer beschichteten Pfanne erhitzen und die Toastbrote darin auf jeder Seite 3 bis 4 Minuten goldbraun braten. Auf Küchenpapier abtropfen lassen und sofort servieren.

TIPP

Zur Abwechslung kann man den Mozzarella-Toast auch mit getrockneten, in Öl eingelegten Tomaten zubereiten. Dann nach Belieben noch etwas fein gehobelten Knoblauch dazugeben.

MOZZARELLA-BURGER
mit Zucchini und Rucola

ZUTATEN FÜR 4 PERSONEN

Für die Burger:
100 g Rucola · 4 große Tomaten
Salz · Pfeffer aus der Mühle
1 TL getrockneter Thymian
2 EL Mehl · 8 EL Olivenöl
2 Zucchini · 300 g Büffelmozzarella
3 EL Paniermehl · 1 EL weißer Balsamicoessig

Für die Sauce:
150 g Crème fraîche
2 EL weißer Balsamicoessig
Saft von 1/2 Zitrone · Cayennepfeffer

ZUBEREITUNG

1. Für die Burger den Rucola verlesen und die groben Stiele entfernen. Den Rucola waschen, trocken schütteln und in feine Streifen schneiden.

2. Die Tomaten waschen und in Scheiben schneiden, dabei die Stielansätze entfernen. Die Tomatenscheiben mit Salz, Pfeffer und Thymian würzen, im Mehl wenden und in einer beschichteten Pfanne in 2 EL Olivenöl auf jeder Seite etwa 2 Minuten braten.

3. Die Zucchini putzen und waschen, in feine Scheiben schneiden und mit Salz und Pfeffer würzen. Die Zucchinischeiben in der Pfanne in 2 EL Olivenöl auf beiden Seiten jeweils etwa 2 Minuten braten. Den Mozzarella in Scheiben schneiden. Die Hälfte der Scheiben im Paniermehl wenden und in 3 EL Olivenöl auf beiden Seiten bei starker Hitze kurz braten.

4. Für die Sauce die Crème fraîche mit Essig, Zitronensaft und 1 Prise Cayennepfeffer in einem Topf unter Rühren leicht erhitzen.

5. Den Rucola mit dem Essig, dem restlichen Olivenöl und Pfeffer mischen. Die Mozzarella-Burger auf Teller schichten: Dafür jeweils 1 Scheibe gebratenen Mozzarella, Zucchino, Tomate, etwas Rucola, frischen Mozzarella und nochmals Tomate aufeinanderlegen. Mit etwas Rucola abschließen und die Burger mit der Sauce servieren.

RUCOLA IM GLAS
mit Hähnchen

ZUTATEN FÜR 4–6 PERSONEN

Für den Salat:
1 großes Hähnchenbrustfilet (ca. 300 g)
Salz · Pfeffer aus der Mühle · 2 EL Olivenöl
12 Kirschtomaten · 12 Physalis · 2 Bund Rucola

Für das Pesto:
1 Bund Rucola · 1 Knoblauchzehe
1 EL Pinienkerne · 3 EL Olivenöl · Salz

Für die Mayonnaise:
1 Chilischote · 1 Eigelb · 1 EL Senf
200 g Sahne · Saft von 1/2 Zitrone

ZUBEREITUNG

1. Für den Salat das Hähnchenbrustfilet waschen, trocken tupfen und in mundgerechte Scheiben schneiden. Mit Salz und Pfeffer würzen und in einer beschichteten Pfanne im Olivenöl unter Wenden etwa 4 Minuten braten.

2. Die Kirschtomaten und die abgezupften Physalis waschen und halbieren. Den Rucola verlesen und die groben Stiele entfernen. Den Rucola waschen, trocken schütteln und in feine Streifen schneiden.

3. Für das Pesto den Rucola verlesen und die groben Stiele entfernen. Den Rucola waschen, trocken schütteln, grob schneiden und in einen Rührbecher geben. Den Knoblauch schälen, halbieren und mit den Pinienkernen und dem Olivenöl zum Rucola geben. Alles mit dem Stabmixer zu einer feinen Paste pürieren. Das Pesto mit Salz abschmecken.

4. Für die Mayonnaise die Chilischote längs halbieren, entkernen, waschen und fein hacken. Eigelb, Senf, Sahne, Chili und Zitronensaft in einen Rührbecher geben und mit dem Stabmixer sämig aufschlagen.

5. Den fein geschnittenen Rucola, die Hähnchenstreifen, die Tomaten und die Physalis nacheinander in Gläser schichten. Zuletzt das Rucola-Pesto und die Mayonnaise darüberträufeln.

PARMASCHINKEN
mit Orangen und roten Zwiebeln

ZUTATEN FÜR 4 PERSONEN

150 g Parmaschinken (in dünnen Scheiben)
2 Orangen
2 rote Zwiebeln
50 g entsteinte schwarze Oliven
1 EL Olivenöl
1 EL Balsamicoessig

ZUBEREITUNG

1. Den Parmaschinken auf einem großen Teller oder einer Platte auslegen. Die Orangen mit einem scharfen Messer so großzügig schälen, dass auch die weiße Haut mit entfernt wird. Die Fruchtfilets zwischen den Trennhäuten herausschneiden, dabei den Saft auffangen. Die Zwiebeln schälen und in hauchdünne Ringe schneiden.

2. Die Orangenfilets, die Zwiebeln und die Oliven auf dem Schinken verteilen und alles mit dem Orangensaft, Olivenöl und Essig beträufeln. Mit Ciabatta oder Baguette servieren.

TIPP

Statt Parmaschinken können Sie auch hauchdünn geschnittenen Holsteiner Katenschinken verwenden. Dazu passt ein Chianti classico.

PARMASCHINKEN
mit Salat und Pinienkernen

ZUTATEN FÜR 4 PERSONEN

2 Eier · 3 EL Pinienkerne
je 75 g Radicchio-, Endivien- und Feldsalat
1 Staude Chicorée
100 g Kirschtomaten
1 EL Weißweinessig
2 EL Olivenöl
Salz · Pfeffer aus der Mühle
150 g Parmaschinken (in dünnen Scheiben)

ZUBEREITUNG

1. Die Eier hart kochen, pellen und grob hacken. Die Pinienkerne in einer beschichteten Pfanne ohne Fett goldbraun rösten.

2. Die Salate putzen, waschen und trocken schleudern. Die Radicchio- und Endivienblätter in mundgerechte Stücke zupfen. Den Chicorée putzen, waschen, längs halbieren und den Strunk entfernen. Die Chicoréehälften quer in Streifen schneiden. Die Kirschtomaten waschen und halbieren.

3. Die Blattsalate und den Chicorée in einer Schüssel mischen. Den Essig mit dem Olivenöl, Salz und Pfeffer verrühren und über den Salat geben. Den Parmaschinken auf Teller verteilen, den Salat und die Tomaten daneben anrichten. Mit den Pinienkernen und den Eiwürfeln bestreuen. Mit Ciabatta oder Baguette servieren.

GEFÜLLTE DATTELN
im Speckmantel

ZUTATEN FÜR 4 PERSONEN

20 große Datteln
100 g Ziegenfrischkäse
20 dünne Speckscheiben
2 Rosmarinzweige

ZUBEREITUNG

1. Am Vortag die Datteln längs einschneiden und die Kerne entfernen. Jede Dattel mit etwas Ziegenfrischkäse füllen und wieder zudrücken. Die Datteln jeweils mit 1 Speckstreifen umwickeln und das Ende mit einem kleinen Holzspieß fixieren.

2. Eine beschichtete Pfanne erhitzen und die Datteln darin rundum knusprig braten. Die Datteln aus der Pfanne nehmen und auf eine Platte legen. Die Rosmarinzweige waschen, trocken schütteln und in Stücke zupfen. Den Rosmarin auf den Datteln verteilen. Die Platte mit Frischhaltefolie bedecken und die gefüllten Datteln im Kühlschrank über Nacht durchziehen lassen.

3. Die Datteln mindestens 1 Stunde vor dem Servieren aus dem Kühlschrank nehmen.

TIPP

Statt Datteln können Sie für diese Vorspeise auch getrocknete große Pflaumen (Backpflaumen) oder frische Feigen verwenden. Die mediterranen Früchte schmecken im Sommer am besten.

AUBERGINENRÖLLCHEN
mit dreierlei Käse

ZUTATEN FÜR 10–12 STÜCK

2 große Auberginen
Salz · Pfeffer aus der Mühle
ca. 9 EL Olivenöl
150 g Büffelmozzarella
10–12 Basilikumblätter
3 Tomaten
100 g Parmesan (am Stück)
100 g Edamer (am Stück)
2 EL Paniermehl

ZUBEREITUNG

1. Die Auberginen putzen, waschen und längs in 1 cm dicke Scheiben schneiden. Die Auberginenscheiben mit Salz und Pfeffer würzen und in einer beschichteten Pfanne portionsweise in etwa 6 EL Olivenöl auf beiden Seiten jeweils 3 Minuten goldbraun braten. Aus der Pfanne nehmen und auf Küchenpapier abtropfen lassen.

2. Den Backofen auf 180 °C vorheizen. Den Mozzarella zuerst in Scheiben, dann in Stücke schneiden. Die Basilikumblätter waschen und trocken tupfen. Die Tomaten in kochendes Wasser tauchen, häuten, vierteln und entkernen. Auf jede Auberginenscheibe jeweils 1 Tomatenviertel, Mozzarellastück und Basilikumblatt legen und die Scheiben aufrollen. Die Enden mit kleinen Holzspießen fixieren. Eine Auflaufform mit 1 EL Olivenöl einfetten und die Röllchen nebeneinander hineinlegen.

3. Den Parmesan und den Edamer fein reiben, mit dem Paniermehl mischen und über die Röllchen streuen. Das restliche Olivenöl darüber verteilen und die Auberginenröllchen im Ofen auf der mittleren Schiene etwa 15 Minuten goldbraun überbacken. Die Röllchen warm oder kalt servieren.

TIPP

Ganz einfach geht das Häuten von dünnhäutigem Gemüse und Obst, wie Tomaten, Paprika und Pfirsichen, mit einem Sparschäler mit gezahnter Klinge.

GEBEIZTER LACHS
mit gedünstetem Gemüse

ZUTATEN FÜR 4 PERSONEN

Für den Lachs:
1 Lachsfilet (ca. 600 g; mit Haut)
1 geh. EL Zucker
1 geh. EL Salz
1 geh. EL grob zerstoßener Pfeffer
3 EL Olivenöl
3 Bund Dill

Für das Gemüse:
600 g Gemüse der Saison (z. B. weißer und
grüner Spargel, Kohlrabi, Fenchel,
Möhren, Zuckerschoten, Champignons,
Frühlingszwiebeln)
2 EL Olivenöl · Salz · Pfeffer aus der Mühle
100 ml Gemüsebrühe
Zitronensaft · 4 EL Crème fraîche

ZUBEREITUNG

1. Für den Lachs 2 Tage im Voraus das Lachsfilet waschen, trocken tupfen und mit der Hautseite nach unten auf ein Brett legen. Die Gewürze mischen, den Lachs damit einreiben und mit dem Olivenöl beträufeln. Den Dill waschen und trocken schütteln. Die Spitzen abzupfen, fein hacken und darauf verteilen. Den Lachs samt Brett straff in Frischhaltefolie wickeln und mit einem dicken Holzbrett beschweren. Den Lachs 2 Tage im Kühlschrank marinieren, nach 1 Tag wenden.

2. Für das Gemüse die Gemüse waschen, putzen bzw. schälen und in mundgerechte Stücke schneiden. In einer Pfanne jeweils etwas Olivenöl erhitzen und das vorbereitete Gemüse darin nacheinander andünsten. Mit Salz und Pfeffer würzen, mit etwas Brühe ablöschen und zugedeckt bissfest garen. Die Gemüse mischen und mit Zitronensaft und nach Belieben Salz und Pfeffer abschmecken.

3. Den Lachs in Tranchen schneiden und auf Teller verteilen. Das Gemüse daneben anrichten und jeweils 1 Klecks Crème fraîche daraufgeben.

LACHSTATAR
mit Berglinsen

ZUTATEN FÜR 4 PERSONEN

Für das Tatar und die Linsen:
250 g Lachsfilet (ohne Haut)
1 Bund Petersilie
1–2 EL Olivenöl · Zitronensaft
Salz · Pfeffer aus der Mühle
150 g Le-Puy-Linsen (kleine grüne Berglinsen)
2 Schalotten · 1 Knoblauchzehe · Weißweinessig

Für die Vinaigrette:
2 Orangen · 2 Tomaten
2 EL Olivenöl · 1 EL Weißweinessig
Salz · Pfeffer aus der Mühle

ZUBEREITUNG

1. Für das Tatar das Lachsfilet waschen, trocken tupfen und in kleine Würfel schneiden. Die Petersilie waschen und trocken schütteln, die Blätter abzupfen und fein hacken. Die Lachswürfel mit der Petersilie, dem Olivenöl, etwas Zitronensaft, Salz und Pfeffer abschmecken.

2. Die Linsen nach Packungsanweisung in Wasser (ohne Salz) etwa 30 Minuten garen.

3. Für die Vinaigrette die Orangen mit einem scharfen Messer so großzügig schälen, dass auch die weiße Haut mit entfernt wird. Die Fruchtfilets zwischen den Trennhäuten herausschneiden, dabei den Saft auffangen. Die Tomaten in kochendes Wasser tauchen, häuten, halbieren und entkernen. Das Fruchtfleisch in kleine Würfel schneiden. Die Tomatenwürfel mit dem Olivenöl und dem Essig mischen. Die Orangenfilets samt Saft unterheben und die Vinaigrette mit Salz und Pfeffer würzen.

4. Die Schalotten und den Knoblauch schälen und in sehr kleine Würfel schneiden. Die Linsen in ein Sieb abgießen, lauwarm abspülen und abtropfen lassen. Die Linsen mit den Schalotten- und Knoblauchwürfeln mischen und mit etwas Essig würzen. Das Lachstatar mit den lauwarmen Linsen anrichten und mit der Orangen-Vinaigrette beträufeln.

KARTOFFELKÜCHLEIN
mit Forellenfilets und Linsen

....

ZUTATEN FÜR 4 PERSONEN

Für die Küchlein:
600 g Kartoffeln · Salz
110 g Butter
50 g Speisestärke
2 Eigelb · 1 Ei
frisch geriebene Muskatnuss
Mehl für die Arbeitsfläche

Für die Linsen:
300 g Le-Puy-Linsen (kleine grüne Berglinsen)
3 kleine Schalotten
1 Bund Petersilie
Saft von 1/2 Zitrone
3 EL Olivenöl
Salz · Pfeffer aus der Mühle

Außerdem:
4 geräucherte Forellenfilets
150 g Naturjoghurt
Zitronensaft · 2 EL Olivenöl

ZUBEREITUNG

1. Für die Küchlein die Kartoffeln schälen, waschen, in Stücke schneiden und in Salzwasser etwa 15 Minuten garen. In ein Sieb abgießen und ausdampfen lassen. Die Kartoffeln noch heiß durch die Kartoffelpresse drücken und etwas abkühlen lassen.

2. In einem kleinen Topf 50 g Butter zerlassen. Die Speisestärke, die Eigelbe, das Ei, die flüssige Butter, Salz und Muskatnuss zu der Kartoffelmasse geben und alles gut verkneten. Aus dem Kartoffelteig 8 kleine flache Küchlein formen und nebeneinander auf die leicht bemehlte Arbeitsfläche legen.

3. Für die Linsen die Linsen nach Packungsanweisung in Wasser (ohne Salz) etwa 30 Minuten garen. Die Schalotten schälen und in kleine Würfel schneiden. Die Petersilie waschen und trocken schütteln, die Blätter abzupfen und fein hacken.

4. Den Backofen auf 100 °C vorheizen. Die Linsen in ein Sieb abgießen, kalt abbrausen, abtropfen lassen und wieder in den Topf geben. Die Schalotten, die Petersilie, den Zitronensaft und das Olivenöl dazugeben. Mit Salz und Pfeffer abschmecken.

5. Die restliche Butter portionsweise in einer Pfanne erhitzen. Von der Kartoffelmasse kleine Portionen abnehmen, nach und nach in die Pfanne setzen, leicht flach drücken und auf beiden Seiten etwa 5 Minuten zu knusprigen Küchlein braten.

6. Die Forellenfilets auf eine ofenfeste Platte oder in eine Auflaufform legen und im Ofen etwa 5 Minuten leicht erwärmen. Den Joghurt in einen Topf geben und unter Rühren ebenfalls leicht erwärmen, mit einigen Spritzern Zitronensaft und dem Olivenöl verrühren. Zum Servieren die Forellenfilets auf Teller geben, die Linsen und Kartoffelküchlein daneben anrichten und mit dem Joghurt beträufeln.

TIPP

Statt den Forellenfilets können Sie zu den Kartoffelküchlein auch Räucherlachs servieren. Dann nicht mit der Joghurtsauce beträufeln, sondern mit jeweils 1 Klecks Crème fraîche oder saurer Sahne anrichten und mit Forellenkaviar garnieren. Dazu passt eine Riesling-Spätlese.

ERBSENPÜREE
mit Graved Lachs und Rösti

ZUTATEN FÜR 6 PERSONEN
Für das Erbsenpüree:
1 kg frische Erbsen · 1 Bund Frühlingszwiebeln
1 Bund Zitronenmelisse
1/4 l Fleisch- oder Gemüsebrühe
Salz · Zucker · 100 g Crème fraîche
1 EL Zitronensaft · Pfeffer aus der Mühle
1 EL Olivenöl

Außerdem:
3 Eier · 6 festkochende Kartoffeln
Salz · Pfeffer aus der Mühle
frisch geriebene Muskatnuss
30 g Butter · 3 EL Sonnenblumenöl
6 Scheiben Graved Lachs · Olivenöl

ZUBEREITUNG

1. Für das Erbsenpüree die Erbsen palen. Die Frühlingszwiebeln putzen, waschen und in feine Ringe schneiden. Die Zitronenmelisse waschen und trocken schütteln, die Blätter abzupfen und hacken.

2. Die Erbsen, die Hälfte der Frühlingszwiebeln und die Brühe in einen Topf geben. Salz und 1 Prise Zucker hinzufügen und die Erbsen 3 Minuten garen. Die Crème fraîche, den Zitronensaft und die Zitronenmelisse in einen größeren Topf geben und die Erbsen hinzufügen. Alles mit dem Stabmixer grob pürieren. Ganz leicht mit Salz, Pfeffer und dem Olivenöl würzen. Falls das Püree zu fest ist, einfach etwas Brühe dazugeben.

3. Die Eier wachsweich kochen. Für die Rösti die Kartoffeln schälen, waschen und grob raspeln. In ein Küchentuch geben und gut ausdrücken, mit Salz, Pfeffer und Muskatnuss würzen. Die Butter und das Öl portionsweise in einer beschichteten Pfanne erhitzen. Aus der Kartoffelmasse darin nach und nach 12 Rösti knusprig braten. Die Eier pellen und längs halbieren. Jeweils 2 Rösti mit etwas Erbsenpüree, 1 Scheibe Graved Lachs und einem halben Ei anrichten und Olivenöl darüberträufeln.

CHICORÉESCHIFFCHEN
mit Lachstatar

ZUTATEN FÜR 10 PERSONEN
2 Stauden Chicorée
2 Tomaten · 1 Schalotte
200 g Lachsfilet (ohne Haut)
Saft von 1 Zitrone
1 EL Olivenöl
1/2 Kästchen Gartenkresse
1 EL gehackter Dill
1 EL gehackte Petersilie
Salz · Pfeffer aus der Mühle · Zucker

ZUBEREITUNG

1. Den Chicorée putzen, längs halbieren und den Strunk entfernen. 10 Blätter ablösen, waschen und trocken tupfen. Die Tomaten waschen und in kleine Würfel schneiden, dabei die Stielansätze entfernen. Die Schalotte schälen und in kleine Würfel schneiden. Das Lachsfilet waschen, trocken tupfen und fein hacken. Das Lachstatar mit Zitronensaft und Olivenöl abschmecken.

2. Die Tomaten- und Schalottenwürfel unter das Lachstatar mischen. Die Kresse vom Beet schneiden, waschen und abtropfen lassen. Mit den gehackten Kräutern zum Lachs geben und untermischen. Das Tatar mit Salz, Pfeffer und 1 Prise Zucker würzen. Das Lachstatar in die Chicoréeschiffchen füllen und nach Belieben mit Dill garnieren.

TIPP

Für Lachstatar sollten Sie immer ganz frisches Lachsfilet in Sushi-Qualität verwenden. Daher das Fischfilet am besten nur beim Fischhändler Ihres Vertrauens kaufen.

GARNELEN
mit Bohnen und Fladenbrot

....

ZUTATEN FÜR 4 PERSONEN

Für das Fladenbrot:
500 g Mehl
1 Würfel Hefe (42 g)
Zucker · 1/2 TL Salz · 1 EL Olivenöl

Zum Bestreichen:
1 Eigelb · 1 EL Olivenöl
je 1/2 TL Salz und Zucker

Für die Garnelen:
10 Riesengarnelen (mit Schale)
250 grüne Bohnen · Salz
2 rote Zwiebeln · 3–5 Knoblauchzehen
1 Chilischote
10 Kirschtomaten
2 EL Olivenöl
100 ml Noilly Prat (franz. Wermut)
Pfeffer aus der Mühle

ZUBEREITUNG

1. Für das Fladenbrot das Mehl in eine Schüssel geben und in die Mitte eine Mulde drücken. Die Hefe zerbröckeln, mit 1/4 l lauwarmem Wasser und 1 Prise Zucker verrühren. Die Hefemischung in die Mehlmulde gießen, mit etwas Mehl verrühren und an einem warmen Ort etwa 15 Minuten gehen lassen. Dann das Salz und das Olivenöl dazugeben und alles mit den Knethaken des Handrührgeräts zu einem glatten Teig verkneten. Den Teig zugedeckt an einem warmen Ort gehen lassen, bis sich sein Volumen verdoppelt hat.

2. Den Backofen auf 220 °C vorheizen. Den Teig durchkneten und mit den Händen zu einem Fladen mit etwas dickerem Rand formen. Den Fladen auf ein mit Backpapier ausgelegtes Backblech legen.

3. Das Eigelb mit 1 EL Wasser, dem Olivenöl, Salz und Zucker verrühren. Den Fladen mit der Eigelbmischung bestreichen, mit einem Messer kreuzweise einritzen und im Ofen auf der mittleren Schiene 20 Minuten backen.

4. Für die Garnelen die Garnelen samt Schale längs halbieren, dabei den dunklen Darm am Rücken entfernen. Die Garnelen waschen und trocken tupfen.

5. Die Bohnen putzen, waschen, in mundgerechte Stücke schneiden und in Salzwasser 3 bis 4 Minuten blanchieren. Die Bohnen in ein Sieb abgießen, kalt abschrecken und gut abtropfen lassen. Die Zwiebeln schälen, halbieren und in feine Scheiben schneiden. Den Knoblauch schälen und in kleine Würfel schneiden. Die Chilischote längs halbieren, entkernen, waschen und fein hacken. Wer es schärfer mag, gibt die Chilikerne mit dazu. Die Kirschtomaten waschen und halbieren.

6. Das Olivenöl in einer beschichteten Pfanne erhitzen und die Garnelen darin auf der Schalenseite 2 Minuten anbraten. Die Zwiebeln, die Bohnen, die Tomaten, Knoblauch und Chili dazugeben und kurz mitbraten. Mit Noilly Prat ablöschen, die Garnelen wenden, alles mit Salz und Pfeffer würzen und weitere 3 Minuten braten. Die Garnelen mit dem warmen Fladenbrot servieren.

TIPP

Kaufen Sie möglichst ungeschälte Garnelen. Die Schale schützt das zarte Garnelenfleisch. Wildwasser-Garnelen sind zwar etwas teurer, dafür aber meist aromatischer.

SARDINEN-SNACK
mit Petersilien-Pesto

ZUTATEN FÜR 4 PERSONEN
Für das Pesto:
2 Bund Petersilie · 1 Knoblauchzehe
4–5 EL Olivenöl · Meersalz

Für den Sardinen-Snack:
8 Ölsardinen (in Olivenöl eingelegt)
4 Eier · 4 festkochende Kartoffeln · Salz
250 g Kirschtomaten (an der Rispe)
2 EL Olivenöl · 1 Knoblauchzehe
4 dünne Scheiben Landbrot
etwas abgeriebene Schale und Saft von
1 unbehandelten Zitrone
Pfeffer aus der Mühle

ZUBEREITUNG

1. Für das Pesto die Petersilie waschen und trocken schütteln, die Blätter abzupfen und in einen Rührbecher geben. Den Knoblauch schälen, halbieren und dazugeben. Das Olivenöl hinzufügen und alles mit dem Stabmixer zu einer feinen Paste pürieren. Das Petersilien-Pesto mit Meersalz abschmecken.

2. Für den Sardinen-Snack die Ölsardinen gut abtropfen lassen. Die Eier 7 Minuten wachsweich kochen. Die Kartoffeln schälen und waschen, längs in 1 cm dicke Scheiben schneiden und in Salzwasser etwa 10 Minuten garen.

3. Den Backofengrill vorheizen. Die Kirschtomaten an der Rispe waschen und in eine Auflaufform legen. Mit dem Olivenöl beträufeln und im Ofen auf der mittleren Schiene garen, bis die Haut platzt.

4. Den Knoblauch schälen und leicht andrücken. Das Brot mit dem Knoblauch in einer beschichteten Pfanne ohne Fett rösten. Die Eier pellen und in Scheiben schneiden. Zum Servieren die lauwarmen Kartoffelscheiben auf einer Platte verteilen. Die Sardinen, die Brotscheiben, die Eier und die Tomaten dazugeben. Zuletzt das Petersilien-Pesto, Zitronenschale und -saft darübergeben und alles mit Salz und Pfeffer bestreuen.

EINGELEGTE HERINGE
mit roten Zwiebeln und Möhren

ZUTATEN FÜR 8 PERSONEN
Für den Sud:
2 Möhren · 2 rote Zwiebeln
2 Scheiben Ingwer
5 frische Lorbeerblätter
je 20 Pfeffer- und Pimentkörner
1/4 l Weißweinessig
2 EL Zucker

Für die eingelegten Heringe:
20 Matjesfilets
1 Bund Dill
Salz · Zucker

ZUBEREITUNG

1. Für den Sud die Möhren schälen und in feine Scheiben schneiden. Die Zwiebeln schälen, halbieren und in feine Scheiben schneiden. Beides mit 1 l Wasser in einen Topf geben, den Ingwer, die Lorbeerblätter, die Pfeffer- und Pimentkörner, den Essig und den Zucker dazugeben. Den Sud aufkochen, 15 Minuten köcheln und abkühlen lassen.

2. Für die eingelegten Heringe die Matjesfilets in mundgerechte Stücke schneiden und eine Schicht in ein großes Schraub- oder Weckglas geben. Den Dill waschen, trocken schütteln und die Spitzen abzupfen. Die Matjesschicht mit Salz, Zucker und Dill bestreuen. Etwas Sud darübergeben und eine weitere Schicht Matjes daraufgeben. Wieder mit Salz, Zucker und Dill bestreuen und so weiterverfahren, bis alle Zutaten verbraucht sind. Die Matjes sollten abschließend mit dem Sud bedeckt sein. Das Glas verschließen und die Heringe mindestens 5 Tage im Kühlschrank marinieren.

TIPP
Probieren Sie zu den eingelegten Heringen süße Kartoffeln: Dafür geschälte kleine Pellkartoffeln in einer Pfanne in Butter und etwas Zucker schwenken, bis sie leicht goldbraun sind. Oder servieren Sie Schwarzbrot dazu.

FRÜHLINGSROLLEN
mit Hähnchen

ZUTATEN FÜR 4 PERSONEN
Für die Frühlingsrollen:
12 Frühlingsrollenteigblätter (ca. 24 x 24 cm,
tiefgekühlt; aus dem Asienladen)
2 Hähnchenbrustfilets (à ca. 180 g)
1 Schalotte · 1 Knoblauchzehe
1 walnussgroßes Stück Ingwer
1 Chilischote · je 1/2 Mango und Papaya
2 EL Olivenöl · 10 Korianderblätter
Salz · Zucker · 1 Eiweiß · Öl zum Frittieren

Für die Tomatensauce:
1 Chilischote · 50 g Zucker · 400 ml Tomatensaft
1 Passionsfrucht · 2 EL Olivenöl

ZUBEREITUNG

1. Für die Frühlingsrollen die Teigblätter in der Ver-packung auftauen lassen. Das Hähnchenfleisch waschen, trocken tupfen und in Würfel schneiden. Schalotte, Knoblauch und Ingwer schälen und in kleine Würfel schneiden. Die Chilischote längs hal-bieren, entkernen, waschen und fein hacken. Mango und Papaya schälen und in kleine Würfel schneiden.

2. Das Olivenöl in einer Pfanne erhitzen und alle Zu-taten darin andünsten. Den Koriander fein hacken und dazugeben. Mit Salz und Zucker würzen, alles in ein Sieb geben und gut abtropfen lassen.

3. Für die Tomatensauce die Chilischote längs hal-bieren, entkernen, waschen und fein hacken. Den Zucker goldgelb karamellisieren und mit dem Toma-tensaft ablöschen. Die Passionsfrucht halbieren, das Mark herauslösen, durch ein Sieb in die Sauce strei-chen und mit Chili und Olivenöl untermischen.

4. Die Teigblätter an den Rändern mit verquirltem Eiweiß bestreichen. Jeweils etwas Füllung längs an einer Seite verteilen, den Teig an den Enden ein-schlagen und von der Füllung her aufrollen. Das Öl in einem hohen Topf oder im Wok erhitzen und die Rollen darin knusprig frittieren. Herausheben, ab-tropfen lassen und mit der Tomatensauce servieren.

SCHASCHLIK
mit Hähnchen und Ananas

ZUTATEN FÜR 4 PERSONEN
400 g Hähnchenbrustfilet
1/2 Salatgurke
je 1 kleine rote und gelbe Paprikaschote
200 g Ananasfruchtfleisch
Salz · Cayennepfeffer
3 EL Olivenöl
Saft von 1/2 Zitrone

ZUBEREITUNG

1. Das Hähnchenfleisch waschen, trocken tupfen und in Würfel schneiden. Die Gurke längs vierteln und mit einem Löffel die Kerne entfernen. Die Papri-kaschoten mit dem Sparschäler schälen, längs hal-bieren, entkernen und waschen. Die Paprikahälften in mundgerechte Stücke schneiden. Das Ananas-fruchtfleisch in Würfel schneiden.

2. Die vorbereiteten Zutaten abwechselnd auf lan-ge Schaschlikspieße stecken, mit Salz und Cayenne-pfeffer würzen.

3. Das Olivenöl in einer beschichteten Pfanne er-hitzen und die Spieße darin 10 bis 15 Minuten rund-um braten. Mit Zitronensaft beträufeln und sofort servieren. Dazu passt frisches Weißbrot oder Reis.

TIPP
Im Sommer können Sie die fruchtigen Schasch-likspieße auch auf dem Holzkohlegrill braten. Da-mit die Spieße nicht zu trocken werden, sollte man sie während des Grillens öfter mit etwas Olivenöl beträufeln.

KNUSPERPÄCKCHEN
mit Hähnchen und Garnelen

· ·

ZUTATEN FÜR 10–12 STÜCK

Für die Tomatensauce:
1 Chilischote · 80 g Zucker
1/4 l Tomatensaft · 2 EL Olivenöl

Für die Meerrettichsauce:
125 g Naturjoghurt
Saft von 1 Limette
1 TL Wasabipaste (japan. Meerrettich)
2 Knoblauchzehen · Salz · Zucker

Für die Knusperpäckchen:
1 Hähnchenbrustfilet (ca. 200 g)
10 Garnelen (mit Schale)
2 Frühlingszwiebeln
1 walnussgroßes Stück Ingwer
1 Schalotte · 2 Knoblauchzehen
1 Chilischote · 2 EL Olivenöl
Salz · Pfeffer aus der Mühle
10–12 Reisblätter (ca. 9–10 cm Durch-
messer; aus dem Asienladen)
1 Eigelb · Öl zum Frittieren

ZUBEREITUNG

1. Für die Tomatensauce die Chilischote längs halbieren, entkernen, waschen und fein hacken. Den Zucker in einen Topf geben und goldgelb karamellisieren. Mit dem Tomatensaft ablösen und den Karamell unter Rühren auflösen. Chili und Olivenöl dazugeben.

2. Für die Meerrettichsauce Joghurt, Limettensaft und Wasabipaste verrühren. Die Knoblauchzehen schälen und dazupressen. Die Sauce mit Salz und 1 Prise Zucker abschmecken.

3. Für die Knusperpäckchen das Hähnchenfleisch waschen, trocken tupfen und in Würfel schneiden. Die Garnelen schälen, am Rücken entlang einschneiden und den dunklen Darm entfernen. Die Garnelen waschen, trocken tupfen und klein schneiden.

4. Die Frühlingszwiebeln putzen, waschen und in feine Ringe schneiden. Den Ingwer schälen und fein reiben. Die Schalotte und den Knoblauch schälen und in kleine Würfel schneiden. Die Chilischote längs halbieren, entkernen, waschen und fein hacken.

5. Das Olivenöl in einer Pfanne erhitzen und die vorbereiteten Zutaten darin unter gelegentlichem Rühren 2 Minuten braten. Mit Salz und Pfeffer würzen. Die Hähnchen-Garnelen-Mischung in ein Sieb geben und abtropfen lassen.

6. Die Reisblätter nacheinander kurz in warmes Wasser tauchen und nebeneinander auf einem Küchentuch auslegen, bis sie weich sind – das dauert etwa 2 Minuten. Dann jeweils den Rand mit dem verquirlten Eigelb bestreichen und in die Mitte etwas Hähnchen-Garnelen-Mischung geben. Die Reisblätterkreise über der Füllung zu Halbmonden zusammenklappen und die Ränder andrücken.

7. Das Öl in einem hohen Topf oder im Wok erhitzen und die Reispapierpäckchen darin goldbraun und knusprig frittieren. Herausheben, auf Küchenpapier abtropfen lassen und sofort mit den beiden Saucen servieren.

TIPP

Für eine vegetarische Variante können Sie die Päckchen mit Möhren- und Lauchstreifen sowie Sojabohnensprossen füllen und nach Belieben noch gehackte Cashewkerne untermischen. Idealer Begleiter zu den Knusperpäckchen ist eisgekühlter Champagner.

GEFÜLLTE KARTOFFELN
mit Sauerkraut

....

ZUTATEN FÜR 4 PERSONEN

Für die gefüllten Kartoffeln:
500 g Sauerkraut
5 Schalotten
1 Apfel (z. B. Holsteiner Cox)
je 10 Pfeffer- und Pimentkörner
1 TL Kümmelsamen · 2 Lorbeerblätter
110 g Butter
300 ml Weißwein (z. B. Riesling)
Salz · Zucker
8 große festkochende Kartoffeln (à 120–140 g)
200 g Sahne
100 g geriebener Parmesan

Außerdem:
50 g Sahne · 30 g flüssige Butter
Salz · frisch geriebene Muskatnuss

ZUBEREITUNG

1. Für die gefüllten Kartoffeln das Sauerkraut mit den Händen gut ausdrücken. Die Schalotten schälen und vierteln. Den Apfel vierteln, schälen und das Kerngehäuse entfernen. Die Apfelstücke auf der Rohkostreibe grob raspeln. Die Pfeffer- und Pimentkörner, die Kümmelsamen und die Lorbeerblätter in einen Einweg-Teebeutel füllen und den Teebeutel verschließen.

2. In einem Topf 50 g Butter erhitzen und die Schalotten darin kurz andünsten. Den geraspelten Apfel und das Sauerkraut hinzufügen und mitdünsten. Den Wein und das Gewürzsäckchen dazugeben und das Kraut zugedeckt etwa 1 Stunde garen. Falls nötig, noch etwas Wein oder Wasser hinzufügen. Mit Salz und 1 Prise Zucker würzen.

3. Die Kartoffeln schälen, waschen und an den schmalen Seiten jeweils eine Kappe abschneiden. Die Kartoffeln mit einem spitzen Messer oder einem Kugelausstecher aushöhlen, dabei einen etwa 1 cm breiten Rand stehen lassen. Die Kartoffelreste beiseitelegen. Die ausgehöhlten Kartoffeln in Salzwasser etwa 20 Minuten garen.

4. Den Backofen auf 200 °C vorheizen. Die Kartoffeln abgießen und kalt abschrecken, das Sauerkraut in die Kartoffeln verteilen. Die gefüllten Kartoffeln in eine große Auflaufform oder ein tiefes Backblech setzen. Die Sahne auf das Kraut gießen. Den Parmesan und die restliche Butter in Flöckchen daraufgeben. Die Kartoffeln im Ofen auf der mittleren Schiene etwa 15 Minuten überbacken.

5. Die Kartoffelreste in Salzwasser 5 bis 10 Minuten weich garen. Die Kartoffelstücke in ein Sieb abgießen und mit der Sahne und der Butter in eine Schüssel geben. Alles mit dem Kartoffelstampfer zu einem Püree zerdrücken und mit Salz und Muskatnuss würzen. Jeweils 2 gefüllte Kartoffeln mit etwas Kartoffelpüree auf einem Teller anrichten.

TIPP

Die gefüllten Kartoffeln sind ideal für Büfetts: Sie können sie gut vorbereiten und geben sie einfach kurz vor dem Eintreffen der Gäste in den Ofen.

SAUERKRAUT-BAGUETTE
mit Bratwurst

ZUTATEN FÜR 4 PERSONEN
500 g Sauerkraut
6 Zwiebeln · 1 Knoblauchzehe
je 10 Pfeffer- und Pimentkörner
1 TL Kümmelsamen
2–3 Lorbeerblätter
150 g Butter
1/2 l Weißwein (z. B. Riesling) · Salz
2 EL Olivenöl · 4 grobe Bratwürste
Öl zum Frittieren
2 Bund krause Petersilie
4 Mini-Baguettes (ca. 25–30 cm lang) · Senf

ZUBEREITUNG

1. Das Sauerkraut mit den Händen ausdrücken. Die Zwiebeln schälen und in kleine Würfel schneiden. Den Knoblauch schälen und leicht andrücken. Die Pfeffer- und Pimentkörner, die Kümmelsamen, die Knoblauchzehe und die Lorbeerblätter in einen Einweg-Teebeutel füllen und diesen verschließen.

2. Die Butter in einem Topf erhitzen und die Zwiebelwürfel darin kurz andünsten. Das Sauerkraut dazugeben und mitdünsten. Den Wein, 300 ml Wasser und das Gewürzsäckchen hinzufügen und das Sauerkraut zugedeckt etwa 1 Stunde garen. Dann das Gewürzsäckchen herausnehmen und das Sauerkraut mit Salz abschmecken.

3. Das Olivenöl in einer Pfanne erhitzen und die Bratwürste darin etwa 10 Minuten rundum braten. Das Öl zum Frittieren in einem Topf erhitzen und die Petersilie darin 1 Minute knusprig backen. Herausheben, auf Küchenpapier abtropfen lassen und mit Salz bestreuen.

4. Die Baguettes längs aufschneiden und das Sauerkraut auf den unteren Hälften verteilen. Jeweils 1 Bratwurst daraufgeben und diese mit etwas Senf bestreichen. Die frittierte Petersilie darauf verteilen, die oberen Baguettehälften darauflegen und sofort servieren.

RUNDSTÜCKE
mit Steaks und Austernpilzen

ZUTATEN FÜR 4 PERSONEN
Für die Sauce:
1/2 l Fleischbrühe
4 Schalotten
2 EL Weißweinessig
Zucker · Salz

Für die Spieße:
8 Kirschtomaten
50 g Salatgurke · 2–3 Gewürzgurken

Für die Brötchen:
4 große Austernpilze
3 EL Traubenkernöl · Salz
4 Rinderhüftsteaks (à 150 g)
Pfeffer aus der Mühle
4 runde Brötchen (ohne Körner)

ZUBEREITUNG

1. Für die Sauce die Brühe auf zwei Drittel einkochen lassen. Die Schalotten schälen, in kleine Würfel schneiden und kurz vor Ende der Kochzeit in die Brühe geben. Mit Essig, Salz und 1 Prise Zucker würzen.

2. Für die Spieße die Kirschtomaten waschen. Die Salatgurke schälen und in 8 dünne Scheiben schneiden. Die Gewürzgurken ebenfalls in Scheiben schneiden. Die Tomaten und die Gurken abwechselnd auf 4 Schaschlikspieße stecken.

3. Für die Brötchen die Austernpilze putzen. In einer beschichteten Pfanne das Traubenkernöl erhitzen und die Pilze darin 5 bis 7 Minuten kräftig anbraten, dabei zwischendurch wenden. Die Pilze salzen. Die Beefsteaks mit Salz und Pfeffer würzen. Die Pilze aus der Pfanne nehmen und die Steaks im restlichen heißen Öl 6 bis 8 Minuten braten.

4. Die Brötchen aufschneiden, je 1 Rindersteak und 1 Austernpilz hineinlegen und zusammenklappen. Je 1 Tomaten-Gurken-Spieß hineinstecken und die Brötchen auf Teller legen. Die Sauce dazu servieren.

ZWEIERLEI GEBACKENE KÄSE
mit exotischem Fruchtsalat

. . . .

ZUTATEN FÜR 4 PERSONEN
Für den Salat:
150 g Kumquats (Mini-Orangen) · 150 g Physalis
1 Mango · 1 Chilischote · 1 EL Olivenöl
Saft von 1 Orange · Saft von 1/2 Zitrone

Für den gebackenen Camembert:
4 Camemberts (à ca. 80 g) · 2 Eier
ca. 50 g Mehl · ca. 100 g Paniermehl
Öl zum Frittieren

Für den gratinierten Ziegenkäse:
4 Ziegenfrischkäsetaler
1 EL Olivenöl · 1–2 TL Honig
1 EL gehackter Rosmarin · Pfeffer aus der Mühle

ZUBEREITUNG

1. Für den Salat die Kumquats waschen und in dünne Scheiben schneiden. Die Physalis aus den Hüllblättern lösen und waschen. Die Mango schälen, das Fruchtfleisch zuerst in Spalten vom Stein und dann in kleine Würfel schneiden. Die Chilischote längs halbieren, entkernen, waschen und fein hacken. Das Obst mit der Chilischote in eine Schüssel geben, das Olivenöl, den Orangen- und den Zitronensaft untermischen.

2. Für den gebackenen Camembert die Rinde der Camemberts mit einer Gabel rundum ankratzen. Die Eier verquirlen. Das Mehl und das Paniermehl jeweils auf einen Teller geben. Die Camemberts zuerst im Mehl, dann in den verquirlten Eiern und zuletzt im Paniermehl wenden. Das Öl erhitzen und die Camemberts darin goldbraun frittieren.

3. Den Backofengrill vorheizen. Für den gratinierten Ziegenkäse die Käsetaler nebeneinander in eine Auflaufform oder auf einen ofenfesten Teller legen. Mit dem Olivenöl und dem Honig beträufeln und mit Rosmarin und Pfeffer bestreuen. Die Ziegenkäse unter dem Grill 5 bis 10 Minuten gratinieren. Je 1 Camembert und 1 Ziegenkäse mit etwas Fruchtsalat auf Tellern anrichten.

WINTERKÄSE
mit gratinierten Birnen

. . . .

ZUTATEN FÜR 4 PERSONEN
Für die Beilagen:
250 g Kirschtomaten
Salz · Pfeffer aus der Mühle · Zucker
1/2 gehackte Chilischote
4 Birnen (z. B. Williams Christ)
30 g Butter
1 EL Honig (z. B. Akazien- oder Heidehonig)

Für das Kartoffel-Käse-Püree:
500 g mehligkochende Kartoffeln · Salz
1 Vacherin Mont d'Or (500 g; Weichkäse
in Fichtenholzschachtel)
ca. 200 g Sahne · 3 EL Butter
frisch geriebene Muskatnuss

ZUBEREITUNG

1. Den Backofen auf 200 °C vorheizen. Für die Beilagen die Kirschtomaten waschen, halbieren, in eine Schüssel geben und mit Salz, Pfeffer, 1 Prise Zucker und Chili würzen. Die Birnen halbieren, schälen und die Kerngehäuse entfernen. Die Birnenhälften in eine Auflaufform legen. Die Butter in Flöckchen darauf verteilen und den Honig darüberträufeln. Die Birnen im Ofen auf der mittleren Schiene 15 Minuten gratinieren.

2. Für das Kartoffel-Käse-Püree die Kartoffeln schälen, waschen, in kleine Stücke schneiden und in Salzwasser etwa 15 Minuten garen. Den Käse in der Schachtel 5 Minuten zu den Birnen in den Ofen geben. Die Sahne mit der Butter erhitzen. Die Kartoffeln abgießen, kurz ausdampfen lassen und durch die Kartoffelpresse drücken. Die heiße Sahne-Butter-Mischung mit dem Schneebesen unterrühren. Den geschmolzenen Käse aus dem Ofen nehmen und 3 EL davon (ohne Rinde) unter das Püree rühren. Mit Salz und Muskatnuss würzen.

3. Das Kartoffel-Käse-Püree auf Teller verteilen und jeweils mit 2 gratinierten Birnenhälften, etwas Tomatensalat und etwas geschmolzenem Vacherin servieren.

GEBACKENER FETA
mit Ofenkartoffeln und Salat

ZUTATEN FÜR 4 PERSONEN
Für den Feta:
4 Scheiben Feta-Käse (à 100 g)
Olivenöl für die Form
4 Schalotten · 4 Knoblauchzehen
6 Kirschtomaten
24 entsteinte schwarze Oliven
4 TL gehacktes Bohnenkraut
4 EL Olivenöl · Salz · Pfeffer aus der Mühle

Für die Ofenkartoffeln:
4 EL Butter · 12 kleine neue Kartoffeln
Meersalz

Für den Salat:
75 g Endiviensalat · 1 kleiner grüner Kopfsalat
3 EL Olivenöl · 2 EL Weißweinessig
Salz · Zucker · Pfeffer aus der Mühle

ZUBEREITUNG

1. Den Backofen auf 200 °C vorheizen. Für den Feta die Käsescheiben nebeneinander in eine mit Olivenöl gefettete Auflaufform legen. Die Schalotten und den Knoblauch schälen und in kleine Würfel schneiden. Die Kirschtomaten waschen und halbieren. Alles mit den Oliven und dem Bohnenkraut auf dem Feta verteilen. Mit dem Olivenöl beträufeln und leicht mit Salz und Pfeffer würzen.

2. Für die Ofenkartoffeln die Butter in einem Topf erhitzen. Die dabei entstehende weiße Molke mit einem Löffel entfernen. Die Kartoffeln unter fließendem Wasser gründlich abbürsten und längs halbieren, mit Meersalz und der geklärten Butter in eine Auflaufform geben. Die Kartoffeln im Ofen auf der mittleren Schiene 20 Minuten garen, dabei zwei- bis dreimal wenden. Den Feta ebenfalls in den Ofen geben und etwa 15 Minuten backen.

3. Für den Salat die Blattsalate putzen, waschen und trocken schleudern. Olivenöl, Essig, Salz, Zucker und Pfeffer verrühren und mit dem Salat mischen. Den Feta mit Kartoffeln und Salat anrichten.

SPIEGELEIER
mit Sellerie und Tomaten

ZUTATEN FÜR 4 PERSONEN
50 g Champignons
1 Chilischote
1 Knoblauchzehe
2 Tomaten
2 Stangen Staudensellerie
100 g Knollensellerie
2 EL Olivenöl
Salz · Pfeffer aus der Mühle
2 TL Zitronensaft
30 g Butter · 4 Eier

ZUBEREITUNG

1. Die Champignons mit einem feuchten Tuch abreiben, die Stielenden abschneiden und die Pilze in feine Scheiben schneiden. Die Chilischote längs halbieren, entkernen, waschen und fein hacken. Die Knoblauchzehe schälen und in feine Scheiben schneiden. Die Tomaten waschen und in kleine Würfel schneiden, dabei die Stielansätze entfernen. Den Staudensellerie putzen, waschen und in feine Scheiben schneiden. Den Knollensellerie schälen, zuerst in dünne Scheiben, dann in kleine Würfel schneiden.

2. In einer Pfanne 1 EL Olivenöl erhitzen und die beiden Selleriesorten darin mit den Champignons anbraten. Knoblauch, Chili und Tomaten dazugeben und alles etwa 5 Minuten dünsten. Mit Salz, Pfeffer und Zitronensaft würzen.

3. Die Butter und das restliche Olivenöl in einer beschichteten Pfanne erhitzen. Die Eier nacheinander aufschlagen, hineingeben und zu Spiegeleiern braten. Mit Salz und Pfeffer würzen. Jedes Spiegelei mit etwas Gemüse auf einem Teller anrichten.

MATJES-SNACK
mit Rotweinzwiebeln

ZUTATEN FÜR 4 PERSONEN

2 große neue Kartoffeln · Salz
Kümmelsamen
5 Zwiebeln
50 g Zucker
1/2 l Rotwein (z. B. Chianti)
Öl zum Frittieren
4 doppelte Matjesfilets
1 EL gehackte Petersilie
Pfeffer aus der Mühle

ZUBEREITUNG

1. Die Kartoffeln unter fließendem Wasser gründlich abbürsten und längs in 1 cm dicke Scheiben schneiden. Die Kartoffelenden in kleine Würfel schneiden. Die Kartoffelscheiben in Salzwasser mit 1 Prise Kümmel etwa 10 Minuten garen. Dann die Kartoffelscheiben abgießen, abtropfen und lauwarm abkühlen lassen. Die Zwiebeln schälen, halbieren und in Scheiben schneiden.

2. Den Zucker in einem flachen Topf oder einer Pfanne goldgelb karamellisieren. Mit dem Wein ablöschen und den Karamell unter Rühren auflösen. Die Zwiebeln dazugeben und so lange offen köcheln lassen, bis der Wein verdampft ist.

3. Das Öl in einer hohen Pfanne erhitzen und die Kartoffelwürfel darin 7 bis 8 Minuten goldbraun frittieren. Mit dem Schaumlöffel herausheben und auf Küchenpapier abtropfen lassen. Die lauwarmen Kartoffelscheiben auf Teller verteilen. Die Matjesfilets und die Rotweinzwiebeln darauf anrichten und mit den knusprigen Kartoffelwürfeln, der Petersilie und Pfeffer bestreuen.

GEFÜLLTE KARTOFFELN
mit Matjes und Bananensauce

ZUTATEN FÜR 4 PERSONEN

Für die gefüllten Kartoffeln:
20 kleine Kartoffeln · Salz
5 Radieschen · 1/2 Salatgurke
4 kleine Schalotten
1/2 Bund Dill (fein gehackt)
1 EL Olivenöl · Saft von 1 Zitrone
Pfeffer aus der Mühle
10 Matjesfilets

Für die Bananensauce:
3 Bananen · 200 ml Kokosmilch
3 EL Weißwein (z. B. Riesling)
3 EL Sahne · 1 TL Currypulver
1 TL Cayennepfeffer

ZUBEREITUNG

1. Für die gefüllten Kartoffeln die Kartoffeln schälen, waschen und an den schmalen Seiten jeweils eine Kappe abschneiden. Das Fruchtfleisch mit einem Messer in etwa 1/2 cm Abstand vom Rand rundum einschneiden. Die Kartoffeln mit einem spitzen Messer oder dem Kugelausstecher aushöhlen. Die Kartoffeln in Salzwasser etwa 15 Minuten garen. Abgießen, abtropfen und auskühlen lassen.

2. Die Radieschen putzen und waschen. Die Gurke längs halbieren und mit einem Löffel die Kerne entfernen. Die Schalotten schälen. Radieschen, Gurke und Schalotten in kleine Würfel schneiden. Die Gemüsewürfel in einer Schüssel mit Dill, Olivenöl, Zitronensaft und Pfeffer mischen und mit Salz abschmecken. Die Gemüsewürfel in die ausgehöhlten Kartoffeln füllen. Die Matjesfilets ebenfalls in kleine Würfel schneiden.

3. Für die Bananensauce die Bananen schälen, in Stücke schneiden, mit den restlichen Saucenzutaten in einen Rührbecher geben und mit dem Stabmixer pürieren. Die Matjes mit der Bananensauce in Schälchen anrichten und mit den gefüllten Kartoffeln servieren.

VITELLO TONNATO
mit Kapern und Sardellen

....

ZUTATEN FÜR 10–12 PERSONEN

Für das Fleisch:
2 Rosmarinzweige
1 Knoblauchknolle
30 g Butterschmalz
2 EL Olivenöl
1 1/2–2 kg Kalbfleisch (aus der Hüfte,
Semerrolle oder falsches Filet; küchenfertig)

Für die Sauce:
1/2 unbehandelte Zitrone
1 Dose Thunfisch (in Olivenöl)
1 Eigelb · 2 EL Kapern
2 eingelegte Sardellenfilets
3 EL Olivenöl
Cayennepfeffer
1/2 Bund Petersilie

ZUBEREITUNG

1. Für das Fleisch den Backofen auf 140 °C vorheizen. Den Rosmarin waschen und trocken schütteln. Die Knoblauchknolle quer halbieren. Das Butterschmalz mit dem Olivenöl in einem Bräter erhitzen und das Fleisch darin rundum anbraten. Den Rosmarin und Knoblauch dazugeben und mitbraten. Das Fleisch herausnehmen und auf ein mit Alufolie ausgelegtes Backblech legen. Den Bratenfond mit etwa 200 ml Wasser ablöschen, 2 bis 3 Minuten köcheln lassen und durch ein feines Sieb gießen.

2. Das Fleisch im Ofen auf der mittleren Schiene etwa 40 Minuten braten. Zwischendurch mit einem Fleischthermometer die Kerntemperatur messen. Das Fleisch ist rosa gegart, wenn seine Kerntemperatur 60 °C beträgt.

3. Inzwischen für die Sauce die Zitrone heiß waschen, abtrocknen und die Schale fein abreiben. Die Zitrone halbieren und den Saft auspressen. Den Thunfisch abtropfen lassen. Mit dem Eigelb, 1 EL Kapern, den Sardellenfilets, dem Olivenöl und etwa 2 EL Bratensud in einen Rührbecher geben und mit dem Stabmixer fein pürieren. Falls nötig, noch etwas Bratensud dazugeben. Die Sauce durch ein Sieb streichen, mit Zitronensaft und Cayennepfeffer abschmecken.

4. Das Fleisch nach dem Braten mindestens 10 Minuten ruhen lassen und dann in dünne Scheiben schneiden. Die Petersilie waschen und trocken schütteln, die Blätter abzupfen und fein hacken. Das Fleisch in dünne Scheiben schneiden und auf einer Platte anrichten. Die Sauce darübergeben und mit der Petersilie, den restlichen Kapern und etwas Zitronenschale bestreuen. Mit geröstetem Landbrot oder Ciabatta servieren.

TIPP

Traditionell wird das Kalbfleisch für Vitello tonnato nicht gebraten, sondern pochiert. Dafür das Kalbfleisch in Olivenöl anbraten und mit Suppengemüse in einem Sud aus Brühe und Weißwein etwa 1 Stunde gar ziehen lassen. Das Fleisch in der Sauce abkühlen lassen.

AUSTERN
mit Cheddar-Doppeldeckern

·····················

ZUTATEN FÜR 4 PERSONEN
24 Austern
8 Scheiben Pumpernickel
4 TL Butter
8 Scheiben Cheddar-Käse
Zitronen

ZUBEREITUNG

1. Die Austern mit der gewölbten Seite nach unten auf ein dickes Küchentuch legen und fest in die Hand nehmen. Mit dem Austernmesser (Spezialmesser) in die kleine Öffnung des Gelenks stechen und das Gelenk durchtrennen. Das Messer entlang der oberen Schale führen und den Muskel durchtrennen. Die oberen Schalen abheben. Die unteren Hälften auf Eis setzen.

2. Die Pumpernickelscheiben mit Butter bestreichen und je 1 Scheibe Cheddar-Käse darauflegen. Je 2 Brote mit dem Käse nach innen zu Doppeldeckern zusammensetzen.

3. Die Zitronen halbieren. Die Austern mit den Zitronenhälften und den Cheddar-Doppeldeckern servieren.

TIPP

Ob eine Auster tatsächlich frisch ist, d. h. noch lebt, erkennen Sie an einem einfachen Test: Die empfindliche Auster zuckt bei Kontakt mit Säure, also auch mit Zitronensaft, zusammen. Ist das nicht der Fall, ist die Auster tot, und Sie sollten sie nicht mehr roh essen! Zu Austern passt natürlich perfekt ein Glas gut gekühlter Champagner.

ÜBERBACKENE AUSTERN
mit Frühlingszwiebeln

·····················

ZUTATEN FÜR 4 PERSONEN
24 Austern
3 Scheiben Toastbrot
3 Frühlingszwiebeln
2 EL Olivenöl
150 g Crème fraîche

ZUBEREITUNG

1. Die Austern mit der gewölbten Seite nach unten auf ein dickes Küchentuch legen und fest in die Hand nehmen. Mit dem Austernmesser (Spezialmesser) in die kleine Öffnung des Gelenks stechen und das Gelenk durchtrennen. Das Messer entlang der oberen Schale führen und den Muskel durchtrennen. Die oberen Schalen abheben. Das Austernwasser in einen kleinen Topf gießen und das Austernfleisch auslösen.

2. Die unteren Austernhälften unter fließendem Wasser abbürsten und auf ein Backblech setzen. Das Toastbrot in Würfel schneiden und im Blitzhacker zerbröseln. Die Frühlingszwiebeln putzen, waschen und in feine Ringe schneiden. Das Olivenöl und die Frühlingszwiebeln in das Austernwasser geben und 3 Minuten köcheln lassen.

3. Den Backofengrill vorheizen. Den Austernsud mit den Frühlingszwiebeln in die Schalen füllen und das Austernfleisch daraufgeben. Die Crème fraîche und die Brotbrösel darauf verteilen. Die Austern unter dem Grill etwa 5 Minuten goldbraun überbacken.

Salate

....

Wir essen alle zu wenig Salate.
Das möchte ich mit den Rezepten auf
den nächsten Seiten ändern. Also
viel Spaß bei meinen Salaten: manchmal
etwas mehr Arbeit, die sich aber lohnt.
Immer ein perfekter Begleiter ist gutes
Brot – das abgebildete ist von meinem
Lieblingsbäcker aus Hannover.

SPINATSALAT
mit Pinienkernen

ZUTATEN FÜR 4 PERSONEN
Für den Salat:
200 g junge Spinatblätter
4 Eier · 50 g Pinienkerne
100 g Parmesan (am Stück)
2 Knoblauchzehen
4 Scheiben Bauernbrot

Für die Vinaigrette:
1/2 Chilischote
1 EL Senf · 4 EL Olivenöl
2 EL weißer Balsamicoessig
1/2 TL Zucker · Salz

ZUBEREITUNG

1. Für den Salat den Spinat verlesen und die groben Stiele entfernen. Den Spinat waschen und trocken schleudern. Die Eier wachsweich kochen, pellen und halbieren. Die Pinienkerne in einer beschichteten Pfanne ohne Fett goldbraun rösten und auf einem Teller beiseitestellen. Den Parmesan in feine Späne hobeln.

2. Den Knoblauch schälen und halbieren. Die Brotscheiben in einer beschichteten Pfanne ohne Fett auf beiden Seiten rösten, dann mit dem Knoblauch einreiben.

3. Für die Vinaigrette die Chilischote nach Wunsch entkernen und waschen, dann sehr fein hacken. Den Senf mit Olivenöl, Essig, Zucker und Salz verrühren. Die Chilischote dazugeben und die Vinaigrette abschmecken.

4. Den Spinat mit den halbierten Eiern auf einer Platte anrichten und die Vinaigrette darübergeben. Mit dem Parmesan und den Pinienkernen bestreuen. Den Salat mit dem gerösteten Brot servieren.

ANANAS-TOMATEN-SALAT
mit Basilikum und Parmesan

ZUTATEN FÜR 4 PERSONEN
Für den Salat:
1 Ananas
30 Kirschtomaten
30 Basilikumblätter
50 g Parmesan (am Stück)

Für die Vinaigrette:
3 EL weißer Balsamicoessig
Saft von 1/2 Zitrone
4 EL Olivenöl
Mark von 1 Vanilleschote
Pfeffer aus der Mühle

ZUBEREITUNG

1. Für den Salat die Ananas putzen, schälen und vierteln, den harten Strunk herausschneiden und das Fruchtfleisch in mundgerechte Stücke schneiden. Die Kirschtomaten waschen und halbieren. Die Basilikumblätter waschen und trocken tupfen. Die Ananasstücke, die Tomaten und das Basilikum in einer Salatschüssel mischen.

2. Für die Vinaigrette den Essig mit Zitronensaft und Olivenöl in einer Schüssel mit dem Schneebesen verrühren. Die Vinaigrette mit Vanillemark und Pfeffer würzen. Nach Belieben noch 1 TL Honig unterrühren. Die Vinaigrette über den Salat geben und alles gut mischen. Den Parmesan in feinen Spänen über den Salat hobeln.

TIPP

Das ist einer meiner Lieblingssalate. Ich reiche ihn, in kleine Gläser gefüllt, zum Grillfest – wunderbar! Dazu passt geröstetes Bauernbrot oder Ciabatta, mit viel Frischkäse bestrichen.

ÖSTERLICHER SALAT
mit gebratenen Lammlachsen

....

ZUTATEN FÜR 4 PERSONEN

Für den Salat:

8 kleine festkochende Kartoffeln
Salz · 50 g Gorgonzola
Fett für die Form
1 Kopf Radicchio
1 Staude Chicorée
1 Bund Rucola
4 Tomaten · 4 Eier
50 g Pinienkerne

Für die Marinade:

3 EL Olivenöl
Saft von 1 Orange · 1 TL Honig
Salz · Pfeffer aus der Mühle

Außerdem:

200 g Lammlachse
Salz · Pfeffer aus der Mühle
2 EL Olivenöl

ZUBEREITUNG

1. Für den Salat die Kartoffeln schälen, waschen und einen Deckel abschneiden. Die Kartoffeln mit einem spitzen Messer oder dem Kugelausstecher aushöhlen, dabei einen etwa 1/2 cm breiten Rand stehen lassen. Die Kartoffeln in Salzwasser etwa 15 Minuten garen. Abgießen, kalt abschrecken und trocken tupfen. Den Gorgonzola in kleine Würfel schneiden. Die Kartoffeln mit dem Käse füllen und in eine große, leicht gefettete Auflaufform setzen.

2. Vom Radicchio die äußeren Blätter entfernen. Den Kopf längs halbieren und den Strunk entfernen. Den Radicchio waschen und trocken schleudern. Den Chicorée putzen, waschen, längs halbieren und den Strunk entfernen. Radicchio und Chicorée in feine Streifen schneiden. Den Rucola verlesen und die groben Stiele entfernen. Den Rucola waschen und trocken schütteln. Alle Salatsorten in einer Salatschüssel gut mischen.

3. Den Backofengrill vorheizen. Die Tomaten kreuzweise einritzen, kurz in kochendes Wasser tauchen, häuten, halbieren und entkernen. Das Fruchtfleisch in Streifen schneiden und zum Salat geben. Die Eier wachsweich kochen, pellen und halbieren. Die Pinienkerne in einer beschichteten Pfanne ohne Fett goldbraun rösten.

4. Für die Marinade das Olivenöl mit dem Orangensaft, dem Honig, Salz und Pfeffer verrühren. Über den Salat geben und gut untermischen.

5. Die gefüllten Kartoffeln unter dem Backofengrill 4 bis 5 Minuten gratinieren. Die Lammlachse in etwa 1/2 cm dicke Scheiben schneiden, mit Salz und Pfeffer würzen. Das Olivenöl in einer beschichteten Pfanne erhitzen und die Lammlachse darin auf jeder Seite 1 Minute anbraten. Anschließend etwas ruhen lassen.

6. Den Salat, die gratinierten Kartoffeln und die Lammlachse auf eine Platte geben. Die Eihälften daraufsetzen und mit den gerösteten Pinienkernen bestreuen. Mit Baguette servieren.

TIPP

Dieser Salat ist ein tolles Rezept für den Brunch am Ostersonntag, schmeckt aber natürlich auch zu anderen Anlässen. Wem Radicchio und Chicorée zu bitter schmecken, der kann den Salat auch mit Römersalatherzen und Rucola zubereiten.

SOMMERSALAT
mit Gemüse

ZUTATEN FÜR 4 PERSONEN

Für das gegarte Gemüse:
250 g Möhren · 1 Kohlrabi
300 g festkochende Kartoffeln
1 weißer Rettich · 1 Bund Radieschen
1/4 l Gemüsebrühe

Für das rohe Gemüse:
1 kleiner Kopf Römersalat · 1 Staude Chicorée
3 Stangen Staudensellerie · 250 g Kirschtomaten

Für das Dressing:
150 g Crème fraîche · 1 EL Honig
1 TL Senf · 3 EL Olivenöl
2 EL Obstessig · Salz · Pfeffer aus der Mühle

Außerdem:
1/2 Bund Basilikum · 1 Dose Thunfisch (naturell)

ZUBEREITUNG

1. Für das gegarte Gemüse die Möhren, den Kohlrabi, die Kartoffeln und den weißen Rettich schälen und in Streifen oder Scheiben schneiden. Die Radieschen putzen und leicht andrücken. Alles in der Brühe 10 bis 15 Minuten bissfest garen. Herausheben und leicht abkühlen lassen.

2. Für das rohe Gemüse den Römersalat putzen, waschen, trocken schleudern und in mundgerechte Stücke zupfen. Chicorée putzen, waschen, längs halbieren und den Strunk entfernen. Die Chicoréehälften nochmals längs halbieren. Den Staudensellerie putzen, waschen und in Scheiben schneiden. Die Kirschtomaten waschen und halbieren.

3. Für das Dressing alle Zutaten verrühren und mit Salz und Pfeffer abschmecken. Das lauwarme gegarte und das rohe Gemüse in einer Salatschüssel mischen, das Dressing darübergeben und untermischen. Das Basilikum waschen, trocken schütteln und die Blätter abzupfen. Den Thunfisch abtropfen lassen, mit einer Gabel grob zerpflücken und mit dem Basilikum auf dem Salat verteilen.

HERBSTLICHER SALAT
mit Feigen und Trauben

ZUTATEN FÜR 4–6 PERSONEN
3 Stauden Chicorée · 2 Äpfel
2 Birnen (z. B. Williams Christ)
3 Feigen
100 g kernlose dunkle Weintrauben
1 EL Zucker · 1/4 l Weißwein
1 EL Honig · 1 Vanilleschote
30 g Butter · 2 Sternanis
150 g Gorgonzola · 2 EL Apfelessig
4 EL Olivenöl · Salz · Pfeffer aus der Mühle
100 g Mandelstifte

ZUBEREITUNG

1. Den Chicorée putzen, waschen, längs halbieren und den Strunk entfernen. Die Äpfel und Birnen vierteln, schälen und die Kerngehäuse entfernen. Die Fruchtviertel in Spalten schneiden. Die Feigen waschen und vierteln. Die Trauben waschen und je nach Größe halbieren.

2. Den Zucker in einer beschichteten Pfanne goldgelb karamellisieren. Mit 100 ml Wasser und der Hälfte des Weins ablöschen, den Honig dazugeben und den Karamell unter Rühren auflösen. Den Chicorée hinzufügen und bei mittlerer Hitze 5 Minuten köcheln lassen. Dann den Chicorée im Sud leicht abkühlen lassen.

3. Die Vanilleschote längs aufschneiden und das Mark herauskratzen. Die Butter in einer Pfanne erhitzen, die Vanilleschote und das -mark sowie den Sternanis darin schwenken. Mit 100 ml Wasser und dem restlichen Wein ablöschen, kurz köcheln lassen und die Sauce zum Chicorée geben.

4. Den Gorgonzola in kleine Würfel schneiden, mit den Feigen und den Trauben zum Chicorée geben und untermischen.

5. Essig, Olivenöl, Salz und Pfeffer verrühren, über den Salat geben und alles gut mischen. Die Mandelstifte in einer beschichteten Pfanne ohne Fett goldbraun rösten und über den Salat streuen.

KARTOFFELSALAT
in verschiedenen Variationen
....

ZUTATEN FÜR 4 PERSONEN

1 kg festkochende Kartoffeln
Salz · Kümmelsamen · Pfeffer aus der Mühle
1/4 l Fleischbrühe · 4 EL Weißweinessig

Für die Speckvariation:
100 g durchwachsener Speck (in Scheiben)
2 Schalotten · 1 Bund Petersilie

Für die Variation mit Mayonnaise:
3 Eigelb · 1/2 EL Senf
5 EL Olivenöl · Saft von 1/2 Zitrone
2 EL Naturjoghurt · Salz · Pfeffer aus der Mühle
1 Gewürzgurke · 1/2 Salatgurke

Für die Gemüsevariation:
1 Fenchelknolle · 2 Möhren · Salz
2 Schalotten · 1 Zucchino
1 EL Olivenöl · Pfeffer aus der Mühle

Für die Safranvariation:
1 Döschen Safranfäden (0,1 g)
2 EL Fleisch- oder Gemüsebrühe
3 Stangen Staudensellerie · 4 Tomaten
75 g Rucola · 1 Chilischote · Olivenöl

ZUBEREITUNG

1. Die Kartoffeln waschen und mit Schale in Salzwasser mit etwas Kümmel etwa 20 Minuten garen. Abgießen, ausdampfen lassen, pellen und in Scheiben schneiden. Mit Salz und Pfeffer würzen. Die Brühe erhitzen, den Essig hinzufügen und diese Mischung über die lauwarmen Kartoffeln gießen.

2. Für die Speckvariation den Speck in sehr feine Streifen schneiden und in einer beschichteten Pfanne ohne Fett knusprig braten. Herausnehmen und auf Küchenpapier abtropfen lassen. Die Schalotten schälen und in kleine Würfel schneiden. Die Petersilie waschen und trocken schütteln, die Blätter abzupfen und fein hacken. Alles unter die Kartoffelscheiben mischen.

3. Für Kartoffelsalat mit Mayonnaise die Eigelbe und den Senf in einem Rührbecher mit dem Stabmixer schaumig schlagen. Das Olivenöl nach und nach dazugeben und weiterschlagen, bis eine cremige Mayonnaise entstanden ist. Den Zitronensaft und den Joghurt unter die Mayonnaise rühren, mit Salz und Pfeffer abschmecken. Die Gewürzgurke in kleine Würfel schneiden. Die Salatgurke schälen und in feine Scheiben hobeln. Beides mit der Mayonnaise unter die Kartoffelscheiben mischen.

4. Für die Gemüsevariation den Fenchel putzen, waschen, längs halbieren und den Strunk entfernen. Die Fenchelhälften auf der Rohkostreibe in feine Scheiben hobeln. Die Möhren schälen, ebenfalls in feine Scheiben hobeln und in Salzwasser etwa 3 Minuten garen. Abgießen und abtropfen lassen. Die Schalotten schälen und in kleine Würfel schneiden. Den Zucchino putzen, waschen, in feine Scheiben hobeln und im Olivenöl etwa 2 Minuten dünsten, mit Salz und Pfeffer würzen. Alle Zutaten mischen, abschmecken und unter die Kartoffeln heben.

5. Für die Safranvariation den Safran in der warmen Brühe ziehen lassen. Den Staudensellerie putzen, waschen und in feine Scheiben hobeln. Die Tomaten, waschen, vierteln und entkernen, dabei die Stielansätze entfernen. Das Fruchtfleisch in kleine Würfel schneiden. Den Rucola verlesen und die groben Stiele entfernen. Den Rucola waschen und trocken schütteln. Die Chilischote längs halbieren, entkernen, waschen und fein hacken. Alle Zutaten unter die Kartoffeln mischen und den Salat mit Olivenöl abschmecken.

TIPP

Egal, für welche Variation Sie sich entscheiden: Achten Sie darauf, dass die Kartoffeln möglichst gleich groß sind, und verarbeiten Sie die Kartoffelscheiben lauwarm – dann nehmen sie die Brühe besser auf. Alle Salate vor dem Servieren 20 Minuten durchziehen lassen und am besten noch mit etwas Brühe und Olivenöl verfeinern.

KARTOFFELSALAT
mit Tomaten und Rucola

ZUTATEN FÜR 4 PERSONEN
1 kg festkochende Kartoffeln
Salz · 4 Schalotten
2 Bund Rucola
500 g Kirschtomaten
1/2 l Fleischbrühe
2 EL Weißweinessig
2 EL Meerrettich (aus dem Glas)
Pfeffer aus der Mühle
2 EL Olivenöl

ZUBEREITUNG

1. Die Kartoffeln waschen und mit Schale in Salzwasser etwa 20 Minuten garen. Die Schalotten schälen und in kleine Würfel schneiden. Den Rucola verlesen und die groben Stiele entfernen. Den Rucola waschen, trocken schütteln und in mundgerechte Stücke zupfen. Die Kirschtomaten waschen und halbieren.

2. Die Brühe aufkochen, den Essig und die Schalottenwürfel hinzufügen. Den Topf vom Herd nehmen und die Mischung etwas abkühlen lassen.

3. Die Kartoffeln abgießen, kurz ausdampfen lassen und pellen. Lauwarm in Scheiben schneiden und in eine Salatschüssel geben.

4. Die lauwarme Brühe, den Meerrettich, Salz, Pfeffer und das Olivenöl verrühren und über die Kartoffelscheiben gießen. Den Rucola und die Tomaten untermischen und den Kartoffelsalat vor dem Servieren gut durchziehen lassen.

TIPP

Wer möchte, kann auch noch einige entsteinte schwarze Oliven unter den Kartoffelsalat mischen und den Salat mit wachsweich gekochten Wachteleiern garnieren.

KARTOFFELSALAT
mit Räucheraal und Spiegelei

ZUTATEN FÜR 4 PERSONEN
Für den Salat:
10 festkochende Kartoffeln
Salz · Kümmelsamen
3 Eier · 2 Schalotten
10 g Butter · 3 EL Weißweinessig
1/2 l Fleischbrühe
1 Glas eingelegte Sardellenfilets (40 g)
Pfeffer aus der Mühle · 1 Bund Rucola

Außerdem:
200 g Räucheraal · 4 Eier
20 g Butter · Salz

ZUBEREITUNG

1. Für den Salat die Kartoffeln waschen und mit Schale in Salzwasser mit etwas Kümmel etwa 20 Minuten garen. Abgießen, pellen, in Scheiben schneiden und in eine Salatschüssel geben. Die Eier hart kochen, pellen und klein schneiden. Die Schalotten schälen, in kleine Würfel schneiden und in der Butter andünsten. Mit dem Essig und der Brühe ablöschen und bei schwacher Hitze etwa 5 Minuten einköcheln lassen.

2. Den Sud über die lauwarmen Kartoffeln gießen. Die Sardellenfilets in feine Streifen schneiden und mit den Eiern unter die Kartoffeln mischen. Den Salat mit Salz und Pfeffer würzen und durchziehen lassen. Die Kartoffeln saugen die Brühemischung auf, eventuell noch etwas Brühe hinzufügen.

3. Den Rucola verlesen und die groben Stiele entfernen. Den Rucola waschen, trocken schütteln, klein zupfen und unter die Kartoffeln mischen. Den Salat nochmals abschmecken.

4. Den Aal filetieren und in Stücke schneiden. Aus den Eiern in einer beschichteten Pfanne in der Butter Spiegeleier braten und leicht mit Salz würzen. Den Kartoffelsalat jeweils mit 1 Stück Aalfilet und 1 Spiegelei anrichten und nach Belieben mit etwas Olivenöl beträufeln.

GEMÜSESALAT
mit Birne und Orange

ZUTATEN FÜR 4 PERSONEN
Für den Salat:
4 große festkochende Kartoffeln
Salz · 5 EL Olivenöl
4 Knollen Rote Bete · Kümmelsamen
1 Fenchelknolle · 1 große Abate-Birne
1 unbehandelte Orange

Für die Vinaigrette:
200 ml Orangensaft · 2 EL Olivenöl
2 EL Traubenkernöl · 2 EL weißer Balsamicoessig
1 walnussgroßes Stück Ingwer (gerieben)
1 Knoblauchzehe (gerieben)
1 Stück Chilischote (sehr fein gehackt)
Zitronensaft

ZUBEREITUNG

1. Den Backofen auf 180 °C vorheizen. Für den Salat die Kartoffeln unter fließendem Wasser gründlich abbürsten, längs halbieren und auf ein Backblech geben. Mit Salz bestreuen und mit 4 EL Olivenöl beträufeln. Die Kartoffeln im Ofen auf der mittleren Schiene etwa 45 Minuten backen.

2. Die Rote-Bete-Knollen mit Schale in Salzwasser mit etwas Kümmel etwa 30 Minuten garen. Abkühlen lassen, schälen und in Scheiben schneiden. Den Fenchel putzen, waschen, längs halbieren und den Strunk entfernen. Die Fenchelhälften in feine Streifen schneiden und im restlichen Olivenöl bissfest dünsten. Die Birne vierteln, schälen, entkernen und in Streifen schneiden. Die Orange heiß waschen, abtrocknen und die Schale mit dem Zestenreißer in feinen Streifen abziehen. Die Orange filetieren.

3. Für die Vinaigrette den Orangensaft auf die Hälfte einkochen lassen und mit den restlichen Zutaten für die Vinaigrette verrühren. Die Kartoffeln aus dem Ofen nehmen, mit Roter Bete, Fenchel, Birne und Orangenfilets auf einer Platte verteilen. Die Orangenzesten und die Vinaigrette darübergeben. Nach Belieben mit grob gemahlenem Pfeffer bestreuen und mit Balsamicocreme verfeinern.

TILSITER-SALAT
mit Paprika und Rucola

ZUTATEN FÜR 4 PERSONEN
je 1 rote, gelbe und grüne Paprikaschote
2 Knoblauchzehen
1 Bund Rucola · 4 Eier
400 g Tilsiter (in 2 dicken Scheiben)
1 Bund Bohnenkraut
3 EL weißer Balsamicoessig
5 EL Olivenöl
Salz · Pfeffer aus der Mühle

ZUBEREITUNG

1. Den Backofengrill vorheizen. Für den Salat die Paprikaschoten längs halbieren, entkernen und waschen. Die Paprikahälften mit den Schnittflächen nach unten auf ein Backblech legen und im Ofen auf der mittleren Schiene so lange grillen, bis die Haut Blasen wirft und schwarz wird. Die Knoblauchzehen mit Schale mitgrillen.

2. Die Paprikaschoten herausnehmen, mit einem feuchten Küchentuch bedecken und etwa 5 Minuten abkühlen lassen. Die Haut mit einem spitzen Messer abziehen und die Paprikahälften in mundgerechte Stücke schneiden.

3. Den Rucola verlesen und die groben Stiele entfernen. Den Rucola waschen, trocken schütteln und in mundgerechte Stücke zupfen. Die Eier hart kochen, pellen und vierteln. Den Tilsiter in gleich große Würfel schneiden.

4. Für die Vinaigrette das Bohnenkraut waschen und trocken schütteln, die Blätter abzupfen und fein hacken. Essig, Olivenöl, Bohnenkraut, Salz und Pfeffer verrühren. Den gegrillten Knoblauch schälen, dazupressen und unterrühren.

5. Den Tilsiter, die Paprikastücke und den Rucola mischen, die Vinaigrette darübergeben und untermischen. Die Eier auf den Salat setzen. Nach Belieben mit Baguette servieren.

KICHERERBSENSALAT
mit Paprika

ZUTATEN FÜR 4 PERSONEN

200 g getrocknete Kichererbsen
je 1 rote und gelbe Paprikaschote
1 walnussgroßes Stück Ingwer
2 Knoblauchzehen
1 Chilischote
1 Döschen Safranfäden (0,1 g)
je 2 EL Walnuss- und Olivenöl
1 TL gemahlener Kreuzkümmel
1 TL Currypulver
1/4 l Fleischbrühe
1 Bund Rucola · 100 g Feldsalat
1 Bund Petersilie · Zitronensaft
Salz · Pfeffer aus der Mühle

ZUBEREITUNG

1. Die Kichererbsen über Nacht in Wasser einweichen. Dann in ein Sieb abgießen, kalt abbrausen und abtropfen lassen. Die Paprikaschoten mit dem Sparschäler schälen, längs halbieren, entkernen, waschen und in mundgerechte Stücke schneiden. Ingwer und Knoblauch schälen und in kleine Würfel schneiden. Die Chilischote längs halbieren, entkernen, waschen und fein hacken.

2. Den Safran in 2 EL warmem Wasser ziehen lassen. Beide Ölsorten in einem Topf erhitzen und die Paprikastücke darin andünsten. Mit Kreuzkümmel und Currypulver würzen. Ingwer, Knoblauch, Chili und Safran hinzufügen und kurz mitdünsten. Die Kichererbsen und die Brühe dazugeben und alles etwa 20 Minuten köcheln lassen, bis die Kichererbsen gar sind. Dann abkühlen lassen.

3. Rucola und Feldsalat verlesen bzw. putzen, grobe Rucolastiele entfernen. Die Salate waschen und gut abtropfen lassen oder trocken schleudern. Die Petersilie waschen, trocken schütteln und die Blätter abzupfen. Rucola, Feldsalat und Petersilie auf einer Platte anrichten. Die Kichererbsenmischung mit Zitronensaft, Salz und Pfeffer abschmecken, auf dem Salatbett anrichten und nach Belieben mit etwas Olivenöl beträufeln. Dazu passt Fladenbrot.

PETERSILIENSALAT
mit Bulgur und Minze

ZUTATEN FÜR 4 PERSONEN

400 g Kirschtomaten
Salz · Zucker
200 g Bulgur
1/2 l Gemüsebrühe
1 unbehandelte Zitrone
20 Pimentkörner
4 Bund Petersilie
1 Bund Minze
4 EL Arganöl

ZUBEREITUNG

1. Die Kirschtomaten waschen, halbieren und in kleine Würfel schneiden. Mit Salz und 1 Prise Zucker würzen und 20 Minuten ziehen lassen.

2. Den Bulgur nach Packungsanweisung mit der Brühe aufkochen und mit Salz würzen. Den Topf vom Herd nehmen und den Bulgur zugedeckt ausquellen lassen, dabei mindestens zweimal durchrühren.

3. Die Zitrone heiß waschen, abtrocknen und die Schale fein abreiben. Die Zitrone halbieren und auspressen. Den Piment im Mörser fein zerstoßen. Petersilie und Minze waschen und trocken schütteln, die Blätter abzupfen und grob hacken.

4. Den lauwarmen Bulgur mit den Tomaten und den gehackten Kräutern mischen. Mit Zitronenschale und -saft sowie dem Arganöl und Piment würzen. Den Salat solo oder mit Gegrilltem servieren.

TIPP

Arganöl stammt aus Marokko. Es schmeckt nicht nur gut (leicht nussig), sondern ist auch sehr gesund, weil es besonders viele ungesättigte Fettsäuren und Vitamin E enthält. Weil es auch heute noch meist in Handarbeit hergestellt wird, ist es etwas teurer. Für dieses Rezept kann man statt Arganöl auch 3 EL Oliven- und 1 EL Nussöl nehmen.

NUDELSALAT
mit Tomaten und Schinken

....

ZUTATEN FÜR 4 PERSONEN

250 g Nudeln (Penne rigate oder
kurze Makkaroni) · Salz
5 EL Olivenöl · 3 Tomaten
150 g gekochter Schinken (am Stück)
2 festkochende Kartoffeln
1 Knoblauchzehe
1/8 l Fleischbrühe
3 EL gehackte Kräuter (z. B. Thymian,
Rosmarin, Salbei, Petersilie, Basilikum)
Pfeffer aus der Mühle
Cayennepfeffer · Zitronensaft

ZUBEREITUNG

1. Die Nudeln nach Packungsanweisung in Salzwasser bissfest garen. In ein Sieb abgießen und gut abtropfen lassen. Die Nudeln in eine Schüssel geben und 3 EL Olivenöl darübergeben. Das Öl mit den Händen einmassieren – so werden die Nudeln leicht mariniert.

2. Die Tomaten kreuzweise einritzen, in kochendes Wasser tauchen, häuten, halbieren und entkernen. Das Fruchtfleisch in kleine Würfel schneiden. Den gekochten Schinken ebenfalls in kleine Würfel schneiden. Die Kartoffeln schälen, waschen, in Würfel schneiden und in Salzwasser etwa 10 Minuten garen. Die Kartoffeln abgießen und kalt abschrecken.

3. Die Knoblauchzehe schälen und in feine Scheiben schneiden. Das restliche Olivenöl in einer kleinen Pfanne erhitzen, die Knoblauchscheiben darin knusprig braten und auf Küchenpapier abtropfen lassen. Die Nudeln und die Brühe in eine Schüssel geben. Die Kartoffel- und Tomatenwürfel, den Schinken, die gehackten Kräuter und den Knoblauch dazugeben und alles gut mischen. Den Nudelsalat mit Salz, Pfeffer und Cayennepfeffer würzen und mit Zitronensaft abschmecken.

SAFRANIERTER NUDELSALAT
mit Brokkoli und Sellerie

....

ZUTATEN FÜR 4–6 PERSONEN

500 g Orecchiette (Öhrchennudeln)
Salz · 500 g Brokkoli · 5 Tomaten
4 Stangen Staudensellerie
1/2 Salatgurke · 2 EL Olivenöl
Pfeffer aus der Mühle
2 Döschen Safranfäden (à 0,1 g)
200 g Naturjoghurt
2 EL Mayonnaise (60 % Fett)
1 Scheibe Weißbrot (vom Vortag)
3 Knoblauchzehen · 100 g Parmesan (am Stück)
je 50 g Pinienkerne und geschälte Mandeln
3 EL Rosmarinnadeln

ZUBEREITUNG

1. Die Orecchiette nach Packungsanweisung in Salzwasser bissfest garen. Abgießen und abtropfen lassen. Den Brokkoli putzen, in Röschen teilen und in Salzwasser bissfest blanchieren. Abgießen, kalt abschrecken und beiseitestellen.

2. Die Tomaten in kochendes Wasser tauchen, häuten, halbieren und entkernen. Das Fruchtfleisch in kleine Würfel schneiden. Den Staudensellerie putzen, waschen und in feine Scheiben schneiden. Die Gurke schälen, längs halbieren und mit einem Löffel die Kerne entfernen. Die Gurke in mundgerechte Stücke schneiden. Sellerie und Gurke im Olivenöl andünsten, mit Salz und Pfeffer würzen. Die Nudeln und Tomaten hinzufügen und alles gut mischen.

3. Den Safran in 2 EL warmem Wasser ziehen lassen. Joghurt, Mayonnaise, Salz, Pfeffer und Safran verrühren und zu der Nudelmischung geben. Alles gut mischen und abschmecken.

4. Das Brot in grobe Würfel schneiden. Den Knoblauch schälen und in feine Scheiben schneiden. Den Parmesan grob zerbröckeln. Die Brotwürfel, den Knoblauch, die Pinienkerne, die Mandeln und die Rosmarinnadeln in einer beschichteten Pfanne ohne Fett knusprig braten und mit dem Parmesan über den Nudelsalat geben.

NUDELSALAT
mit Bohnen und Paprika

....

ZUTATEN FÜR 4 PERSONEN

Für den Salat:

250 g Penne rigate · Salz
250 g grüne Bohnen
1 rote Paprikaschote
10 Kirschtomaten
1 Fenchelknolle
3 Frühlingszwiebeln
1 Chilischote
2 Knoblauchzehen
1 walnussgroßes Stück Ingwer
1 EL Olivenöl
20 entsteinte schwarze Oliven

Für die Mayonnaise:

4 Eigelb · 1 EL Senf
5 EL Olivenöl · Saft von 1/2 Zitrone
Salz · Pfeffer aus der Mühle

ZUBEREITUNG

1. Für den Salat die Penne nach Packungsanweisung in Salzwasser bissfest garen. Die Nudeln abgießen und mit etwas aufgefangenem Kochwasser geschmeidig halten. Die Bohnen putzen, waschen, in mundgerechte Stücke schneiden und in Salzwasser etwa 15 Minuten garen. In ein Sieb abgießen, kalt abschrecken und abtropfen lassen.

2. Die Paprikaschote mit dem Sparschäler schälen, längs halbieren, entkernen, waschen und in feine Streifen schneiden. Die Kirschtomaten waschen und halbieren.

3. Den Fenchel putzen, waschen, längs halbieren und den Strunk entfernen. Die Fenchelhälften in feine Streifen schneiden oder hobeln. Die Frühlingszwiebeln putzen, waschen und in feine Ringe schneiden. Die Chilischote längs halbieren, entkernen, waschen und möglichst fein hacken. Die Knoblauchzehen und den Ingwer schälen und in kleine Würfel schneiden.

4. Das Olivenöl in einer beschichteten Pfanne erhitzen und die Fenchelstreifen darin andünsten. Frühlingszwiebeln, Chili, Knoblauch und Ingwer hinzufügen und alles 3 bis 4 Minuten dünsten – der Fenchel sollte noch bissfest sein.

5. Für die Mayonnaise die Eigelbe und den Senf in einen Rührbecher geben und mit dem Stabmixer aufschlagen. Dann nach und nach das Olivenöl dazugießen und so lange weiterschlagen, bis eine cremige Mayonnaise entstanden ist. Mit Zitronensaft, Salz und Pfeffer würzen.

6. Die abgetropften Nudeln, die Bohnen, das Fenchelgemüse, die Paprikastreifen, die Kirschtomaten und die Oliven in eine Salatschüssel geben. Die Mayonnaise dazugeben und untermischen. Den Nudelsalat 20 Minuten durchziehen lassen und vor dem Servieren eventuell noch mit etwas Salz, Zitronensaft oder Olivenöl abschmecken.

TIPP

Da Paprikaschoten zu den schwer verdaulichen Gemüsesorten zählen, empfiehlt es sich, die Schoten vor der Weiterverarbeitung zu schälen. Am einfachsten geht das mit dem Sparschäler. Alternativ kann man Paprikaschoten auch, wie im Rezept »Tilsiter-Salat« auf Seite 43 beschrieben, grillen und anschließend häuten.

GRIECHISCHER SALAT
mit Feta und Oliven

ZUTATEN FÜR 4 PERSONEN

Für den Salat:
1 Kopf Römersalat · 75 g Rucola
1 rote Paprikaschote · 250 g Tomaten
1 Salatgurke · 2 Eier
100 g entsteinte schwarze Oliven
150 g Feta-Käse · 30 g Pinienkerne

Für die Vinaigrette:
1 Bund Petersilie
3 EL Weißweinessig
1 EL Senf · 6 EL Olivenöl
Salz · Pfeffer aus der Mühle · Zucker

ZUBEREITUNG

1. Für den Salat den Römersalat putzen und waschen. Den Rucola verlesen und die groben Stiele entfernen. Den Rucola waschen und beide Salatsorten trocken schleudern. Die Paprikaschote mit dem Sparschäler schälen, längs halbieren, entkernen und waschen. Die Tomaten waschen, halbieren und entkernen, dabei die Stielansätze entfernen. Die Gurke waschen, längs halbieren und mit einem Löffel die Kerne entfernen. Alle vorbereiteten Zutaten in möglichst feine Streifen schneiden.

2. Die Eier hart kochen, pellen und hacken. Die Oliven möglichst fein hacken. Den Feta-Käse in kleine Würfel schneiden. Die Pinienkerne in einer beschichteten Pfanne ohne Fett goldbraun rösten. Alle Salatzutaten in einer großen Schüssel gut mischen.

3. Für die Vinaigrette die Petersilie waschen und trocken schütteln, die Blätter abzupfen und fein hacken. Den Essig mit dem Senf und dem Olivenöl verrühren. Die gehackte Petersilie unterrühren und die Vinaigrette mit Salz, Pfeffer und 1 Prise Zucker abschmecken. Die Vinaigrette über den Salat geben und alles gut mischen.

CAESAR SALAD
mit Sardellen und Parmesan

ZUTATEN FÜR 4–6 PERSONEN

Für die Mayonnaise:
4 Eigelb · 1 EL Senf
200 ml Olivenöl
3 eingelegte Sardellenfilets
2 EL geriebener Parmesan
1 Knoblauchzehe
grüne Worcestershiresauce · Zitronensaft
Salz · Pfeffer aus der Mühle

Für den Salat:
4 Römersalatherzen · 4 Eier
4 Scheiben Weizenbrot
30 g Butter
2 EL geriebener Parmesan

ZUBEREITUNG

1. Für die Mayonnaise die Eigelbe und den Senf in einem Rührbecher mit dem Stabmixer aufschlagen. Das Olivenöl nach und nach dazugießen und weiterschlagen, bis eine cremige Mayonnaise entstanden ist. Die Sardellenfilets fein hacken und mit dem Parmesan unter die Mayonnaise rühren. Den Knoblauch schälen und durch die Knoblauchpresse dazudrücken. Die Mayonnaise mit jeweils 1 Spritzer Worcestershiresauce und Zitronensaft sowie Salz und Pfeffer abschmecken.

2. Für den Salat die Salatherzen putzen, waschen, trocken schleudern und in mundgerechte Stücke zerteilen. Die Eier wachsweich kochen, pellen und längs halbieren. Die Brotscheiben nach Belieben entrinden und in Würfel schneiden. Die Butter in einer beschichteten Pfanne erhitzen und die Brotwürfel darin knusprig rösten.

3. Den Salat entweder mit der Mayonnaise mischen oder auf Teller verteilen und mit der Mayonnaise beträufeln. Die Eihälften, den Parmesan und die gerösteten Brotwürfel darauf verteilen.

WACHTELEIERSALAT
mit Spargel und Ananas

ZUTATEN FÜR 4 PERSONEN

Für die Mayonnaise:
1 Ei · 1 EL Senf · 100 g Sahne
100 ml Olivenöl · 1 Bund Basilikum
1 Knoblauchzehe · Saft von 1/2 Zitrone
Salz · Pfeffer aus der Mühle

Für den Salat:
20 Wachteleier · 250 g grüner Spargel
1/4 Ananas · 2 Chilischoten
10 Scampi (mit Schale) · ca. 4 EL Olivenöl
Salz · Pfeffer aus der Mühle
2 EL weißer Balsamicoessig

ZUBEREITUNG

1. Für die Mayonnaise das Ei und den Senf in einen Rührbecher geben und mit dem Stabmixer aufschlagen. Die Sahne und das Olivenöl nach und nach dazugießen und weiterschlagen, bis eine cremige Mayonnaise entstanden ist. Das Basilikum waschen und trocken schütteln, die Blätter abzupfen und fein hacken. Den Knoblauch schälen und durch die Knoblauchpresse zur Mayonnaise drücken. Das Basilikum unterrühren und die Mayonnaise mit Zitronensaft, Salz und Pfeffer abschmecken.

2. Für den Salat die Wachteleier 5 Minuten kochen, pellen und halbieren. Den Spargel waschen und die Enden abschneiden. Die Stangen im unteren Drittel schälen und in Scheiben schneiden. Die Ananas schälen und das Fruchtfleisch in mundgerechte Stücke schneiden. Die Chilischoten längs halbieren, entkernen, waschen und fein hacken.

3. Die Scampi schälen, am Rücken längs halbieren und den dunklen Darm entfernen. Die Scampi waschen und trocken tupfen. Spargel und Scampi in 3 EL Olivenöl anbraten, mit Salz, Pfeffer und Chili würzen. Mit 1 EL Essig ablöschen und etwa 4 Minuten köcheln lassen. Alle Salatzutaten in einer großen Schüssel mischen und mit dem restlichen Essig und Olivenöl würzen. Dann auf Teller verteilen und jeweils etwas Mayonnaise darübergeben.

BOHNENSALAT
mit Wachteleiern

ZUTATEN FÜR 4–6 PERSONEN

Für den Salat:
300 g frische weiße Bohnenkerne
je 300 g grüne und gelbe Bohnen
Salz · 1/2 Bund Bohnenkraut
18 Wachteleier
1 große rote Zwiebel
2 Dosen Thunfisch (in Öl;
bevorzugt in Olivenöl eingelegt)

Für die Marinade:
1 Bund Bohnenkraut
4 EL Gemüsebrühe · 2 EL Weißweinessig
2 Knoblauchzehen · 1 EL Senf
3 EL Olivenöl · 1 TL Zucker
Salz · Pfeffer aus der Mühle

ZUBEREITUNG

1. Für den Salat die weißen Bohnenkerne in Wasser (ohne Salz) 25 bis 30 Minuten garen. Die grünen und gelben Bohnen putzen, waschen und in mundgerechte Stücke schneiden. In Salzwasser mit dem Bohnenkraut etwa 10 Minuten garen. Die Bohnen jeweils abgießen und abtropfen lassen.

2. Die Wachteleier wachsweich kochen, pellen und halbieren. Die Zwiebel schälen und in dünne Ringe schneiden. Den Thunfisch abtropfen lassen und mit einer Gabel grob zerpflücken.

3. Für die Marinade das Bohnenkraut waschen und trocken schütteln, die Blätter abzupfen und fein hacken. Die Brühe und den Essig verrühren. Den Knoblauch schälen und durch die Knoblauchpresse dazudrücken. Bohnenkraut, Senf und Olivenöl unterrühren und die Marinade mit Zucker, Salz und Pfeffer abschmecken.

4. Die Bohnen, die Zwiebelringe, den Thunfisch und die Wachteleier in einer Salatschüssel mischen. Die Marinade darübergießen, alles gut mischen und durchziehen lassen. Den Salat nach Belieben vor dem Servieren nochmals mit Olivenöl abschmecken.

PULPO-SALAT
mit Fenchel und Kartoffeln

·······························

ZUTATEN FÜR 4 PERSONEN

200 ml Weißwein · 5 EL Olivenöl
5 EL Weißweinessig
Salz · Pfeffer aus der Mühle
1 Pulpo (Oktopus oder Krake, ca. 1 kg;
küchenfertig, vom Fischhändler)
1 große Fenchelknolle
2 Möhren · 1 Zwiebel
4 Knoblauchzehen
2 Zitronen (davon 1 unbehandelt)
2–3 Lorbeerblätter
1 EL Fenchelsamen
1 Scheibe Ingwer
4 festkochende Kartoffeln
1 Bund Frühlingszwiebeln
1 Bund Petersilie

ZUBEREITUNG

1. Den Wein, 1 1/2 l Wasser, 2 EL Olivenöl und den Essig in einen großen Topf geben und aufkochen. Mit Salz und Pfeffer würzen. Den Pulpo waschen, trocken tupfen und in dem Sud bei schwacher Hitze etwa 30 Minuten köcheln lassen.

2. Den Fenchel putzen, waschen, längs halbieren und den Strunk entfernen. Die Fenchelhälften in Scheiben schneiden. Die Möhren schälen und ebenfalls in Scheiben schneiden. Die Zwiebel schälen, halbieren und in Spalten schneiden. Die Knoblauchzehen schälen und vierteln.

3. Fenchel, Möhren, Zwiebel und Knoblauch zum Pulpo geben. Die unbehandelte Zitrone heiß waschen, abtrocknen, halbieren und beide Zitronenhälften über dem Sud andrücken. Anschließend die Zitrone in Scheiben schneiden und in den Sud geben. Die zweite Zitrone auspressen und den Saft beiseitestellen. Die Lorbeerblätter, die Hälfte der Fenchelsamen und den Ingwer hinzufügen und den Pulpo weitere 20 Minuten köcheln lassen.

4. Die Kartoffeln schälen, waschen, in Scheiben schneiden und in Salzwasser etwa 10 Minuten garen. Die Frühlingszwiebeln putzen, waschen und in feine Ringe schneiden. Die Petersilie waschen und trocken schütteln, die Blätter abzupfen und fein hacken.

5. Kurz vor Ende der Garzeit die Konsistenz des Pulpos testen – er ist fertig, wenn er weich, aber noch leicht bissfest ist. Den Pulpo und das Gemüse mit dem Schaumlöffel herausheben, den Pulpo noch warm in Stücke schneiden.

6. Die Pulpo-Stücke mit dem Gemüse, den gekochten Kartoffelscheiben, den Frühlingszwiebeln und der Petersilie mischen. Mit dem restlichen Olivenöl, Salz, Pfeffer, dem beiseitegestellten Zitronensaft und den übrigen Fenchelsamen würzen. Den Salat lauwarm servieren.

TIPP

Fenchel passt wunderbar zu diesem Salat, ist aber nicht jedermanns Sache. Man kann den Pulpo-Salat stattdessen auch mit gebratener Paprika zubereiten. Dafür je 2 rote und gelbe Paprikaschoten, wie im Rezept »Tilsiter-Salat« auf Seite 43 beschrieben, grillen, häuten und anschließend in Stücke schneiden. Mit den Kartoffeln und Frühlingszwiebeln unter den Pulpo mischen.

MATJESSALAT
mit Möhren und Paprika

....

ZUTATEN FÜR 4–6 PERSONEN

4 Möhren
5 festkochende Kartoffeln · Salz
2 rote Paprikaschoten
1 Salatgurke
1/2 Bund Frühlingszwiebeln
1 Bund Petersilie
20 Matjesfilets
(möglichst Glückstädter Matjes)
3 EL Olivenöl
Saft von 1 Zitrone (oder 2 EL Weißweinessig)
Pfeffer aus der Mühle

ZUBEREITUNG

1. Die Möhren schälen, die Kartoffeln schälen und waschen. Beides in kleine Würfel schneiden und in Salzwasser 5 bis 10 Minuten blanchieren. Abgießen, kalt abschrecken und gut abtropfen lassen.

2. Die Paprikaschoten mit dem Sparschäler schälen, längs halbieren, entkernen und waschen. Die Gurke schälen, längs halbieren und mit einem Löffel die Kerne entfernen. Die Frühlingszwiebeln putzen und waschen. Paprika, Gurke und Frühlingszwiebeln in kleine Würfel bzw. feine Ringe schneiden. Die Petersilie waschen und trocken schütteln, die Blätter abzupfen und fein hacken. Die Matjesfilets ebenfalls in kleine Würfel schneiden.

3. Alle vorbereiteten Salatzutaten mischen. Das Olivenöl mit dem Zitronensaft, Salz und Pfeffer verrühren. Über den Salat geben, alles gut mischen und nochmals abschmecken.

TIPP

Mit Pellkartoffeln serviert, ist dieser Salat ein deftiges Hauptgericht für 4 Personen. Wollen Sie ihn als Vorspeise servieren, reicht er für 6 Personen.

HERINGSSALAT
mit Roter Bete

....

ZUTATEN FÜR 10 PERSONEN

Für den Salat:
4 Knollen Rote Bete
Salz · Kümmelsamen
4 festkochende Kartoffeln
10 Bismarckheringsfilets
5 Matjesfilets · 1/2 Salatgurke
2 Äpfel · 2 Schalotten
1/2 Bund Petersilie

Für die Marinade:
3 EL Mayonnaise
150 g saure Sahne
Salz · Pfeffer aus der Mühle

ZUBEREITUNG

1. Für den Salat die Rote-Bete-Knollen unter fließendem Wasser abbürsten und in Salzwasser mit etwas Kümmel etwa 30 Minuten garen. Die Kartoffeln waschen und mit Schale 20 Minuten garen. Jeweils abgießen und leicht abkühlen lassen. Die Rote-Bete-Knollen am besten mit Einweghandschuhen schälen. Die Kartoffeln pellen und beides in kleine Würfel schneiden.

2. Die Herings- und die Matjesfilets in kleine Würfel schneiden. Die Gurke waschen, längs halbieren und mit einem Löffel die Kerne entfernen. Die Äpfel vierteln, schälen und entkernen. Die Gurkenhälften und Apfelviertel ebenfalls in kleine Würfel schneiden. Die Schalotten schälen und in kleine Würfel schneiden. Die Petersilie waschen und trocken schütteln, die Blätter abzupfen und fein hacken. Alle vorbereiteten Zutaten in eine Salatschüssel geben.

3. Für die Marinade die Mayonnaise und die saure Sahne mit 3 EL Wasser verrühren. Mit Salz und Pfeffer würzen, über den Heringssalat geben und alles gut mischen. Den Heringssalat zum Servieren nach Belieben in ausgehöhlte Tomaten füllen.

LACHSSALAT
mit Bohnen und Tomaten

ZUTATEN FÜR 4 PERSONEN
Für den Salat:
500 g Lachsfilet (ohne Haut)
Salz · Pfeffer aus der Mühle
500 g grüne Bohnen
4 festkochende Kartoffeln
20 Kirschtomaten
1 Bund Bohnenkraut
2 EL Olivenöl

Für die Marinade:
10 Pfefferkörner
1 EL Heidehonig
1 EL Weißweinessig
Saft von 1/2 Zitrone · 4 EL Olivenöl

ZUBEREITUNG

1. Für den Salat das Lachsfilet waschen und trocken tupfen. Mit Salz und Pfeffer würzen und in mundgerechte Würfel schneiden. Die Bohnen putzen, waschen und in mundgerechte Stücke schneiden. Die Kartoffeln schälen, waschen und in feine Scheiben schneiden. Die Kartoffeln und die Bohnen in Salzwasser etwa 10 Minuten blanchieren. Kalt abschrecken, gut abtropfen lassen und in eine Salatschüssel geben.

2. Die Kirschtomaten waschen und halbieren. Das Bohnenkraut waschen und trocken schütteln, die Blätter abzupfen und fein hacken. Das Olivenöl in einer beschichteten Pfanne erhitzen und die Lachswürfel darin etwa 2 Minuten rundum braten. Den Fisch zu den Bohnen und den Kartoffeln in die Schüssel geben. Die Kirschtomaten und das gehackte Bohnenkraut hinzufügen.

3. Für die Marinade die Pfefferkörner im Mörser fein zerstoßen. Mit den übrigen Zutaten für die Marinade verrühren und über den Salat gießen. Alles gut mischen und den Lachssalat lauwarm servieren.

LAUWARMER SPARGELSALAT
mit gebratenen Scampi

ZUTATEN FÜR 4 PERSONEN
Für den Salat:
500 g weißer Spargel · Salz · Zucker
500 g grüner Spargel · 10 kleine Tomaten
je 1 Bund Petersilie und Schnittlauch
500 g Scampi (mit Schale)
3 EL Olivenöl · Pfeffer aus der Mühle

Für die Vinaigrette:
2 EL Olivenöl · 2 EL Weißweinessig
Salz · Pfeffer aus der Mühle · Zucker

ZUBEREITUNG

1. Für den Salat den weißen Spargel schälen und die Enden abschneiden. Die Stangen in Salzwasser mit 1 Prise Zucker etwa 12 Minuten garen. Den grünen Spargel waschen, im unteren Drittel schälen und die Enden abschneiden. Die Spargelstangen nach 4 Minuten zu dem weißen Spargel ins Kochwasser geben und mitgaren. Den Spargel aus dem Wasser heben und leicht abkühlen lassen. 4 EL Spargelkochwasser für die Vinaigrette abnehmen.

2. Für die Vinaigrette von dem weißen Spargel 3 Stangen abnehmen und in Stücke schneiden. Den Spargel, das Spargelkochwasser, das Olivenöl, den Essig, Salz, Pfeffer und 1 Prise Zucker mit dem Stabmixer pürieren. Die Vinaigrette durch ein grobes Sieb streichen, abschmecken und beiseitestellen.

3. Die Tomaten waschen und vierteln, dabei die Stielansätze entfernen. Die Kräuter waschen und trocken schütteln. Die Petersilienblätter abzupfen und fein hacken, den Schnittlauch in feine Röllchen schneiden. Spargel, Tomaten und Kräuter mischen.

4. Die Scampi schälen, am Rücken entlang einschneiden und den dunklen Darm entfernen. Die Scampi waschen, trocken tupfen und in einer beschichteten Pfanne im Olivenöl 3 bis 4 Minuten braten. Mit Salz und Pfeffer würzen. Die Scampi mit dem Bratöl über den Salat geben, die Spargel-Vinaigrette hinzufügen und alles gut mischen.

Suppen & Eintöpfe

Meine besondere Leidenschaft
ist das Zubereiten von Suppen und
Eintöpfen. Sie erinnern mich immer an
meine Kindheit. Schon meine Mutter
kochte eine wunderbare Linsensuppe –
und irgendwie bleibt ein Stück
Tradition erhalten.

FLEISCHBRÜHE
selbst gemacht

ZUTATEN FÜR CA. 2 ½ L

1 ½ kg Rinderknochen
(bevorzugt aus dem Roastbeef)
1 Bund Suppengemüse
ein paar Petersilienstiele
1 Zwiebel
1 Lorbeerblatt
1 Knoblauchzehe · Meersalz

ZUBEREITUNG

1. Die Knochen waschen, trocken tupfen, in einen Topf geben und mit Wasser bedecken. Das Suppengemüse putzen, waschen bzw. schälen und in kleine Stücke schneiden. Die Petersilie waschen und trocken schütteln. Die Zwiebel mit Schale halbieren und mit den Schnittflächen nach unten in einer Pfanne rösten, bis die Schnittflächen schwarz sind.

2. Das Suppengemüse, die Röstzwiebel, die Petersilie, das Lorbeerblatt, die angedrückte Knoblauchzehe und etwas Meersalz zu den Knochen geben und alles aufkochen lassen, den dabei aufsteigenden Schaum nicht abschöpfen. Die Brühe zugedeckt bei mittlerer Hitze etwa 1 ½ Stunden köcheln lassen. Der Schaum zieht nach unten und macht die Brühe schön klar.

3. Die Brühe durch ein Sieb in einen Topf gießen, die Knochen und das Gemüse entfernen. Die Brühe abkühlen lassen und nach Belieben mit Küchenpapier entfetten.

TIPP

Die Fleischbrühe lässt sich wunderbar portionsweise einfrieren. So hat man jederzeit eine tolle Basis, z.B. für Saucen, parat. Frieren Sie einen Teil der Brühe auch in einem Eiswürfelbehälter ein, dann haben Sie immer einen Würfel »Suppenglück« zum Würzen und Abschmecken zur Hand.

GEMÜSEBRÜHE
selbst gemacht

ZUTATEN FÜR CA. 2 ½ L

2 große Möhren · 2 Stangen Lauch
½ Sellerieknolle · 2 Stangen Staudensellerie
1 Fenchelknolle · 1 Zucchino
2 Knoblauchzehen · 1 Zwiebel
2 EL Olivenöl
1 Scheibe Ingwer · 2 Lorbeerblätter
je 10 Pfeffer- und Pimentkörner
10 Fenchelsamen · ½ EL Meersalz
¼ l Weißwein · 200 ml Noilly Prat
(franz. Wermut)
Pfeffer aus der Mühle

ZUBEREITUNG

1. Das Gemüse putzen, waschen bzw. schälen und in kleine Stücke schneiden. Den Knoblauch schälen und leicht andrücken.

2. Die Zwiebel mit Schale halbieren und mit den Schnittflächen nach unten in einer Pfanne rösten, bis die Schnittflächen schwarz sind. Das Olivenöl in einem großen Topf erhitzen und das vorbereitete Gemüse darin andünsten. Die Röstzwiebel, den Knoblauch, den Ingwer und die Gewürze dazugeben, mit Meersalz würzen und 3 l Wasser dazugießen. Den Wein und den Noilly Prat hinzufügen.

3. Alles bei starker Hitze zum Kochen bringen und dann zugedeckt bei mittlerer Hitze etwa 50 Minuten köcheln lassen. Die Brühe durch ein feines Sieb in einen Topf gießen und das Gemüse entfernen. Die Brühe mit Salz und Pfeffer abschmecken.

TIPP

Für diese Brühe können Sie Gemüse(reste) ganz nach Geschmack und Saison verwenden, also beispielsweise auch Paprikaschoten, Kohlrabi oder Auberginen. Eine Gemüsebrühe ist die Basis für viele Suppen und Saucen. Am besten bereiten Sie sie gleich in einer größeren Menge zu und frieren den nicht benötigten Rest portionsweise ein.

GRAUPENSUPPE
mit Spinat

....

ZUTATEN FÜR 4–6 PERSONEN
100 g Perlgraupen · Salz
300 g Blattspinat
3–4 Tomaten
200 g Champignons
1 EL Olivenöl
Pfeffer aus der Mühle
2 l Gemüsebrühe (siehe linke Seite)
ca. 4 EL geriebener Parmesan

ZUBEREITUNG

1. Die Graupen in ein Sieb geben, kalt abbrausen und abtropfen lassen. In Salzwasser etwa 45 Minuten garen. Inzwischen den Spinat verlesen und die groben Stiele entfernen. Den Spinat waschen, in einem Sieb mit kochendem Wasser übergießen und abtropfen lassen.

2. Die Tomaten kreuzweise einritzen, in kochendes Wasser tauchen, häuten, halbieren und entkernen. Das Fruchtfleisch in kleine Würfel schneiden. Die Champignons mit einem feuchten Tuch abreiben, die Stielenden abschneiden und die Pilze in feine Scheiben schneiden. Das Olivenöl in einer beschichteten Pfanne erhitzen und die Champignons darin 3 bis 4 Minuten goldbraun braten. Mit Salz und Pfeffer würzen.

3. Die Brühe aufkochen. Die Graupen abgießen und abtropfen lassen. Zum Anrichten jeweils etwas warme Graupen, Spinat, gebratene Champignons und Tomaten in tiefe Teller geben und mit der heißen Brühe übergießen. Mit geriebenem Parmesan bestreuen und vor dem Servieren nach Belieben mit Olivenöl beträufeln.

RINDERBRÜHE
mit Klößchen und Eierstich

....

ZUTATEN FÜR 4 PERSONEN
Für den Eierstich:
2 Eier · 2 EL Sahne · 1 EL flüssige Butter
frisch geriebene Muskatnuss
Chilipulver · Salz
Butter für die Form

Für die Klößchen:
1 Brötchen (vom Vortag) · 2 Zwiebeln
20 g Butter · 500 g Rinderhackfleisch
1 EL gehackte Petersilie · 1 Ei
Salz · Pfeffer aus der Mühle

Außerdem:
2 l Fleischbrühe (siehe linke Seite)

ZUBEREITUNG

1. Für den Eierstich den Backofen auf 200 °C vorheizen. Eier, Sahne und flüssige Butter verrühren, mit Muskatnuss, Chili und Salz würzen. Die Eiermasse in ein flaches gefettetes Förmchen füllen. Eine Auflaufform zu zwei Dritteln mit kochendem Wasser füllen und das Förmchen mit der Eiermasse hineinstellen. Die Eiermasse im Ofen auf der mittleren Schiene mindestens 15 Minuten stocken lassen (das Wasserbad sollte dabei eine Temperatur von etwa 80 °C haben).

2. Für die Klößchen das Brötchen in etwas Brühe einweichen und mit dem Stabmixer pürieren. Die Zwiebeln schälen, in kleine Würfel schneiden und in der Butter glasig dünsten. Das Hackfleisch, die gedünsteten Zwiebeln, das pürierte Brötchen, die Petersilie und das Ei verkneten, die Masse mit Salz und Pfeffer abschmecken.

3. Die Brühe aufkochen. Aus der Hackmasse mit angefeuchteten Händen kleine Klöße formen. Die Klöße in die Suppe geben und 6 bis 8 Minuten gar ziehen lassen. Den Eierstich aus der Form stürzen und in Würfel schneiden. Den Eierstich und nach Belieben gehackte Petersilie in die Brühe geben.

BROKKOLIRAHMSUPPE
mit Tomaten

·······························

ZUTATEN FÜR 4–6 PERSONEN
Für die Suppe:
2 kg Brokkoli · Salz
2 l Fleischbrühe (siehe S. 56)
200 ml Olivenöl
Pfeffer aus der Mühle
frisch geriebene Muskatnuss
250 g Crème fraîche
100 g Butter

Für die Einlage:
6 Tomaten
6 EL Pinienkerne

ZUBEREITUNG

1. Für die Suppe den Brokkoli putzen, waschen und in Röschen teilen. Die Brokkolistiele schälen und in Scheiben schneiden. Die Brokkoliröschen und -stiele in Salzwasser 4 bis 6 Minuten blanchieren. In ein Sieb abgießen, kalt abschrecken und gut abtropfen lassen.

2. Den Brokkoli mit etwas Brühe und dem Olivenöl im Küchenmixer fein pürieren. Das Brokkolipüree mit der restlichen Brühe in einen Topf geben und aufkochen. Mit Salz, Pfeffer und Muskatnuss würzen. Die Hitze reduzieren, zuletzt die Crème fraîche und die Butter in Stücken unterrühren.

3. Für die Einlage die Tomaten kreuzweise einritzen, in kochendes Wasser tauchen, häuten, halbieren und entkernen. Das Fruchtfleisch in kleine Würfel schneiden. Die Pinienkerne in einer beschichteten Pfanne ohne Fett goldbraun rösten.

4. Die Brokkolirahmsuppe auf tiefe Teller verteilen und mit den Tomatenwürfeln und Pinienkernen bestreut servieren.

TOMATENSUPPE
mit Brot

·······························

ZUTATEN FÜR 10–12 PERSONEN
6 Lauchstangen
10 Knoblauchzehen
3 Bund Basilikum
200 ml Olivenöl
3 große Dosen Tomaten (à 800 g Füllmenge)
3 l Tomatensaft
3 EL Tomatenmark
Salz · Pfeffer aus der Mühle · Zucker
300 g Landbrot (in Scheiben, mit Rinde)

ZUBEREITUNG

1. Den Lauch putzen, waschen und in feine Streifen schneiden. Den Knoblauch schälen und in kleine Würfel schneiden. Das Basilikum waschen und trocken schütteln, die Blätter abzupfen und sehr fein hacken.

2. Das Olivenöl in einem großen Topf erhitzen, die Lauchstreifen und den Knoblauch darin andünsten. Die Dosentomaten samt Saft hinzufügen und mit dem Kartoffelstampfer grob zerdrücken. Tomatensaft und -mark, Salz, Pfeffer, 1 Prise Zucker und das gehackte Basilikum dazugeben. Alles gut verrühren und die Tomatensuppe bei schwacher Hitze etwa 20 Minuten köcheln lassen.

3. Die Brotscheiben in die Suppe geben und die Tomatensuppe nochmals 20 Minuten köcheln lassen. Vor dem Servieren abschmecken, auf tiefe Teller verteilen und jeweils mit etwas Olivenöl beträufeln.

TIPP

Diese Tomatensuppe ist ideal für Gäste, denn sie lässt sich prima vorbereiten. Dafür die Suppe, wie in Schritt 1 und 2 beschrieben, zubereiten, 20 Minuten vor dem Servieren nochmals erwärmen und auch erst dann die Brotscheiben dazugeben.

TOMATENSUPPE
mit Klößchen

....

ZUTATEN FÜR 4 PERSONEN

Für die Suppe:
1 kg Tomaten
1 Bund Suppengemüse
1 Zwiebel · 4 Knoblauchzehen
1 Chilischote
1 große Dose Tomaten (800 g Füllmenge)
200 g Tomatenmark
2 l Fleisch- oder Gemüsebrühe (siehe S. 56)
1 kleine Schinkenschwarte
3 Rosmarinzweige
1 EL getrockneter Oregano
3 EL Olivenöl
Salz · Pfeffer aus der Mühle · Zucker

Für die Klößchen:
1/4 l Milch · 30 g Butter · Salz
125 g Mehl · 1 Ei · 3 Eigelb
1/2 Bund Petersilie
frisch geriebene Muskatnuss

ZUBEREITUNG

1. Für die Suppe die Tomaten waschen und vierteln, dabei die Stielansätze entfernen. Das Suppengemüse putzen, waschen bzw. schälen und zusammenbinden. Zwiebel und Knoblauchzehen schälen, die Zwiebel vierteln, den Knoblauch andrücken. Die Chilischote waschen. Die vorbereiteten Zutaten mit den restlichen Zutaten (außer dem Olivenöl) in einen Topf geben und zugedeckt bei schwacher Hitze 1 Stunde köcheln lassen.

2. Dann das Suppengemüse und die Schinkenschwarte entfernen. Die Tomatensuppe durch ein Sieb in einen Topf passieren, mit Olivenöl, Salz, Pfeffer und 1 Prise Zucker abschmecken und eventuell noch etwas Brühe hinzufügen.

3. Für die Klößchen die Milch, die Butter und Salz erhitzen, dann nach und nach das Mehl unterrühren, bis am Topfboden ein fester Klumpen entsteht. Den Topf vom Herd nehmen. Zuerst das ganze Ei dazugeben und unterrühren, dann die 3 Eigelbe hinzufügen und alles gut verrühren. Es muss eine leicht angebrannte, feste Masse entstehen.

4. Die Petersilie waschen und trocken schütteln, die Blätter abzupfen und sehr fein hacken. Die Petersilie unter die Kloßmasse rühren, mit Salz und 1 Prise Muskatnuss würzen. Von der Masse mit einem Löffel kleine Klößchen abstechen und diese in leicht kochendem Wasser 2 bis 3 Minuten ziehen lassen. Die Klößchen zur Suppe geben und die Tomatensuppe nach Belieben mit Brot servieren.

TIPP

Die mitgegarte Schweineschwarte gibt der Suppe einen besonders deftigen Geschmack. Wenn Sie die Einlage einmal variieren möchten – die Suppe schmeckt auch mit selbst gemachten Croûtons, geräuchertem Forellenfilet oder einem Gin-Sahne-Häubchen sehr gut.

SCHWARZWURZELSUPPE
mit gebratener Gänseleber

ZUTATEN FÜR 4–6 PERSONEN

12 Stangen Schwarzwurzeln
Saft von 1 Zitrone
ca. 2 1/2 l Fleischbrühe (siehe S. 56)
4 festkochende Kartoffeln · Salz
250 g Sahne
Pfeffer aus der Mühle
frisch geriebene Muskatnuss
4 Scheiben Gänseleber
3 EL Olivenöl
1 TL gehackter Rosmarin
2 EL gehackter Salbei

ZUBEREITUNG

1. Die Schwarzwurzeln unter fließendem Wasser gründlich abbürsten, am besten mit Einweghandschuhen schälen und sofort in Zitronenwasser legen, damit sie sich nicht bräunlich verfärben. Die Schwarzwurzeln in 1/2 cm breite Scheiben schneiden und in 2 l Brühe etwa 30 Minuten weich garen. Die Kartoffeln schälen, waschen und in kleine Würfel schneiden. In der restlichen Brühe etwa 15 Minuten garen und mit wenig Salz würzen.

2. Die Schwarzwurzeln in der Brühe mit dem Stabmixer pürieren und die Sahne dazugeben. Falls die Suppe zu dickflüssig ist, noch etwas Brühe (von den Kartoffeln) hinzufügen. Die Suppe mit Salz, Pfeffer und Muskatnuss abschmecken.

3. Die Gänseleber waschen und trocken tupfen. Das Olivenöl in einer beschichteten Pfanne erhitzen und die Leber darin auf beiden Seiten etwa 8 Minuten braten. Dabei mit Pfeffer, Rosmarin und Salbei würzen. Die Leber erst am Ende der Bratzeit salzen.

4. Zum Servieren die Schwarzwurzelsuppe auf tiefe Teller verteilen, die abgetropften Kartoffelwürfel und die gebratene Gänseleber darin anrichten.

STECKRÜBENRAHMSUPPE
mit gebratener Mettwurst

ZUTATEN FÜR 6–8 PERSONEN
Für die Suppe:
1 Steckrübe (ca. 1 1/2 kg)
2 mehligkochende Kartoffeln
2 Zwiebeln · 4 EL Olivenöl
Salz · Pfeffer aus der Mühle
frisch geriebene Muskatnuss · Zucker
1/2 TL Cayennepfeffer
2 1/2 l Fleischbrühe (siehe S. 56) · 200 g Sahne

Für die Einlage:
2–3 Mettwürste · 1–2 EL Olivenöl
1/2 Bund Petersilie

ZUBEREITUNG

1. Für die Suppe die Steckrübe und die Kartoffeln waschen, schälen und in Würfel schneiden. Die Zwiebeln schälen und in kleine Würfel schneiden. Das Olivenöl in einem großen Topf erhitzen und die Zwiebeln darin andünsten. Die Steckrüben- und Kartoffelwürfel hinzufügen und mit Salz, Pfeffer, Muskatnuss, 1 Prise Zucker und Cayennepfeffer würzen. 1 1/2 l Brühe angießen und die Rübe und die Kartoffeln zugedeckt bei schwacher Hitze etwa 25 Minuten gar ziehen lassen. Dann mit dem Stabmixer fein pürieren. Die restliche Brühe erwärmen und mit der Sahne dazugießen.

2. Für die Einlage die Würste in Scheiben schneiden und in einer Pfanne im Olivenöl anbraten. Die Petersilie waschen und trocken schütteln, die Blätter abzupfen und grob hacken. Die Suppe mit den Wurstscheiben in tiefen Tellern anrichten und mit der Petersilie bestreuen.

TIPP

Feiner wird die Suppe, wenn Sie statt Mettwürsten Zander-, Schollen- oder Kabeljaufilet braten und als Einlage servieren. Auch sehr lecker: in Olivenöl knusprig gebratene Brotscheiben, die man mit Knoblauch einreibt.

OLIVENÖLSUPPE
mit Kartoffeln

ZUTATEN FÜR 4–6 PERSONEN
10 neue Kartoffeln
mind. 2 l Gemüsebrühe
300 ml bestes Olivenöl · Salz
frisch geriebene Muskatnuss

ZUBEREITUNG

1. Die Kartoffeln schälen, waschen und in kleine Würfel schneiden. Die Brühe und die Hälfte des Olivenöls aufkochen, die Kartoffeln und etwas Salz dazugeben und die Kartoffeln bei mittlerer Hitze etwa 15 Minuten garen.

2. Die Kartoffelwürfel mit der Brühe mit dem Stabmixer pürieren, das restliche Olivenöl dazugießen und unterrühren.

3. Die Olivenölsuppe kräftig mit Muskatnuss abschmecken und auf tiefe Teller verteilen. Vor dem Servieren nach Belieben noch etwas Olivenöl darüberträufeln.

TIPP

Diese Suppe ist ebenso einfach wie genial – der Geschmack steht und fällt jedoch mit der Qualität der Zutaten. Verwenden Sie also unbedingt hochwertiges kalt gepresstes Olivenöl. Und machen Sie sich die Mühe, die Gemüsebrühe selbst zuzubereiten. Das Rezept dazu finden Sie auf Seite 56.

GRÜNKOHLSUPPE
mit frittierten Kartoffeln

ZUTATEN FÜR 4–6 PERSONEN
Für die Suppe:
1 kg Grünkohl (ergibt geputzt 350–400 g)
5 Schalotten · 125 g Butter
2 Knoblauchzehen
2 l Gemüsebrühe (siehe S. 56)
10 Pfefferkörner · 4–5 TL Salz
2 TL Kreuzkümmelsamen
frisch geriebene Muskatnuss · 250 g Sahne

Für die Mehlbutter:
50 g Butter · 30 g Mehl

Für die Einlage:
2 große festkochende Kartoffeln
Öl zum Frittieren

ZUBEREITUNG

1. Für die Suppe den Grünkohl putzen, waschen und grob hacken. Die Schalotten schälen und in kleine Würfel schneiden. Die Butter in einem großen Topf erhitzen, Schalotten und Grünkohl darin andünsten. Die Knoblauchzehen leicht andrücken und mit der Brühe hinzufügen. Pfefferkörner, Salz und Kreuzkümmel im Mörser fein zerstoßen und etwas Muskatnuss dazugeben. Die Gewürzmischung zum Grünkohl geben und unterrühren. Den Grünkohl bei schwacher Hitze 35 bis 40 Minuten köcheln lassen, bis er gar ist.

2. Die Sahne dazugießen. Wer es sämig mag, bindet die Grünkohlsuppe mit Mehlbutter. Dafür die Butter und das Mehl verkneten. Die Mehlbutter unter die Suppe rühren. Die Suppe einmal aufkochen und abschmecken, nach Belieben zusätzlich mit etwas Olivenöl und Zitronensaft würzen.

3. Für die Einlage die Kartoffeln schälen, waschen und in feine Streifen schneiden. Im Öl goldbraun frittieren und auf Küchenpapier abtropfen lassen. Die Grünkohlsuppe auf tiefe Teller verteilen und die Kartoffelstreifen darübergeben. Nach Belieben fein geschnittenen Schinken dazu servieren.

ERBSENSUPPE
mit Würstchen und Speck

....

ZUTATEN FÜR 6–8 PERSONEN

Für die Fleischbrühe:
1 1/2 kg Rinderknochen
2 1/2 kg Suppenfleisch (vom Rind;
gut abgehangen)
1 Möhre · 1/4 Sellerieknolle
1 Lauchstange · 1 Zwiebel
Salz · 10 Pfefferkörner

Für die Einlage:
3/4 Sellerieknolle · 6 Möhren
6 festkochende Kartoffeln
1 Zwiebel
600 g tiefgekühlte Erbsen
200 ml Olivenöl · Meersalz
Pfeffer aus der Mühle
1 Bund Petersilie
ca. 400 g durchwachsener Speck (in Scheiben)
6–8 Frankfurter Würstchen

ZUBEREITUNG

1. Für die Fleischbrühe die Knochen waschen und trocken tupfen, mit dem Suppenfleisch in einen Topf geben und mit Wasser bedecken. Die Möhre und den Sellerie schälen, den Lauch putzen und waschen. Alles in kleine Stücke schneiden.

2. Die Zwiebel mit Schale halbieren und mit den Schnittflächen nach unten in einer Pfanne rösten, bis die Schnittflächen schwarz sind. Möhre, Sellerie und Lauch, die Röstzwiebel, Salz und die Pfefferkörner zu den Knochen und dem Fleisch in den Topf geben und aufkochen lassen, den dabei aufsteigenden Schaum nicht abschöpfen. Die Brühe zugedeckt bei mittlerer Hitze etwa 2 Stunden köcheln lassen. Der Schaum zieht nach unten und macht die Brühe schön klar.

3. Die Fleischbrühe durch ein Sieb in einen anderen Topf gießen. Die Knochen und das Gemüse entfernen. Das Fleisch in kleine Würfel schneiden. Die Brühe abkühlen lassen und eventuell mit Küchenpapier entfetten.

4. Für die Einlage Sellerie, Möhren und Kartoffeln schälen und in Würfel schneiden. Die Zwiebel schälen und in sehr kleine Würfel schneiden. Die Erbsen antauen lassen. Die Brühe aufkochen und das vorbereitete Gemüse – bis auf die Erbsen – darin etwa 10 Minuten garen. Die Erbsen hinzufügen, die Suppe aufkochen und dann mit dem Stabmixer pürieren. Das Olivenöl dazugeben und unterrühren, die Suppe mit Meersalz und Pfeffer abschmecken.

5. Die Petersilie waschen und trocken schütteln, die Blätter abzupfen und fein hacken. Den Speck in feinste Streifen schneiden, in einer beschichteten Pfanne knusprig braten und auf Küchenpapier abtropfen lassen. Die Würstchen in einen Topf mit Wasser geben und erhitzen.

6. Die Erbsensuppe mit den gekochten Würstchen und dem knusprigen Speck anrichten und mit der Petersilie bestreut ervieren.

TIPP

Meine Variante für eine schnelle Erbsensuppe: 800 g tiefgekühlte Erbsen in 1 l kochende Fleischbrühe geben und etwa 10 Minuten gar ziehen lassen. 500 g Sahne hinzufügen und alles mit dem Stabmixer pürieren. Die Suppe mit Salz, Pfeffer und 1 Prise Zucker würzen und zum Servieren mit gehackter Minze bestreuen.

SPARGELCREMESUPPE
mit Rhabarber

ZUTATEN FÜR 4 PERSONEN
Für die Suppe:
1 kg weißer Spargel
1 1/2 l Fleischbrühe (siehe S. 56) · 250 g Sahne
Salz · Pfeffer aus der Mühle
Zucker · frisch geriebene Muskatnuss

Für die Einlage:
je 2 Stangen grüner und weißer Spargel
1 Stange Rhabarber · 3 EL Olivenöl
Salz · Pfeffer aus der Mühle · Zucker

Für die pochierten Eier:
4 EL Weißweinessig · 4 Eier

ZUBEREITUNG

1. Für die Suppe den Spargel schälen und die Enden abschneiden. Die Stangen in mundgerechte Stücke schneiden und in der Brühe etwa 15 Minuten garen. Den Spargel in der Brühe mit dem Stabmixer pürieren und die Sahne dazugießen. Mit Salz, Pfeffer, Muskatnuss und Zucker abschmecken. Je nach gewünschter Konsistenz noch etwas Brühe oder Sahne hinzufügen oder 50 g Butter unterrühren.

2. Für die Einlage den grünen Spargel waschen und im unteren Drittel, den weißen Spargel ganz schälen. Jeweils die Enden abschneiden. Den Rhabarber putzen und waschen. Alles in feine Streifen schneiden und im Olivenöl unter ständigem Rühren 3 bis 4 Minuten anbraten. Mit Salz, Pfeffer und 1 Prise Zucker würzen und in die Suppe geben.

3. Für die pochierten Eier 1 l Wasser und den Essig in einen Topf geben und aufkochen. Die Eier einzeln zuerst in eine Tasse schlagen und dann in das leicht siedende Essigwasser gleiten lassen, dabei vorsichtig das Eiweiß mit zwei Löffeln über das Eigelb ziehen. Die Eier 4 Minuten ziehen lassen. Mit dem Schaumlöffel herausheben und auf Küchenpapier abtropfen lassen. Die Suppe auf tiefe Teller verteilen und jeweils 1 pochiertes Ei hineingeben.

MANGOLD-LINSEN-SUPPE
mit Safran

ZUTATEN FÜR 4 PERSONEN
500 g Le-Puy-Linsen (kleine grüne Berglinsen)
2 Döschen Safranfäden (à 0,1 g)
1 1/2–2 l Fleisch- oder
Gemüsebrühe (siehe S. 56)
2 Stauden Mangold
3 Schalotten · 3 EL Olivenöl
2 EL Tomatenmark
Salz · Pfeffer aus der Mühle

ZUBEREITUNG

1. Die Linsen nach Packungsanweisung in Wasser (ohne Salz) etwa 30 Minuten garen. In ein Sieb abgießen, kalt abspülen und abtropfen lassen. Den Safran in 2 EL warmem Wasser ziehen lassen. 1 Tasse Linsen abnehmen, mit 2 Tassen Brühe in einen Rührbecher geben und mit dem Stabmixer pürieren.

2. Den Mangold putzen, waschen und die Stielansätze entfernen. Die Mangoldstiele und -blätter in feine Streifen schneiden. Die Schalotten schälen und in kleine Würfel schneiden. Das Olivenöl in einem großen Topf erhitzen und die Schalotten darin andünsten. Den Mangold dazugeben und mitdünsten. Das Tomatenmark unterrühren und kurz mitrösten. Mit Salz und Pfeffer würzen.

3. Die pürierten Linsen, den Safran und die restlichen Linsen zum Mangold geben. Die übrige Brühe dazugießen und alles etwa 30 Minuten köcheln lassen. Die Suppe nochmals abschmecken und mit Weißbrot servieren.

TIPP

Die kleinen grünen Linsen aus der französischen Stadt Le-Puy-Velais (»Lentilles vertes«) sind wegen ihres aromatischen, leicht nussigen Geschmacks auch außerhalb Frankreichs als Delikatesse bekannt. Sie haben außerdem den Vorteil, dass man sie vor der Verwendung nicht einweichen muss.

ROTE LINSENSUPPE
mit Lamm

ZUTATEN FÜR 4–6 PERSONEN
Für die Suppe:
1 Bund Suppengemüse · 1 Zwiebel
2 Stangen Staudensellerie
2 festkochende Kartoffeln
4 EL Olivenöl · 2 l Fleischbrühe (siehe S. 56)
Salz · Pfeffer aus der Mühle
250 g rote Linsen · 1/2 Bund Petersilie
2 Lammlachse (à 100 g) · 30 g Butter

Für das Gewürzsäckchen:
1 kleine Scheibe Ingwer · 1 kleine Chilischote
2 Lorbeerblätter · 1/2 TL Kümmelsamen
10 Pfefferkörner
1 Knoblauchzehe (angedrückt)

ZUBEREITUNG

1. Für die Suppe das Suppengemüse putzen, waschen bzw. schälen. Die Zwiebel schälen und alles in Würfel schneiden. Den Staudensellerie putzen, waschen und in Scheiben schneiden. Die Kartoffeln schälen, waschen und in Würfel schneiden. Für das Gewürzsäckchen alle Zutaten in einen Einweg-Teebeutel füllen und den Beutel verschließen.

2. In einem großen Topf 3 EL Olivenöl erhitzen. Das vorbereitete Gemüse darin andünsten und mit der Brühe ablöschen. Mit Salz und Pfeffer würzen. Die Linsen und das Gewürzsäckchen dazugeben. Etwa 35 Minuten köcheln lassen, bis die Linsen gar sind.

3. Die Petersilie waschen und trocken schütteln, die Blätter abzupfen und fein hacken. Das Gewürzsäckchen aus der Suppe nehmen und die Suppe mit dem Stabmixer kurz pürieren, sodass sie leicht sämig wird. Die Petersilie unterrühren und die Suppe nochmals mit Salz und Pfeffer abschmecken.

4. Die Lammlachse mit Salz und Pfeffer würzen. Im restlichen Olivenöl und der Butter auf jeder Seite 2 Minuten braten und kurz in Alufolie gewickelt ruhen lassen. Dann in dünne Scheiben schneiden und in der Suppe servieren.

LINSENSUPPE
mit pochiertem Ei

ZUTATEN FÜR 4 PERSONEN
400 g Le-Puy-Linsen (kleine grüne Berglinsen)
50 g Butter
2 Möhren · 1 Zucchino
1 Fenchelknolle
je 10 Pfeffer- und Pimentkörner
2–3 EL Olivenöl
Salz · frisch geriebene Muskatnuss
2 l Fleisch- oder Gemüsebrühe (siehe S. 56)
4 Eier · 4 EL Weißweinessig

ZUBEREITUNG

1. Die Linsen nach Packungsanweisung in Wasser (ohne Salz) etwa 30 Minuten garen. In ein Sieb abgießen, kalt abspülen und abtropfen lassen. Von den Linsen 4 EL abnehmen und mit der Butter mit dem Stabmixer fein pürieren.

2. Die Möhren schälen. Den Zucchino putzen und waschen. Den Fenchel putzen, waschen, längs halbieren und den Strunk entfernen. Das Gemüse in kleine Würfel oder Stücke schneiden. Die Pfeffer- und Pimentkörner im Mörser fein zerstoßen.

3. Das Olivenöl in einem Topf erhitzen und das Gemüse darin andünsten. Mit Pfeffer, Piment, Salz und Muskatnuss würzen. Die Brühe hinzufügen und aufkochen lassen. Dann die gegarten Linsen und die Linsencreme dazugeben und alles bei mittlerer Hitze etwa 15 Minuten köcheln lassen.

4. Inzwischen 1 l Wasser und den Essig in einen Topf geben und aufkochen. Die Eier einzeln zuerst in eine Tasse schlagen und dann in das leicht siedende Essigwasser gleiten lassen, dabei vorsichtig das Eiweiß mit zwei Löffeln über das Eigelb ziehen. Die Eier 4 Minuten ziehen lassen. Die pochierten Eier mit dem Schaumlöffel vorsichtig herausheben und auf Küchenpapier abtropfen lassen.

5. Die Linsensuppe mit Salz und Muskatnuss abschmecken. Auf tiefe Teller verteilen und jeweils 1 pochiertes Ei hineinsetzen.

BORSCHTSCH
mit Weißkohl und Pastinaken

··

ZUTATEN FÜR 8–10 PERSONEN

5 festkochende Kartoffeln
2 Pastinaken
1 kleine Steckrübe
5 Teltower Rübchen
4 Möhren
1/2 Weißkohl (ca. 1 kg)
5 Knollen Rote Bete
5 Knoblauchzehen
3 Zwiebeln · 5 EL Olivenöl
Zucker · je 20 Pfeffer- und Pimentkörner
Salz · mind. 2 l Fleischbrühe
5 Tomaten
1 Bund Frühlingszwiebeln
2 Bund Dill

ZUBEREITUNG

1. Die Kartoffeln schälen und waschen. Pastinaken, Steckrübe, Teltower Rübchen und Möhren putzen und schälen. Alles in gleich große Würfel schneiden. Den Weißkohl putzen, waschen und in Streifen schneiden, dabei den Strunk entfernen.

2. Die Rote-Bete-Knollen am besten mit Einweghandschuhen schälen und in Würfel schneiden. Die Knoblauchzehen und die Zwiebeln schälen und in kleine Würfel schneiden. Das Olivenöl in einem großen Topf erhitzen, den Knoblauch und die Zwiebeln darin andünsten. Den Kohl hinzufügen und kurz anbraten. Mit etwas Zucker bestreuen und leicht karamellisieren.

3. Nach und nach das gesamte vorbereitete Gemüse hinzufügen und unter Rühren anbraten. Die Pfeffer- und Pimentkörner im Mörser fein zerstoßen. Das Gemüse mit der Gewürzmischung und mit Salz würzen. Die Brühe dazugeben und alles zugedeckt bei mittlerer Hitze etwa 35 Minuten köcheln lassen.

4. Inzwischen die Tomaten kreuzweise einritzen, in kochendes Wasser tauchen, häuten, vierteln und entkernen. Die Frühlingszwiebeln putzen, waschen und in feine Ringe schneiden. Den Dill waschen und trocken schütteln, die Spitzen abzupfen und sehr fein hacken.

5. Einige Minuten vor Ende der Garzeit die Tomaten, die fein geschnittenen Frühlingszwiebeln und den Dill zum Borschtsch geben, unterheben und kurz mitziehen lassen. Den Borschtsch nach Belieben zuletzt mit Balsamicoessig oder Zitronensaft abschmecken und mit etwas saurer Sahne oder Crème fraîche verfeinern.

TIPP

Borschtsch ist in Osteuropa ein weitverbreitetes Traditionsgericht. Es gibt unzählige Rezepte für den Eintopf, immer gehören jedoch Rote Bete und Weißkohl, manchmal auch noch Rindfleisch dazu. Am besten verwenden Sie für dieses Rezept die selbst gekochte Fleischbrühe von Seite 56. Und vergessen Sie beim Schälen der Roten Bete nicht, Einweghandschuhe zu tragen – die Knollen verfärben sonst die Hände.

GULASCHSUPPE
auf klassische Art

∙∙

ZUTATEN FÜR CA. 10 PERSONEN

Für die Suppe:
1 1/2 kg Zwiebeln
2 EL Butterschmalz
1 große Dose Tomaten (800 g Füllmenge)
1 kleines Stück Knollensellerie
1 Möhre · 1 Lauchstange
4–5 Lorbeerblätter
2 Petersilienstiele
1 EL Paprikapulver (rosenscharf)
1 TL Paprikapulver (edelsüß)
2 1/2 kg Rindfleisch (aus der Wade oder
Schulter; in Würfel geschnitten)
1 EL Tomatenmark
2 EL Rotweinessig · Salz

Für das Gewürzsäckchen:
je 1 TL Kümmelsamen, Senfkörner, schwarze
und weiße Pfefferkörner
je 1 Streifen unbehandelte Zitronen- und
Orangenschale (jeweils ca. 3 cm lang)
je 2 Thymian- und Oreganozweige
1 Knoblauchzehe (angedrückt)
1 Scheibe Ingwer (ca. 1 cm dick)
1 kleine Chilischote

ZUBEREITUNG

1. Für die Suppe die Zwiebeln schälen und in klei-ne Würfel schneiden. Das Butterschmalz in einem großen Topf erhitzen und die Zwiebelwürfel darin bei mittlerer Hitze unter häufigem Rühren 15 bis 20 Minuten nicht zu dunkel rösten.

2. Inzwischen die Dosentomaten auf einem Sieb abtropfen lassen und die Stielansätze entfernen. Sellerie, Möhre und Lauch putzen und waschen bzw. schälen. Das Gemüse mit den Lorbeerblättern und den Petersilienstielen zu einem Sträußchen binden.

3. Das Paprikapulver auf die Zwiebeln stäuben, die Fleischwürfel hinzufügen und kurz mitbraten. Die abgetropften Tomaten mit dem Tomatenmark und dem Essig zum Fleisch geben und untermischen.

4. Für das Gewürzsäckchen alle Zutaten in einen Einweg-Teebeutel geben und den Beutel mit Küchengarn verschließen.

5. Das Gemüsesträußchen und den Gewürzbeutel ebenfalls in den Topf zum Fleisch geben und etwa 4 1/2 l Wasser dazugießen. Die Suppe mit Salz würzen und bei schwacher Hitze etwa 1 1/2 Stunden köcheln lassen, bis das Fleisch zart und mürbe ist. Wer die Gulaschsuppe etwas schärfer mag, lässt noch 1 Chilischote und 4 angedrückte Knoblauchzehen mitkochen.

6. Vor dem Servieren das Gemüsesträußchen und den Gewürzbeutel aus dem Topf entfernen und die Gulaschsuppe eventuell mit Salz und Pfeffer abschmecken. Die Suppe in tiefen Tellern anrichten. Dazu passen knusprige Brötchen, Rotwein oder ein kühles Pils.

TIPP

Wer mag, kann die Gulaschsuppe mit gebratenen Champignons als Einlage servieren. Dafür etwa 1 kg weiße oder braune Champignons mit einem feuchten Tuch abreiben und die Stielenden abschneiden. Die Pilze in Scheiben schneiden und mit 1 EL gehacktem Thymian in Butterschmalz etwa 5 Minuten braten. Mit Salz, Pfeffer, etwas Olivenöl und Zitronensaft abschmecken. Dazu passt ein Dip aus je 200 g Crème fraîche und Naturjoghurt, 2 EL Olivenöl, der abgeriebenen Schale von 1/2 Zitrone, Salz und Pfeffer.

FELDSALATSUPPE
mit Räucherlachs

ZUTATEN FÜR 4 PERSONEN

500 g Feldsalat
2 Zwiebeln
1 große festkochende Kartoffel
2 EL Olivenöl
mind. 1/2 l Fleisch- oder Gemüse-
brühe (siehe S. 56)
Salz · Pfeffer aus der Mühle
frisch geriebene Muskatnuss
250 g Sahne
100 g Räucherlachs

ZUBEREITUNG

1. Den Feldsalat putzen, waschen und gründlich trocken schleudern. Die Zwiebeln schälen und in kleine Würfel schneiden. Die Kartoffel schälen, waschen und in Würfel schneiden.

2. Das Olivenöl in einem Topf erhitzen, die Zwiebeln und die Kartoffel darin andünsten. Mit der Brühe aufgießen, mit Salz, Pfeffer und Muskatnuss würzen. Alles bei mittlerer Hitze 7 bis 8 Minuten garen.

3. Den Feldsalat in die Brühe geben und alles mit dem Stabmixer pürieren. Die Sahne dazugießen und die Suppe abschmecken. Falls die Suppe zu dickflüssig ist, noch etwas Brühe hinzufügen.

4. Den Räucherlachs in feine Streifen schneiden. Die Suppe auf tiefe Teller verteilen und mit den Lachsstreifen bestreuen. Nach Belieben vor dem Servieren noch etwas Olivenöl darüberträufeln.

TIPP

Statt mit Lachsstreifen kann man die Suppe auch gut mit Krabben als Einlage servieren.

KARTOFFELGULASCH
mit Ziegenkäsecreme

ZUTATEN FÜR 6 PERSONEN

1 kg festkochende Kartoffeln
3 Möhren · 1 große Fenchelknolle
2 Zucchini · 2 Zwiebeln
2–3 Knoblauchzehen
4 EL Olivenöl
2 l Fleischbrühe (siehe S. 56)
Salz · Pfeffer aus der Mühle
2 Taler Ziegenfrischkäse (à 40 g)
1 Bund Petersilie
1/2 TL Cayennepfeffer

ZUBEREITUNG

1. Die Kartoffeln schälen, waschen und vierteln. Die Möhren schälen und in Scheiben schneiden. Den Fenchel putzen, waschen, längs halbieren und den Strunk entfernen. Die Fenchelhälften in Scheiben schneiden. Die Zucchini putzen, waschen, längs halbieren und mit einem Löffel die Kerne entfernen. Die Zucchini in mundgerechte Stücke schneiden. Die Zwiebeln schälen und in feine Spalten schneiden. Den Knoblauch schälen und vierteln.

2. Das Olivenöl in einem großen Topf erhitzen und die Kartoffelviertel darin leicht anbraten. Möhren, Fenchel, Zucchini, Zwiebeln und Knoblauch dazugeben und mit andünsten. Die Brühe hinzufügen, mit Salz und Pfeffer würzen und alles bei mittlerer Hitze etwa 30 Minuten köcheln lassen.

3. Dann 2 Schöpfkellen Brühe abnehmen und in einen Rührbecher geben. Den Ziegenfrischkäse hinzufügen und mit dem Stabmixer pürieren. Die Petersilie waschen und trocken schütteln, die Blätter abzupfen und fein hacken.

4. Ziegenkäsecreme und Petersilie zum Kartoffelgulasch geben, mit Salz, Pfeffer und Cayennepfeffer würzen und nochmals 5 Minuten köcheln lassen. Das Kartoffelgulasch auf tiefe Teller verteilen und nach Belieben noch einige schwarze Oliven dazugeben. Dazu passt Weißbrot.

LACHSSUPPE
mit Weißwein und Safran

....

ZUTATEN FÜR 4 PERSONEN
1 große Schalotte
3 Frühlingszwiebeln
1 Möhre
1 Stange Zitronengras
1 l Fleisch- oder Gemüsebrühe (siehe S. 56)
200 ml Noilly Prat (franz. Wermut)
1 TL Safranfäden
300 g Lachsfilet (ohne Haut)
1/2 Bund Petersilie
Salz · Pfeffer aus der Mühle
Olivenöl
1 Kästchen Gartenkresse

ZUBEREITUNG

1. Die Schalotte schälen, halbieren und in feine Scheiben schneiden. Die Frühlingszwiebeln putzen, waschen und in lange Streifen schneiden. Die Möhre schälen und längs in Scheiben schneiden. Das Zitronengras putzen, waschen und mit einem Messerrücken flach klopfen.

2. Die Brühe und den Noilly Prat in eine große tiefe Pfanne geben und den Sud um ein Drittel einkochen lassen. Das vorbereitete Gemüse und das Zitronengras in den Sud geben und etwa 15 Minuten gar ziehen lassen. Dann die Safranfäden unterrühren.

3. Das Lachsfilet waschen, trocken tupfen und in Streifen schneiden. Die Petersilie waschen, trocken schütteln und die Blätter abzupfen. Den Lachs mit den Petersilienblättern in die Suppe geben und 1 Minute gar ziehen lassen. Die Suppe mit Salz und Pfeffer würzen.

4. Das Zitronengras herausnehmen und die Lachssuppe mit etwas Olivenöl verfeinern. Die Kresse vom Beet schneiden, waschen und abtropfen lassen. Die Suppe auf tiefe Teller verteilen und mit der Kresse bestreut servieren.

MISOSUPPE
mit Krevetten

....

ZUTATEN FÜR 4–6 PERSONEN
1 Bund Frühlingszwiebeln
2 Stangen Staudensellerie
2 Möhren
10 Champignons
1 walnussgroßes Stück Ingwer
200 g Tofu
150 g Krevetten (küchenfertig)
2 l Fleisch- oder Gemüsebrühe (siehe S. 56)
200 g Misopaste (nach Belieben
helle Shiromiso oder dunkle Akamiso)
Salz · Pfeffer aus der Mühle

ZUBEREITUNG

1. Die Frühlingszwiebeln putzen, waschen und in sehr feine Streifen schneiden. Den Staudensellerie putzen und waschen, die Möhren schälen und beides ebenfalls in sehr feine Streifen schneiden.

2. Die Champignons mit einem feuchten Tuch abreiben, die Stielenden abschneiden und die Champignons in feine Scheiben schneiden. Den Ingwer schälen und fein reiben. Den Tofu in Würfel schneiden. Die Krevetten am Rücken entlang einschneiden und den dunklen Darm entfernen. Die Krevetten waschen und trocken tupfen.

3. Die Brühe aufkochen. Das vorbereitete Gemüse hineingeben und in der Brühe 4 bis 5 Minuten gar ziehen lassen. Die Misopaste, die Krevetten und den Ingwer dazugeben – die Suppe darf danach nicht mehr kochen! Die Tofuwürfel in die Brühe geben und die Suppe mit Pfeffer und Salz würzen.

4. Die Misosuppe auf Schälchen verteilen und nach Belieben mit je 1 Limettenscheibe anrichten.

KÜRBISSUPPE
mit Lachstatar

. . . .

ZUTATEN FÜR 6 PERSONEN

Für die Suppe:
1 kg Hokkaido-Kürbis
1 Kartoffel · 1 Zwiebel
3 EL Olivenöl
1 TL Zucker
2 l Fleischbrühe (siehe S. 56)
1 Knoblauchzehe
2 Scheiben Ingwer
1 TL gemahlener Kreuzkümmel
Salz · Pfeffer aus der Mühle

Für das Tatar:
300 g Lachsfilet (ohne Haut und Gräten)
2 Schalotten
2 EL gehackte Petersilie
2 EL Olivenöl
Meersalz · Zitronensaft

Außerdem:
6 Scheiben Baguette

ZUBEREITUNG

1. Für die Suppe den Kürbis vierteln, nach Belieben schälen und die Kerne mit einem Löffel entfernen. Das Fruchtfleisch in mundgerechte Stücke schneiden. Die Kartoffel schälen, waschen und in Würfel schneiden. Die Zwiebel schälen und in kleine Würfel schneiden.

2. Das Olivenöl in einem Topf erhitzen, den Kürbis, die Kartoffel und die Zwiebel darin andünsten. Mit dem Zucker bestreuen und die Brühe dazugießen. Die Knoblauchzehe andrücken und mit dem Ingwer und dem Kreuzkümmel in die Brühe geben. Alles bei mittlerer Hitze mindestens 30 Minuten köcheln lassen, bis der Kürbis weich ist.

3. Inzwischen für das Tatar den Lachs waschen, trocken tupfen und in sehr feine Würfel schneiden. Die Schalotten schälen und in möglichst kleine Würfel schneiden. Die Schalotten, die gehackte Petersilie und das Olivenöl mit dem Lachs mischen. Tatar mit Meersalz und Zitronensaft abschmecken.

4. Den Knoblauch und den Ingwer aus der Suppe nehmen. Die restlichen Zutaten in der Brühe mit dem Stabmixer pürieren. Die Kürbissuppe mit Salz, Pfeffer und eventuell etwas gemahlenem Kreuzkümmel abschmecken.

5. Die Baguettescheiben in einer beschichteten Pfanne ohne Fett auf beiden Seiten goldbraun rösten. Die Kürbissuppe auf tiefe Teller verteilen. Das Lachstatar auf den gerösteten Brotscheiben anrichten und dazu servieren.

TIPP

Hokkaido-Kürbis ist hierzulande auch deshalb so beliebt, weil man sich bei ihm – im Gegensatz zu anderen Kürbissorten – das lästige Schälen nach Belieben sparen kann. Seine dünne Schale wird beim Garen weich und kann daher problemlos mitpüriert oder mitgegessen werden. Für die Zubereitung von Suppen eignet sich auch das orangerote Fruchtfleisch von Muskat- oder Butternut-Kürbis.

EXOTISCHE MANGO-GEMÜSE-SUPPE
mit Ananas-Scampi-Spießen

ZUTATEN FÜR 8–10 PERSONEN

Für die Suppe:
1 Fenchelknolle
1 gelbe Paprikaschote
1 Zwiebel · 2 Mangos
1 rote Chilischote
4 Knoblauchzehen
4 EL Olivenöl
2 Scheiben Ingwer
1 kleine Dose Tomaten (400 g Füllmenge)
2 l Hühnerbrühe
400 ml Kokosmilch
Salz · Pfeffer aus der Mühle
1 TL Currypulver
1 TL gemahlener Kreuzkümmel
Saft von je 1 Limette und Zitrone
2 EL Honig

Für die Spieße:
1 Ananas
16–20 Scampi (mit Schale)
4 EL Olivenöl
Salz · Cayennepfeffer

ZUBEREITUNG

1. Für die Suppe den Fenchel putzen, waschen, längs halbieren und den Strunk entfernen. Die Fenchelhälften in Würfel schneiden. Die Paprikaschote längs halbieren, entkernen, waschen und ebenfalls in Würfel schneiden. Die Zwiebel schälen und in kleine Würfel schneiden. Die Mangos schälen, das Fruchtfleisch zuerst in Spalten vom Stein und dann in Würfel schneiden.

2. Die Chilischote längs halbieren, entkernen, waschen und fein hacken. Den Knoblauch schälen und in kleine Würfel schneiden. Das Olivenöl in einem großen Topf erhitzen, das vorbereitete Gemüse und die Mangowürfel darin unter Rühren andünsten.

3. Chili, Knoblauch und Ingwer hinzufügen. Die Dosentomaten samt Saft, die Brühe und die Kokosmilch dazugeben, dabei die Tomaten mit dem Koch-

löffel leicht zerdrücken. Mit Salz, Pfeffer, Currypulver und Kreuzkümmel würzen. Den Limetten- und Zitronensaft hinzufügen und die Suppe bei mittlerer Hitze etwa 20 Minuten köcheln lassen.

4. Inzwischen für die Spieße die Ananas putzen, schälen und vierteln, den harten Strunk herausschneiden und das Fruchtfleisch in mundgerechte Stücke schneiden. Die Scampi schälen, am Rücken entlang einschneiden und den dunklen Darm entfernen. Die Scampi waschen und trocken tupfen. Die Ananaswürfel und die Scampi abwechselnd auf Holzspieße stecken.

5. Das Olivenöl in einer beschichteten Pfanne erhitzen und die Spieße darin etwa 3 Minuten rundum braten. Mit Salz und Cayennepfeffer würzen.

6. Die Ingwerscheiben aus der Suppe nehmen und die Suppe mit dem Stabmixer pürieren. Mit Salz, Pfeffer und Honig abschmecken. Die Suppe auf tiefe Teller oder Schälchen verteilen und mit den Ananas-Scampi-Spießen servieren.

TIPP

Am besten schmeckt die Suppe natürlich mit selbst gekochter Hühnerbrühe. Dafür 1 Bund Suppengemüse putzen, waschen bzw. schälen und klein schneiden. 1 Suppenhuhn innen und außen gründlich waschen, mit dem vorbereiteten Suppengemüse, 1 Kräutersträußchen, 1 Röstzwiebel und 1 angedrückten Knoblauchzehe in einen großen Topf geben. 100 ml Weißwein und etwa 3 l Wasser dazugeben, sodass das Huhn gut bedeckt ist. Etwas Meersalz, 10 Pfeffer- und 3 Pimentkörner dazugeben und alles aufkochen. Die Brühe bei schwacher Hitze 2 bis 3 Stunden köcheln lassen, bis das Huhn gar ist. Das Huhn aus dem Topf nehmen und die Brühe durch ein Sieb gießen. Abkühlen lassen und nach Belieben entfetten. Dieses Rezept ergibt etwa 2 l Hühnerbrühe.

RAINERS FISCHSUPPE
mit Kräuterbaguette

ZUTATEN FÜR 4–6 PERSONEN
Für die Suppe:
2 1/2 l Gemüsebrühe (siehe S. 56)
1 kleiner Saibling (küchenfertig)
1 kg gemischte Fischfilets nach Angebot und
Geschmack (z. B. Rotbarsch, Seelachs,
Kabeljau oder Steinbeißer)
200 g Krevetten (oder Garnelen; küchenfertig)
1 TL Safranfäden
Olivenöl

Für die Einlage:
1 Zucchino · 1 Fenchelknolle
1 rote Zwiebel · 1/2 Salatgurke

Für das Baguette:
3–4 EL gehackte Kräuter (z. B. Petersilie,
Rosmarin, Thymian, Salbei)
2 Schalotten · 3 Knoblauchzehen
3 EL Olivenöl
250 g weiche Butter
Meersalz
2 Stangen Baguette

ZUBEREITUNG

1. Für die Suppe die Brühe in einen großen Topf geben, aufkochen und auf etwa 1 1/2 Liter einkochen lassen.

2. Inzwischen für die Einlage den Zucchino putzen und waschen. Den Fenchel putzen, waschen, längs halbieren und den Strunk entfernen. Die Zwiebel schälen. Alles in feine Scheiben oder Stücke schneiden. Die Gurke gut waschen, längs halbieren und mit einem Löffel die Kerne entfernen. Das Fruchtfleisch in kleine Würfel schneiden.

3. Den Saibling innen und außen waschen und trocken tupfen. Die Fischfilets von Haut und Gräten befreien, waschen, trocken tupfen und in mundgerechte Stücke teilen. Die Krevetten am Rücken entlang einschneiden und den dunklen Darm entfernen. Die Krevetten waschen und trocken tupfen.

4. Die Safranfäden in 2 EL warmem Wasser ziehen lassen und zur Brühe geben. Die Brühe nach Belieben mit Salz würzen. Den Saibling und das Gemüse in die leicht köchelnde Brühe legen. Nach 10 Minuten die Fischfilets und die Krevetten hinzufügen und alles weitere 5 bis 6 Minuten garen.

5. Inzwischen für das Baguette den Backofengrill vorheizen. Die Schalotten und den Knoblauch schälen und in sehr kleine Würfel schneiden. Das Olivenöl in einer Pfanne erhitzen, Schalotten und Knoblauch darin bei schwacher Hitze andünsten, dann abkühlen lassen. Die Butter mit den Kräutern, Schalotten und Knoblauch verrühren und mit Meersalz abschmecken. Die Baguettestangen unter dem Grill knusprig rösten. Herausnehmen, in Stücke teilen und mit der Kräuterbutter bestreichen.

6. Den Saibling aus der Fischsuppe nehmen, filetieren und wieder in die Suppe geben. Die Suppe in tiefen Tellern anrichten und mit etwas Olivenöl beträufeln. Das Kräuterbaguette dazu servieren.

TIPP

Ein scharfes Tomatenragout gibt der Fischsuppe eine pikante Note. Dafür 4 Tomaten waschen und in kleine Würfel schneiden, dabei die Stielansätze entfernen. 1 Chilischote längs halbieren, entkernen, waschen, fein hacken und mit den Tomatenwürfeln mischen. Mit 1 EL Olivenöl, Salz, Pfeffer und 1 Prise Zucker würzen. Je 1 EL Tomatenragout in die Suppe geben.

Gemüse

Das Angebot an Gemüsesorten ist
überwältigend, die Qualität
leider nicht immer. Also Augen auf
beim Gemüsekauf – am liebsten
auf dem Wochenmarkt oder direkt
vom Erzeuger. Für gutes Gemüse fahre
ich gerne mal einen Umweg.

WEISSER SPARGEL
mit Orangensauce und Rucola

ZUTATEN FÜR 4 PERSONEN

10 dicke weiße Spargelstangen
4 große Orangen (davon 2 unbehandelt)
¹/4 l Gemüsebrühe
6 EL Olivenöl
3 Lorbeerblätter
Meersalz
10 Kirschtomaten
1 Bund Rucola
2 EL kalte Butter
1 EL weißer Balsamicoessig
Pfeffer aus der Mühle

ZUBEREITUNG

1. Den Spargel schälen und die Enden abschneiden. Die unbehandelten Orangen heiß waschen, abtrocknen und die Schale mit einem Messer dünn abschneiden. Alle 4 Orangen auspressen (ergibt etwa 600 ml Saft). 200 ml Orangensaft in eine große Pfanne geben und bei starker Hitze etwas einkochen lassen. Den restlichen Orangensaft und die -schale dazugeben. Die Brühe, 4 EL Olivenöl, die Lorbeerblätter und etwas Meersalz hinzufügen und alles aufkochen lassen. Die Spargelstangen in den Sud legen und zugedeckt bei schwacher Hitze 15 bis 18 Minuten garen.

2. Die Kirschtomaten waschen und halbieren. Den Rucola verlesen und die groben Stiele entfernen. Den Rucola waschen, trocken schütteln und grob zerzupfen.

3. Den Spargel, die Lorbeerblätter und die Orangenschalen aus dem Sud nehmen und die kalte Butter in Flöckchen unterrühren. Den Spargel auf Teller verteilen. Den Rucola und die Tomaten daneben anrichten, mit dem Essig und dem restlichen Olivenöl beträufeln und mit grob gemahlenem Pfeffer bestreuen. Die Orangensauce dazu reichen.

KRÄUTERCRÊPES
mit Spargel

ZUTATEN FÜR 4 PERSONEN

Für den Teig:
150 g Mehl · 3 Eier
¹/4 l lauwarme Milch
1 EL flüssige Butter
1 Msp. Backpulver · Salz
1 Frühlingszwiebel
3 EL gehackte Kräuter (z. B. Thymian,
Rosmarin, Bärlauch, Petersilie)

Für die Füllung:
8 dicke weiße Spargelstangen
Salz · Zucker

Außerdem:
4 Tomaten · 3 EL Olivenöl · Salz
Zucker · 40 g Butter · Pfeffer aus der Mühle

ZUBEREITUNG

1. Für den Teig das Mehl, die Eier, die Milch, die Butter, das Backpulver und 1 Prise Salz in eine Schüssel geben und mit den Quirlen des Handrührgeräts zu einem glatten Teig verrühren. Die Frühlingszwiebel putzen und waschen, in feine Ringe schneiden und mit den Kräutern unter den Teig mischen. Den Teig 20 Minuten ruhen lassen.

2. Für die Füllung den Spargel schälen und die Enden abschneiden. Den Spargel in Salzwasser mit 1 Prise Zucker 15 bis 20 Minuten garen.

3. Die Tomaten in kochendes Wasser tauchen, häuten, halbieren, entkernen und in kleine Würfel schneiden. In einer Schüssel mit 1 EL Olivenöl mischen und mit Salz und 1 Prise Zucker würzen.

4. Das restliche Olivenöl und die Butter portionsweise in einer beschichteten Pfanne erhitzen, je 1 kleinen Schöpflöffel Teig hineingeben und die Crêpe auf beiden Seiten goldbraun backen. Auf diese Weise 8 Crêpes zubereiten. In jede Crêpe 1 Spargelstange wickeln. Mit den marinierten Tomaten anrichten und mit grob gemahlenem Pfeffer bestreuen.

GEMISCHTER SPARGEL
mit Hähnchenfilet

ZUTATEN FÜR 4 PERSONEN

je 500 g weißer und grüner Spargel
Salz · Zucker
90 g Butter · 100 g Mehl
4 Hähnchenbrustfilets (à ca. 150 g)
Pfeffer aus der Mühle
2 Rosmarinzweige
6–8 kleine Thymianzweige
20 Salbeiblätter · 3 EL Olivenöl

ZUBEREITUNG

1. Den weißen Spargel schälen und die Enden abschneiden. Den grünen Spargel waschen, im unteren Drittel schälen und die Enden abschneiden. Den weißen Spargel in Salzwasser mit 1 Prise Zucker etwa 15 Minuten garen. Die grünen Spargelstangen 8 Minuten mitgaren.

2. In einer Pfanne 50 g Butter aufschäumen. Das Mehl, 50 g Zucker und 1 Prise Salz mischen und mit der flüssigen Butter zu Streuseln verrühren.

3. Die Hähnchenbrustfilets waschen und trocken tupfen, mit Salz und Pfeffer würzen. Die Kräuterzweige und die Salbeiblätter waschen und trocken schütteln bzw. tupfen. In einer beschichteten Pfanne das Olivenöl und 2 EL Butter erhitzen. Die Hähnchenfilets darin auf jeder Seite etwa 5 Minuten braten, dabei häufiger mit dem Bratfett begießen. Die Kräuter dazugeben und kurz mitbraten.

4. Den Spargel aus dem Wasser heben und abtropfen lassen. In der restlichen Butter kurz anbraten und mit Salz würzen. Den Spargel mit den Hähnchenfilets auf Tellern anrichten und etwas Bratfett darüberträufeln. Mit etwas Streuseln bestreuen (die restlichen Streusel anderweitig verwenden). Nach Belieben mit etwas Zitronensaft beträufeln.

SPARGEL
rot-weiß-grün

ZUTATEN FÜR 4 PERSONEN

Für den Spargel:
2 kg weißer Spargel · Salz · Zucker

Für das Pesto:
2 Bund Basilikum · 1 Knoblauchzehe
6 EL Olivenöl · Salz

Für die marinierten Tomatenwürfel:
2 große Tomaten · 2 EL Olivenöl
Salz · Pfeffer aus der Mühle · Zucker

Für die Sahnesauce:
je 50 g junger und alter Parmesan
250 g Sahne · frisch geriebene Muskatnuss

ZUBEREITUNG

1. Für den Spargel die Stangen schälen und die Enden abschneiden. Den Spargel in Salzwasser mit 1 Prise Zucker etwa 15 Minuten garen.

2. Für das Pesto das Basilikum waschen, trocken schütteln und die Blätter abzupfen. Den Knoblauch schälen und mit dem Basilikum in einen Rührbecher geben. Mit dem Stabmixer pürieren, dabei das Olivenöl nach und nach dazugeben. Mit Salz würzen. Nach Belieben etwas mehr Olivenöl hinzufügen, so wird das Pesto etwas flüssiger.

3. Für die marinierten Tomatenwürfel die Tomaten in kochendes Wasser tauchen, häuten, halbieren und entkernen. Das Fruchtfleisch in kleine Würfel schneiden und in einer Schüssel mit dem Olivenöl, Salz, Pfeffer und 1 Prise Zucker mischen.

4. Für die Sahnesauce beide Parmesansorten fein reiben. Die Sahne in einem Topf unter ständigem Rühren um ein Drittel einkochen lassen. Den Parmesan dazugeben und rühren, bis er sich auflöst und die Sauce cremig ist. Mit Muskatnuss würzen.

5. Den Spargel herausheben und in einem Küchentuch abtropfen lassen (dann nimmt er die Saucen besser auf). Mit Tomaten und Saucen servieren.

KARAMELLISIERTER CHICORÉE
mit Pastinakenpüree

ZUTATEN FÜR 4 PERSONEN
Für den Chicorée:
8 Stauden Chicorée
5 EL Zucker
200 ml trockener Weißwein (z. B. Riesling)
200 ml Rotweinessig
Pfeffer aus der Mühle

Für das Püree:
1 kg Pastinaken · Salz
100 g Butter
1/4 l Milch · 250 g Sahne
frisch geriebene Muskatnuss

ZUBEREITUNG

1. Für den Chicorée die Stauden putzen, waschen, halbieren und den Strunk vorsichtig herausschneiden, sodass die Staude noch zusammenhält. Den Zucker in einer beschichteten Pfanne karamellisieren. Mit 100 ml Wasser, dem Wein und dem Essig ablöschen und den Karamell unter Rühren auflösen. Die Chicoréehälften hineingeben und offen 10 Minuten sirupartig köcheln lassen, dabei den Chicorée zwischendurch wenden.

2. Für das Püree die Pastinaken putzen, schälen, in Stücke schneiden und in Salzwasser 10 bis 15 Minuten garen. Die Butter in einem Topf so lange erhitzen, bis sie goldbraun ist. Die Milch und die Sahne in einem zweiten Topf erhitzen. Die Pastinaken in ein Sieb abgießen, abtropfen lassen und in eine Schüssel geben. Die Milchsahne und die braune Butter hinzufügen. Die Pastinaken mit dem Kartoffelstampfer zerdrücken. Das Püree mit Salz und Muskatnuss würzen.

3. Das Pastinakenpüree mit dem geschmorten Chicorée und dem Kochsud anrichten und nach Belieben mit gehackter Petersilie bestreuen.

MÖHREN
in Estragonsauce

ZUTATEN FÜR 4 PERSONEN
1 Bund Möhren · Salz
2 große Schalotten
2 EL Butter
2 EL getrockneter Estragon
4 EL Estragonessig
4 EL trockener Weißwein (z. B. Riesling)
Pfeffer aus der Mühle

ZUBEREITUNG

1. Die Möhren putzen und schälen, in mundgerechte Stücke schneiden und in Salzwasser etwa 10 Minuten garen. Abgießen und abtropfen lassen.

2. Die Schalotten schälen und in sehr kleine Würfel schneiden. Die Butter in einer beschichteten Pfanne erhitzen und die Schalotten darin andünsten. Die Möhren und den Estragon dazugeben. Mit dem Essig und dem Wein ablöschen. Mit Salz und grob gemahlenem Pfeffer würzen und zu weißfleischigem Fischfilet oder Putenschnitzeln servieren.

TIPP

Probieren Sie mal Möhren im eigenen Saft – das ist konzentriertes Möhrenaroma! Dafür 1 Bund Möhren putzen, schälen und in mundgerechte Stücke schneiden. Mit 1/2 l Möhrensaft, 2 EL Butter, Salz und Pfeffer in einen Topf geben und offen 20 bis 30 Minuten garen, dabei eventuell noch etwas Saft dazugießen. Die Möhren mit gehackter Petersilie bestreuen und zu Spiegeleiern oder gebratener Leber servieren.

FRÜHLINGSZWIEBELN
in Orangensauce

ZUTATEN FÜR 4 PERSONEN

4 Bund Frühlingszwiebeln
1 Chilischote
1 unbehandelte Orange
10 Kirschtomaten
3 EL Rapsöl
50 g Pinienkerne
1/4 l Gemüsebrühe
1 EL Honig · Zucker
Saft von 3 Orangen

ZUBEREITUNG

1. Die Frühlingszwiebeln putzen und waschen. Die Chilischote längs halbieren, entkernen, waschen und fein hacken.

2. Die Orange heiß waschen, abtrocknen und die Schale dünn abreiben. Die Orange mit einem scharfen Messer so großzügig schälen, dass auch die weiße Haut mit entfernt wird. Die Fruchtfilets zwischen den Trennhäuten herausschneiden, dabei den Saft auffangen. Die Kirschtomaten waschen und halbieren.

3. Das Öl in einer Pfanne erhitzen und die Frühlingszwiebeln mit den Pinienkernen darin anbraten. Mit der Brühe ablöschen. Chili, Honig und 1 Prise Zucker unterrühren. Den Orangensaft und die -schale hinzufügen und kurz erhitzen. Die Kirschtomaten und die Orangenfilets dazugeben und bei schwacher Hitze 2 Minuten mitköcheln.

4. Die Frühlingszwiebeln mit den Kirschtomaten auf Teller verteilen und mit der Sauce beträufeln. Passt z. B. zu gebratenen Fischfilets.

SAHNEKOHLRABI
mit Kartoffeln im Kräutersud

ZUTATEN FÜR 4–6 PERSONEN

4 Kohlrabi
1/2 l Gemüsebrühe · 250 g Sahne
50 g Butter · 30 g Mehl
Salz · Pfeffer aus der Mühle
frisch geriebene Muskatnuss
1 kg kleine neue Kartoffeln
1 Schalotte · 2 Knoblauchzehen
ein paar Rosmarin- und Thymianzweige
Meersalz · 1 Schuss Olivenöl
3 Lorbeerblätter

ZUBEREITUNG

1. Die großen Blätter der Kohlrabi entfernen, die kleinen Blätter in der Mitte abschneiden, waschen, trocken schütteln, fein hacken und beiseitelegen. Die Kohlrabi schälen, halbieren und in Scheiben schneiden. Die Brühe in einem Topf erhitzen und die Kohlrabischeiben darin etwa 10 Minuten garen.

2. Die Kartoffeln unter fließendem Wasser gründlich abbürsten. Die Schalotte mit Schale halbieren. Den Knoblauch schälen. Die Kräuter waschen. In einem großen Topf 1/2 l Salzwasser erhitzen. Das Olivenöl, die Kräuter, die Schalotte, den Knoblauch und die Lorbeerblätter hineingeben. Die Kartoffeln darin etwa 15 Minuten garen.

3. Die Kohlrabischeiben mit dem Schaumlöffel aus der Brühe heben und in eine Schüssel geben. Die Sahne in die Brühe gießen und erhitzen. Die Butter und das Mehl verkneten und unter die Flüssigkeit rühren. Mit Salz, Pfeffer und Muskatnuss würzen. Nach Belieben mit 1 Spritzer Zitronensaft abschmecken. Die Kohlrabischeiben wieder in die Sahnesauce geben und erhitzen. Die Kohlrabischeiben mit Sauce auf Tellern anrichten und mit Kohlrabiblättern bestreuen. Die Kartoffeln im Kräutersud dazu servieren.

SCHMORGURKEN
mit Kartoffelstampf

ZUTATEN FÜR 4 PERSONEN

Für die Schmorgurken:
3 mittelgroße Schmorgurken
(Gärtnergurken; insgesamt ca. 1 1/2 kg)
3 Zwiebeln
je 10 Pfeffer- und Pimentkörner
4–5 EL Olivenöl
1/4 l Balsamicoessig · Salz
1 Bund Petersilie

Für den Kartoffelstampf:
10 mehligkochende Kartoffeln
1 l Gemüsebrühe
80 g Butter
Salz · frisch geriebene Muskatnuss

ZUBEREITUNG

1. Für die Schmorgurken die Gurken schälen, vierteln und mit einem Löffel die Kerne entfernen. Das Fruchtfleisch in mundgerechte Würfel schneiden. Die Zwiebeln schälen und in kleine Würfel schneiden. Die Gewürzkörner im Mörser grob zerstoßen.

2. In einem großen Schmortopf 3 EL Olivenöl erhitzen und die Zwiebeln darin andünsten. Die Gurkenstücke dazugeben, kurz mitdünsten und mit dem Essig ablöschen. Die Gurken mit Salz, Pfeffer und Piment würzen und bei schwacher Hitze etwa 20 Minuten garen.

3. Inzwischen für den Kartoffelstampf die Kartoffeln schälen, waschen, halbieren und in der Brühe etwa 15 Minuten garen. Die weichen Kartoffeln in der Brühe mit dem Kartoffelstampfer grob zerstampfen und die Butter unterrühren. Den Kartoffelstampf mit Salz und Muskatnuss würzen.

4. Die Petersilie waschen und trocken schütteln, die Blätter abzupfen und fein hacken. Mit dem restlichen Olivenöl zu den Schmorgurken geben. Die Schmorgurken mit dem Kartoffelstampf anrichten.

SCHMORGURKEN
mit Rinderhack

ZUTATEN FÜR 4 PERSONEN

3 Schmorgurken (Gärtnergurken)
3 Zwiebeln · 3 Knoblauchzehen
5 EL Traubenkernöl
Salz · Pfeffer aus der Mühle
1 kg Rinderhackfleisch
1/2 l Fleischbrühe
2 EL Weißweinessig
1 TL gehackte Kümmelsamen
1 Bund Dill
150 g Crème fraîche

ZUBEREITUNG

1. Die Schmorgurken schälen, vierteln und mit einem Löffel die Kerne entfernen. Das Fruchtfleisch in kleine Würfel schneiden. Die Zwiebeln schälen und in kleine Würfel schneiden. Die Knoblauchzehen schälen und in feine Scheiben schneiden.

2. In einem großen Schmortopf 3 EL Traubenkernöl erhitzen. Die Zwiebeln und den Knoblauch mit den Schmorgurken darin anbraten und mit Salz und Pfeffer würzen. Das restliche Traubenkernöl in einer beschichteten Pfanne erhitzen und das Hackfleisch darin portionsweise kräftig anbraten. Mit Salz und Pfeffer würzen.

3. Das Hackfleisch zu den Gurken geben. Die Brühe, den Essig und den Kümmel hinzufügen und mit Pfeffer würzen. Alles bei schwacher Hitze zugedeckt 12 bis 15 Minuten garen. Den Dill waschen und trocken schütteln, die Spitzen abzupfen und fein hacken. Die Crème fraîche und den Dill unter die Schmorgurken rühren. Nochmals mit Salz und Pfeffer abschmecken. Dazu passt Kartoffelpüree (siehe S. 155) oder kräftiges Landbrot.

TIPP

Manchmal serviere ich die Crème fraîche und den Dill auch getrennt zu den Schmorgurken. Dann kann sich bei Tisch jeder die gewünschte Menge untermischen.

GEFÜLLTE PAPRIKA
mit Thunfisch und Basmatireis

···

ZUTATEN FÜR 4 PERSONEN

Für die Paprikaschoten:
200 g Basmatireis · Salz
4 rote Paprikaschoten
1 Bund Frühlingszwiebeln
1 Bund Petersilie
1 Chilischote
2 Dosen Thunfisch (naturell)
2 EL Olivenöl
50 g Pinienkerne
Saft und abgeriebene Schale von
1 unbehandelten Zitrone
2 EL Currypulver
Salz · Pfeffer aus der Mühle

Für die Sauce:
1 große Dose Tomaten (800 g Füllmenge)
Salz · Pfeffer aus der Mühle · Zucker
1 TL Olivenöl

Außerdem:
250 g Naturjoghurt

ZUBEREITUNG

1. Für die Paprikaschoten den Reis nach Packungs-anweisung in Salzwasser garen. Die Paprikaschoten längs halbieren, entkernen und waschen.

2. Die Frühlingszwiebeln putzen, waschen und in feine Ringe schneiden. Die Petersilie waschen und trocken schütteln, die Blätter abzupfen und grob hacken. Die Chilischote längs halbieren, entkernen, waschen und fein hacken. Den Thunfisch abtropfen lassen und mit einer Gabel etwas zerpflücken.

3. Den Backofen auf 200 °C vorheizen. Das Oliven-öl in einer beschichteten Pfanne erhitzen, die Früh-lingszwiebeln und die Petersilie darin unter Rüh-ren andünsten. Chili, Pinienkerne, Zitronensaft und -schale hinzufügen und alles mit Currypulver, Salz und Pfeffer würzen. Den gegarten Reis und den Thunfisch dazugeben und gut untermischen. Die Reismischung in die Paprikahälften füllen.

4. Für die Sauce die Dosentomaten samt Saft in ei-ne Auflaufform geben und mit dem Kartoffelstamp-fer zerdrücken. Mit Salz, Pfeffer, 1 Prise Zucker und Olivenöl würzen. Die Paprikaschoten hineinsetzen und einen Bogen angefeuchtetes Backpapier da-rauflegen. Die gefüllten Paprikaschoten im Ofen auf der mittleren Schiene etwa 30 Minuten garen.

5. Den Joghurt glatt rühren und nach Belieben wür-zen. Die Paprikaschoten mit Sauce auf Tellern an-richten und mit dem Joghurt servieren.

TIPP

Bei der Füllung der Paprikaschoten können Sie Ih-rer Kreativität freien Lauf lassen: Probieren Sie auch mal zerkrümelten Feta-Käse oder in Würfel geschnittenen Scamorza (geräucherter Mozzarel-la) anstelle von Thunfisch, und ersetzen Sie den Reis durch Berglinsen (Le-Puy-Linsen) oder Hirse.

GEFÜLLTE TOMATEN
mit Geflügellebern

ZUTATEN FÜR 10 STÜCK

Für die Tomaten:
10 große Vierländer oder Ochsenherz-Tomaten
6 EL Olivenöl · 500 g Geflügellebern
3 Schalotten · 3 Knoblauchzehen
ca. 30 Salbeiblätter
Salz · Pfeffer aus der Mühle
10 TL Paniermehl
10 TL Tomaten-Pesto (aus dem Glas)

Für die Sauce:
250 g Crème fraîche · Saft von 1 Limette
2 EL Olivenöl · Pfeffer aus der Mühle

ZUBEREITUNG

1. Für die Tomaten den Backofen auf 200 °C vorheizen. Die Tomaten waschen und an der Stielansatzseite jeweils einen Deckel abschneiden. Die Tomaten mit einem Löffel entkernen und in eine Auflaufform setzen. Etwas Wasser und 2 EL Olivenöl in die Form gießen.

2. Die Geflügellebern putzen, waschen, trocken tupfen und in mundgerechte Stücke schneiden. Die Schalotten und den Knoblauch schälen und in kleine Würfel schneiden. Den Salbei waschen und trocken tupfen. In einer Pfanne 2 EL Olivenöl erhitzen und die Lebern darin etwa 2 Minuten rundum braten. Die Schalotten, den Knoblauch und den Salbei dazugeben und mitbraten. Mit Salz und Pfeffer würzen und mit dem Paniermehl mischen.

3. Die ausgehöhlten Tomaten je mit 1 TL Tomaten-Pesto ausstreichen und mit der Lebermischung füllen. Das restliche Olivenöl darüberträufeln und die Deckel darauflegen. Die Form mit angefeuchtetem Backpapier bedecken und die Tomaten im Ofen auf der mittleren Schiene etwa 30 Minuten garen.

4. Für die Sauce die Crème fraîche mit Limettensaft und Olivenöl verrühren und mit Pfeffer würzen. Die Tomaten mit der Sauce und knusprigem Weißbrot servieren.

GEFÜLLTE KOHLRABI
mit Nordseekrabben

ZUTATEN FÜR 4 PERSONEN

4 Kohlrabi · 3 Kartoffeln · 5 Champignons
1 Zwiebel · 1 Bund Petersilie · 2 EL Olivenöl
250 g Sahne · 20 zerstoßene Pimentkörner
frisch geriebene Muskatnuss · Salz
ca. 1 l Gemüsebrühe · 200 g Nordseekrabben

ZUBEREITUNG

1. Die großen Blätter der Kohlrabi entfernen, die kleinen in der Mitte abschneiden, waschen, trocken schütteln und fein hacken. Die Kohlrabi schälen und jeweils einen Deckel abschneiden. Das Fruchtfleisch mit einem Messer in etwa 1 cm Abstand zum Rand rundum einschneiden. Die Kohlrabi mit dem Messer oder Kugelausstecher aushöhlen. Das Fruchtfleisch und die Deckel in kleine Würfel schneiden.

2. Die Kartoffeln schälen, waschen und in kleine Würfel schneiden. Die Champignons mit einem feuchten Tuch abreiben, die Stielenden abschneiden und die Pilze in feine Scheiben schneiden. Die Zwiebel schälen und in kleine Würfel schneiden. Die Petersilie waschen und trocken schütteln, die Blätter abzupfen und fein hacken.

3. Das Olivenöl in einer beschichteten Pfanne erhitzen und die Zwiebel darin kurz andünsten. Die Kohlrabiwürfel, die Kartoffeln und die Champignons dazugeben und 5 Minuten andünsten. Das Kohlrabigrün und die Petersilie hinzufügen und ein paar Minuten mitdünsten. Die Sahne dazugießen und mit Piment, Muskatnuss und Salz kräftig würzen. Den Backofen auf 200 °C vorheizen.

4. Die ausgehöhlten Kohlrabi mit der Kartoffelmischung füllen und in eine Auflaufform setzen. So viel Brühe angießen, dass die Kohlrabi mindestens zur Hälfte bedeckt sind. Die Kohlrabi im Ofen auf der mittleren Schiene etwa 45 Minuten garen (mit einem spitzen Messer prüfen, ob sie weich sind). Die Kohlrabi mit Krabben auf Tellern anrichten und mit etwas Sud beträufeln. Nach Belieben mit Zitronensaft und Olivenöl beträufeln.

GEFÜLLTE CHAMPIGNONS
mit Büffelmozzarella

....

ZUTATEN FÜR 4 PERSONEN

10 weiße Riesenchampignons
2 Möhren · 3 Stangen Staudensellerie
1 Lauchstange · 1 Zwiebel · 2 Knoblauchzehen
1 Chilischote · 2 EL Olivenöl
Salz · Pfeffer aus der Mühle
1–2 TL Zitronensaft
2 Kugeln Büffelmozzarella (à 125 g)
Öl für die Form
150 g Edamer (am Stück) · 3 EL Paniermehl

ZUBEREITUNG

1. Die Champignons mit einem feuchten Tuch abreiben, die Stiele abschneiden und die braunen Lamellen entfernen. Die Pilzhüte mit einem Messer oder dem Kugelausstecher aushöhlen und an der Oberseite jeweils eine Kappe gerade abschneiden. Das Fruchtfleisch aus den Pilzhüten und die Kappen in feine Würfel schneiden.

2. Die Möhren schälen, den Staudensellerie und den Lauch putzen und waschen. Das Gemüse in Stücke schneiden. Die Zwiebel und die Knoblauchzehen schälen und grob schneiden. Das Gemüse in den Küchenmixer geben und grob zerkleinern.

3. Den Backofen auf 180 °C Umluft (200 °C Ober-/Unterhitze) vorheizen. Die Chilischote längs halbieren, entkernen, waschen und sehr fein hacken. Das Olivenöl in einer beschichteten Pfanne erhitzen, die Pilzwürfel und die Gemüsemasse darin unter Rühren etwa 5 Minuten dünsten. Mit Salz, Pfeffer, Chili und Zitronensaft würzen. Den Mozzarella in kleine Würfel schneiden und unter die Masse heben.

4. Eine Auflaufform mit Öl einfetten. Die Champignons mit der Gemüse-Mozzarella-Masse füllen und in die Auflaufform setzen. Den Edamer fein reiben und mit dem Paniermehl auf die Pilze verteilen. Die gefüllten Pilze im Ofen etwa 20 Minuten goldbraun backen. Nach Belieben mit Olivenöl und Zitronensaft beträufeln und mit Baguette servieren.

GEFÜLLTE WEINBLÄTTER
mit Lammfleisch

....

ZUTATEN FÜR CA. 30 STÜCK

Für die Weinblätter:
1 Tasse Langkornreis · Salz
2 Zwiebeln · 4 Knoblauchzehen
4 EL Olivenöl · 250 g Lammhackfleisch
2 EL Pinienkerne
Pfeffer aus der Mühle
1 TL gemahlener Kreuzkümmel
1 TL Cayennepfeffer
250 g Weinblätter (aus dem Glas)

Für die Sauce:
150 g Naturjoghurt
Saft von 1 Zitrone · 2 EL Olivenöl
Salz · Pfeffer aus der Mühle

ZUBEREITUNG

1. Für die Weinblätter den Reis nach Packungsanweisung in Salzwasser garen. Die Zwiebeln und den Knoblauch schälen und in kleine Würfel schneiden.

2. Den Reis in ein Sieb abgießen und abtropfen lassen. In einer beschichteten Pfanne 2 EL Olivenöl erhitzen. Das Hackfleisch, die Zwiebeln, den Knoblauch und die Pinienkerne darin anbraten. Den Reis dazugeben und untermischen. Mit Salz, Pfeffer, Kreuzkümmel und Cayennepfeffer kräftig würzen.

3. Die Weinblätter voneinander lösen und unter fließendem Wasser abspülen, abtropfen lassen und nebeneinanderlegen. Die Füllung auf den Weinblättern verteilen, dabei jeweils rundum einen Rand frei lassen. Die Seitenränder über der Füllung einschlagen, die Weinblätter fest aufrollen und in eine große Pfanne geben. Mit etwas Wasser benetzen und mit dem restlichen Olivenöl beträufeln. Die Weinblätter zugedeckt bei schwacher Hitze 8 bis 10 Minuten garen.

4. Für die Sauce den Joghurt, Zitronensaft und Olivenöl mit dem Schneebesen verrühren und mit Salz und Pfeffer abschmecken. Die Weinblätter auf eine Platte geben und die Joghurtsauce dazu servieren.

GEFÜLLTE AUBERGINEN
in Tomatensauce

....

ZUTATEN FÜR 4 PERSONEN

Für die Auberginen:
4 große Auberginen
2 Zwiebeln · 3 Knoblauchzehen
300 g Lammhackfleisch
1 Tasse gegarter Langkornreis
2–3 EL gehackte Kräuter (z. B. Thymian,
Rosmarin, Salbei, Petersilie)
4 EL Olivenöl
1 TL Cayennepfeffer
1 TL gemahlener Kreuzkümmel
Salz · Pfeffer aus der Mühle
4 Tomaten

Für die Tomatensauce:
1 große Dose Tomaten (800 g Füllmenge)
1 l Tomatensaft
Salz · Pfeffer aus der Mühle · Zucker

Für den Dip:
200 g griechischer Joghurt (10 % Fett)
1 TL Zitronensaft · 1 TL Olivenöl
50 g Sahne
Salz · Pfeffer aus der Mühle

ZUBEREITUNG

1. Für die Auberginen die Auberginen waschen, trocken tupfen und längs halbieren. Das Fruchtfleisch in etwa 1/2 cm Abstand zum Rand mit einem Messer rundum einschneiden. Das Fruchtfleisch mit einem Löffel herauslösen und fein hacken. Die ausgehöhlten Auberginenhälften beiseitestellen. Die Zwiebeln und die Knoblauchzehen schälen und in kleine Würfel schneiden.

2. Den Backofen auf 200 °C vorheizen. Das Lammhackfleisch mit Reis, Zwiebeln, Knoblauch und Kräutern mischen. In einer beschichteten Pfanne 1 EL Olivenöl erhitzen und die Hackfleischmasse darin kurz anbraten. Das Auberginenfruchtfleisch untermischen und kurz mitbraten. Die Mischung mit Cayennepfeffer, Kreuzkümmel, Salz und Pfeffer kräftig würzen und die Auberginenhälften damit füllen. Die Tomaten waschen und in dünne Scheiben schneiden, dabei die Stielansätze entfernen. Die Tomatenscheiben auf den gefüllten Auberginen verteilen.

3. Für die Tomatensauce die Dosentomaten samt Saft in eine Schüssel geben und mit dem Kartoffelstampfer zerdrücken. Den Tomatensaft dazugießen und alles gut mischen. Die Sauce mit Salz, Pfeffer und 1 Prise Zucker würzen und in ein tiefes Backblech geben. Die gefüllten Auberginen hineinsetzen und mit dem restlichen Olivenöl beträufeln. Die Auberginen im Ofen auf der mittleren Schiene 45 bis 60 Minuten garen.

4. Für den Dip den Joghurt mit dem Zitronensaft, dem Olivenöl und der Sahne glatt rühren. Mit Salz und Pfeffer würzen. Jeweils 2 gefüllte Auberginenhälften mit etwas Tomatensauce auf einem Teller anrichten und den Dip dazu servieren. Dazu passt Fladenbrot oder Baguette.

TIPP

Anstelle von Lammhackfleisch können Sie natürlich auch Rinderhackfleisch oder eine Mischung aus beiden verwenden.

GESCHICHTETER WIRSING
mit Hackfleisch

....

ZUTATEN FÜR 4–6 PERSONEN

Für den Wirsing:
1 Kopf Wirsing (ca. 1,3 kg) · Salz
2 Brötchen (vom Vortag)
300 ml Fleischbrühe
4 Schalotten
3 EL Olivenöl
5 eingelegte Sardellenfilets
1 kg Rinderhackfleisch
2 Eier
Pfeffer aus der Mühle
4 große festkochende Kartoffeln
100 g Frühstücksspeck (in Scheiben)
Kümmel · gemahlener Piment
frisch geriebene Muskatnuss

Für die Tomatensauce:
1 Chilischote · 2 EL Olivenöl
ca. 500 g passierte Tomaten
(aus dem Glas oder Tetrapak)
Salz · Pfeffer aus der Mühle · Zucker

ZUBEREITUNG

1. Für den Wirsing den Wirsingkopf putzen und den Strunk entfernen. Die Wirsingblätter ablösen, waschen und in Salzwasser blanchieren. Mit dem Schaumlöffel herausheben, kalt abschrecken und trocken tupfen.

2. Die Brötchen in etwa 100 ml heißer Brühe einweichen. Die Schalotten schälen und in kleine Würfel schneiden. In einer Pfanne 1 EL Olivenöl erhitzen und die Schalottenwürfel darin andünsten. Mit 2 EL Brühe ablöschen und 3 bis 4 Minuten sämig einkochen lassen. Die Sardellenfilets fein hacken. Die Brötchen mit dem Stabmixer fein pürieren.

3. Das Hackfleisch mit den Schalotten, dem pürierten Brötchen, den Sardellen und den Eiern mischen. Mit Salz und Pfeffer kräftig würzen.

4. Die Kartoffeln schälen, waschen und in Scheiben schneiden. Die Speckscheiben in einer beschichteten Pfanne ohne Fett anbraten. Herausnehmen und auf Küchenpapier abtropfen lassen.

5. Den Backofen auf 200 °C vorheizen. Eine Gewürzmischung aus Salz, Pfeffer, Kümmel, Piment und Muskatnuss herstellen. Eine große Auflaufform mit etwas Olivenöl einfetten und mit einer Schicht Wirsingblätter auslegen. Eine Schicht Hackfleisch und Kartoffeln daraufgeben, mit der Gewürzmischung bestreuen und mit Speckscheiben belegen. So weiterverfahren, bis alle Zutaten verbraucht sind. Mit Wirsingblättern abschließen und die restliche Brühe darübergießen. Mit dem übrigen Olivenöl beträufeln.

6. Die Form mit einem Bogen angefeuchtetem Backpapier bedecken und den Auflauf im Ofen auf der mittleren Schiene etwa 1 1/4 Stunden garen. Nach 45 Minuten das Backpapier entfernen. Falls nötig, zwischendurch etwas Brühe nachgießen.

7. Für die Tomatensauce die Chilischote längs halbieren, entkernen, waschen und fein hacken. Das Olivenöl in einer Pfanne erhitzen, Chili darin andünsten, die Tomaten dazugeben und erhitzen. Mit Salz, Pfeffer und 1 Prise Zucker würzen.

8. Den Wirsingauflauf auf eine Platte stürzen, in Stücke schneiden und die Sauce dazu servieren.

GEBRATENER SELLERIE
mit geschmolzenen Tomaten

ZUTATEN FÜR 4 PERSONEN
1 Sellerieknolle (mit Grün) · Saft von 1 Zitrone
4 Tomaten · 5 EL Olivenöl
Salz · Pfeffer aus der Mühle · Zucker
100 g geriebener Parmesan
100 g Paniermehl · 100 g Mehl · 4 Eier
ca. 50 ml Milch · ca. 50 g Sahne · 1 EL Butter

ZUBEREITUNG

1. Von der Sellerieknolle das Grün abschneiden, waschen, trocken schütteln, fein hacken und beiseitelegen. Die Sellerieknolle schälen und quer in 1 cm dicke Scheiben schneiden. Die Scheiben gleichmäßig rund schneiden und die Abschnitte beiseitelegen. Die Selleriescheiben in Zitronenwasser 3 Minuten blanchieren. In ein Sieb abgießen und auf Küchenpapier abtropfen lassen.

2. Die Tomaten in kochendes Wasser tauchen, häuten, vierteln und entkernen. Die Tomatenfilets kurz in 1 EL Olivenöl andünsten, mit Salz, Pfeffer und 1 Prise Zucker würzen. Zudeckt auf der ausgeschalteten Herdplatte ziehen lassen.

3. Parmesan und Paniermehl in einem tiefen Teller mischen. Das Mehl ebenfalls in einen tiefen Teller geben. Die Eier mit Salz und Pfeffer in einer Schüssel verquirlen. Die Selleriescheiben zuerst im Mehl, dann in den Eiern und zum Schluss in der Parmesanmischung wenden. Das restliche Olivenöl portionsweise in einer beschichteten Pfanne erhitzen und die Selleriescheiben darin nach und nach auf jeder Seite 2 Minuten goldbraun braten.

4. Die Sellerieabschnitte in Salzwasser weich garen und abgießen. Die Milch, die Sahne und die Butter in einem Topf erhitzen. Den Sellerie mit dem Stabmixer fein pürieren, dabei so viel Milch-Sahne-Mischung dazugeben, dass ein glattes Püree entsteht. Mit Salz und Pfeffer würzen. Die gebratenen Selleriescheiben mit dem Püree und den lauwarmen Tomaten anrichten und mit dem gehackten Selleriegrün bestreuen.

GEBRATENE GEMÜSE
mit Meerrettichsauce

ZUTATEN FÜR 4–6 PERSONEN
Für das Gemüse:
2 Fenchelknollen · 1 Bund Möhren
5 EL Olivenöl
Salz · Pfeffer aus der Mühle
Zucker · 2 Zucchini
je 1 Bund Petersilie und Minze (fein gehackt)
3 EL weißer Balsamicoessig

Für die Sauce:
250 g Crème fraîche · Saft von 1 Orange
2 EL geriebener Meerrettich (aus dem Glas)
Salz · Pfeffer aus der Mühle

ZUBEREITUNG

1. Für das Gemüse den Fenchel putzen, waschen, längs halbieren und den Strunk entfernen. Die Fenchelhälften in feine Streifen schneiden. Die Möhren putzen, schälen und längs in Streifen schneiden. In einer Pfanne 2 EL Olivenöl erhitzen, den Fenchel und die Möhren darin anbraten. Das Gemüse mit etwas Wasser ablöschen, mit Salz und Pfeffer würzen und zugedeckt bei schwacher Hitze etwa 15 Minuten garen. Mit 1 Prise Zucker bestreuen und in eine große Schüssel geben.

2. Die Zucchini putzen, waschen und längs in Streifen schneiden, in 1 EL Olivenöl anbraten und mit Salz und Pfeffer würzen. Mit etwas Wasser ablöschen und zugedeckt bei schwacher Hitze etwa 8 Minuten garen. Die Zucchini nach Belieben noch mal mit Salz und Pfeffer würzen und zum Möhren-Fenchel-Gemüse geben. Das Gemüse mit Kräutern, Essig und dem restlichen Olivenöl mischen. Nach Belieben etwas gehackten Knoblauch dazugeben.

3. Für die Sauce die Crème fraîche mit dem Orangensaft und dem Meerrettich verrühren und mit Salz und Pfeffer würzen. Nach Belieben mit etwas durchgepresstem Knoblauch, gehackter Chilischote oder Senf abschmecken. Das gebratene Gemüse mit der Sauce servieren. Dazu passt Baguette oder Kartoffelpüree (siehe S. 155).

GRATINIERTER BLUMENKOHL
mit Safransauce

ZUTATEN FÜR 4 PERSONEN
1 Kopf Blumenkohl · Salz
2 EL Olivenöl
frisch geriebene Muskatnuss
2 Döschen Safranfäden (à 0,1 g)
200 g Sahne
150 g geriebener Parmesan
Pfeffer aus der Mühle
2 TL Zitronensaft

ZUBEREITUNG

1. Den Blumenkohl putzen, in kleine Röschen teilen und in Salzwasser 5 Minuten bissfest garen. Den Blumenkohl in ein Sieb abgießen und abtropfen lassen.

2. Den Backofengrill vorheizen. Eine Auflaufform mit 1 TL Olivenöl einfetten, den Blumenkohl darin verteilen und mit Muskatnuss bestäuben. Den Safran in 2 EL warmem Wasser ziehen lassen und unter die Sahne mischen. Die Safransahne mit Salz würzen und über die Blumenkohlröschen gießen. Den Parmesan und grob gemahlenen Pfeffer darüberstreuen. Mit dem restlichen Olivenöl und dem Zitronensaft beträufeln.

3. Den Blumenkohl im Ofen auf der mittleren Schiene etwa 8 Minuten goldbraun überbacken. Dazu passt Landbrot.

TIPP

Der gratinierte Blumenkohl schmeckt als vegetarisches Hauptgericht, passt aber auch sehr gut als Beilage zu kurz gebratenem Fleisch.

BLUMENKOHL
mit Currysauce

ZUTATEN FÜR 4 PERSONEN
1 Kopf Blumenkohl
1 unbehandelte Zitrone
Salz · 2 Schalotten
100 g Jagdwurst (oder Fleischwurst)
1 unbehandelte Orange
1 EL Butter · 1 EL Olivenöl
1 EL Currypulver (bevorzugt mit Orangenaroma)
je 200 ml Gemüsebrühe, Milch
und Orangensaft
1/2 TL Cayennepfeffer · Pfeffer aus der Mühle
1 Bund Petersilie · 100 g Sahne

ZUBEREITUNG

1. Von dem Blumenkohl die Blätter und den Strunk abschneiden. Den Blumenkohl waschen. Die Zitrone heiß waschen, abtrocknen und halbieren. In einem großen Topf Wasser erhitzen, leicht salzen und den Blumenkohl darin mit den Zitronenhälften zugedeckt 15 bis 20 Minuten garen.

2. Inzwischen die Schalotten schälen und in kleine Würfel schneiden. Die Jadgwurst pellen und ebenfalls in kleine Würfel schneiden. Die Orange heiß waschen, abtrocknen und die Schale mit dem Zestenreißer in feinen Streifen abziehen.

3. Die Butter und das Olivenöl in einem Topf erhitzen, Schalotten und Wurst darin kurz anbraten. Das Currypulver darüberstäuben und untermischen. Mit der Brühe, der Milch und dem Orangensaft ablöschen und einmal aufkochen lassen.

4. Die Sauce mit Orangenzesten, Cayennepfeffer, Salz und Pfeffer würzen und bei schwacher Hitze 6 bis 7 Minuten köcheln lassen.

5. Die Petersilie waschen und trocken schütteln, die Blätter abzupfen und fein hacken. Mit der Sahne unter die Sauce rühren. Die Currysauce nach Belieben mit Speisestärke binden. Den Blumenkohl aus dem Kochwasser heben, abtropfen lassen, in eine Schüssel geben und mit der Sauce übergießen.

BLUMENKOHL
mit Rote Bete und Bärlauch-Pesto

···

ZUTATEN FÜR 4–6 PERSONEN

Für das Gemüse:
5 Knollen Rote Bete · Salz
Kümmelsamen · 1 TL Pfefferkörner
1 Kopf Blumenkohl
1 unbehandelte Zitrone · 50 g Butter

Für das Pesto:
200 g Bärlauch · ca. 150 ml Olivenöl
Salz · Zucker

Für das Kartoffelpüree:
1 kg mehligkochende Kartoffeln · Salz
200 ml Milch · 30 g Butter
Pfeffer aus der Mühle
frisch geriebene Muskatnuss

ZUBEREITUNG

1. Für das Gemüse die Rote-Bete-Knollen unter fließendem Wasser abbürsten und in Salzwasser mit etwas Kümmel und den Pfefferkörnern etwa 30 Minuten garen.

2. Für das Pesto den Bärlauch verlesen und die groben Stiele entfernen. Den Bärlauch waschen und trocken tupfen, grob schneiden und in einen Rührbecher geben. Mit dem Stabmixer fein pürieren, dabei nach und nach das Olivenöl dazugießen. Das Pesto mit Salz und 1 Prise Zucker würzen.

3. Den Blumenkohl putzen und waschen. In einem großen Topf Salzwasser zum Kochen bringen. Die Zitrone heiß waschen und den Saft auspressen. Den Zitronensaft mit den ausgepressten Schalen in das Salzwasser geben und den ganzen Blumenkohl darin etwa 20 Minuten bissfest garen.

4. Für das Kartoffelpüree die Kartoffeln schälen, waschen, in kleine Stücke schneiden und in Salzwasser etwa 15 Minuten garen.

5. Die Rote Bete abgießen, abschrecken, etwas abkühlen lassen, am besten mit Einweghandschuhen schälen und in Scheiben schneiden. Die Butter in einer Pfanne goldbraun erhitzen und die Rote-Bete-Scheiben darin schwenken.

6. Die Milch und die Butter in einem kleinen Topf erhitzen. Die Kartoffeln abgießen, kurz ausdampfen lassen und mit dem Kartoffelstampfer zerdrücken. Die heiße Milch dazugießen und unterrühren. Das Püree mit Salz, Pfeffer und Muskatnuss würzen.

7. Die Rote-Bete-Scheiben auf einer Platte verteilen. Den Blumenkohl aus dem Wasser heben, abtropfen lassen und auf den Roten Beten anrichten. Das Bärlauch-Pesto über das Gemüse träufeln und das Gemüse mit dem Kartoffelpüree servieren.

TIPP

Bärlauch-Pesto schmeckt auch sehr lecker als schnelle Nudelsauce oder auf Crostini. Die Saison für die aromatischen, nach Knoblauch duftenden Bärlauchblätter ist kurz – von März bis Anfang Mai. Am besten bereiten Sie gleich eine größere Menge Bärlauch-Pesto zu, füllen es in Schraubgläser und bedecken die Oberfläche mit Olivenöl. Im Kühlschrank können Sie es mindestens ein bis zwei Wochen aufbewahren.

SCHARFER TOMATENREIS
mit Sellerie

ZUTATEN FÜR 4 PERSONEN
1 Möhre
2 Stangen Staudensellerie
1 Zwiebel
1 Knoblauchzehe
3 EL Olivenöl
ca. 250 g Basmatireis
1 l Tomatensaft
Salz · Pfeffer aus der Mühle
3 Tomaten · Tabascosauce

ZUBEREITUNG

1. Die Möhre schälen, den Staudensellerie putzen und waschen. Beides in kleine Würfel schneiden. Die Zwiebel und die Knoblauchzehe schälen und ebenfalls in kleine Würfel schneiden. Das Olivenöl in einer Pfanne erhitzen und die Zwiebel darin andünsten. Das Gemüse und den Knoblauch dazugeben und mitdünsten. Den Reis hinzufügen und ebenfalls mitdünsten, bis er glasig ist. Mit dem Tomatensaft ablöschen und leicht mit Salz und Pfeffer würzen. Den Tomatenreis zugedeckt bei schwacher Hitze 10 bis 12 Minuten quellen lassen. Dann von der Herdplatte nehmen.

2. Die Tomaten kreuzweise einritzen, in kochendes Wasser tauchen, häuten, halbieren und entkernen. Das Fruchtfleisch in Würfel schneiden und unter den Reis mischen. Den Reis noch ein paar Minuten quellen lassen, bis er gar ist.

3. Den Tomatenreis mit etwas Tabasco abschmecken und zu Lamm- oder Kalbskoteletts servieren.

TIPP

Wer den Reis saftiger mag, gibt einfach etwas mehr Tomatensaft dazu.

GEFÜLLTE KARTOFFELN
mit Grünkohl und Speck

ZUTATEN FÜR 4 PERSONEN
1 kg Grünkohl · Salz
8 große festkochende Kartoffeln
2 Zwiebeln
4 Knoblauchzehen
150 g durchwachsener Speck (am Stück)
1 EL Olivenöl
250 g Sahne
Pfeffer · frisch geriebene Muskatnuss
50 g geriebener Parmesan

ZUBEREITUNG

1. Den Backofen auf 200 °C vorheizen. Den Grünkohl putzen und die groben Stiele entfernen. Den Grünkohl waschen und in Salzwasser 3 Minuten blanchieren. Kalt abschrecken, in ein Sieb abgießen und mit den Händen ausdrücken.

2. Die Kartoffeln schälen, waschen und jeweils eine Kappe abschneiden. Das Fruchtfleisch mit einem Messer in etwa 1/2 cm Abstand vom Rand rundum einschneiden und die Kartoffeln mit dem Messer oder Kugelausstecher aushöhlen.

3. Die Zwiebeln und den Knoblauch schälen und in kleine Würfel schneiden. Den Speck ebenfalls in kleine Würfel schneiden. Das Olivenöl in einer beschichteten Pfanne erhitzen, den Speck, die Zwiebeln und den Knoblauch darin anbraten. Den Grünkohl dazugeben und ein paar Minuten andünsten. Mit der Sahne ablöschen und mit Salz, Pfeffer und Muskatnuss würzen.

4. Die ausgehöhlten Kartoffeln mit der Grünkohlmasse füllen, dabei die Masse fest hineindrücken. Mit Parmesan bestreuen und im Ofen auf der mittleren Schiene 40 bis 45 Minuten garen.

TIPP

Die ausgekratzten Kartoffelreste brate ich mit Zwiebeln und Rosmarin in etwas Butter. Mit Salz würzen und mit etwas Brühe ablöschen – eine leckere Vorspeise!

BÄCKERINKARTOFFELN
mit Blattsalat

ZUTATEN FÜR 4 PERSONEN
Für die Kartoffeln:
50 g Butter
600 g festkochende Kartoffeln
600 g Zwiebeln
Salz · Pfeffer aus der Mühle
frisch geriebene Muskatnuss
2 EL gehackte Kräuter (z. B. Thymian,
Rosmarin, Salbei)
1/4 l Fleisch- oder Gemüsebrühe

Für den Salat:
1 kleiner Frisée-Salat
1 kleiner Kopf- oder Endiviensalat
2 EL gehackte Kräuter (z. B. Thymian,
Rosmarin, Salbei)
1 EL Senf
3 EL Gemüsebrühe · 3 EL Olivenöl
2 EL Balsamicoessig · Salz · 1 TL Zucker

ZUBEREITUNG

1. Für die Kartoffeln eine Auflaufform mit 10 g Butter einfetten und den Backofen auf 180 °C vorheizen. Die Kartoffeln schälen, waschen und in Scheiben schneiden. Die Zwiebeln schälen, halbieren und in Scheiben schneiden. Die Kartoffeln und die Zwiebeln dachziegelartig in die Form schichten und mit Salz, Pfeffer und Muskatnuss würzen. Mit den gehackten Kräutern bestreuen und die lauwarme Brühe darübergießen. Die restliche Butter in Flöckchen darauf verteilen. Die Kartoffeln im Ofen auf der mittleren Schiene etwa 50 Minuten garen. Dann die Temperatur auf 160 °C reduzieren und die Kartoffeln weitere 30 Minuten backen.

2. Für den Salat die Blattsalate putzen, waschen und trocken schleudern. Die Blätter mundgerecht zerpflücken. Die Kräuter mit den restlichen Zutaten und nach Belieben mit etwas gehackter Chilischote zu einer Vinaigrette verrühren. Die Vinaigrette mit den Blattsalaten mischen. Die Bäckerinkartoffeln mit dem Salat servieren.

KARTOFFELPÜREE
mit Kräutern und Tomaten

ZUTATEN FÜR 4 PERSONEN
*5 große festkochende Kartoffeln
Salz · 4 Tomaten
1 Knoblauchzehe
1 Zwiebel
je 1 Rosmarin- und Thymianzweig
1 EL Tomatenmark
3 EL Olivenöl
Pfeffer aus der Mühle · Zucker*

ZUBEREITUNG

1. Die Kartoffeln schälen, waschen, in Stücke schneiden und in Salzwasser etwa 15 Minuten garen.

2. Die Tomaten kreuzweise einritzen, in kochendes Wasser tauchen, häuten, halbieren und entkernen. Das Fruchtfleisch in kleine Würfel schneiden und in einen Topf geben. Den Knoblauch schälen und durch die Knoblauchpresse dazudrücken. Die Zwiebel schälen, in kleine Würfel schneiden und ebenfalls dazugeben. Die Kräuter waschen und trocken schütteln. Mit dem Tomatenmark, dem Olivenöl, etwas Salz, Pfeffer und Zucker in den Topf geben und alles 15 Minuten köcheln lassen.

3. Die Kartoffeln abgießen, kurz ausdampfen lassen und durch die Kartoffelpresse drücken. Die eingekochten Tomatenwürfel hinzufügen, die Kräuterzweige dabei entfernen. Das Kartoffelpüree mit Salz und Pfeffer würzen.

TIPP

Das Kartoffelpüree ist eine ideale Beilage zu kurz gebratenem Hähnchenbrust- oder Schweinefilet, Lammkoteletts oder wachsweich gegarten Eiern. Es schmeckt aber auch solo, nur mit feinstem Olivenöl (z. B. aus der Toskana) beträufelt.

KARTOFFELKUCHEN
mit Lauchpüree

....

ZUTATEN FÜR 4 PERSONEN

Für die Kartoffelkuchen:
Butter für die Förmchen
4 neue Kartoffeln (à 100–120 g)
4 EL Sahne
100 g geriebener Parmesan
Salz · frisch geriebene Muskatnuss
20 g Butter

Für das Püree:
4 Lauchstangen
1 EL Olivenöl · 4 EL Sahne
Salz · Zitronensaft
frisch geriebene Muskatnuss

Außerdem:
2 Knoblauchzehen
1 EL geriebener Parmesan
ca. 5 EL Olivenöl
Salz · Pfeffer aus der Mühle

ZUBEREITUNG

1. Für die Kartoffelkuchen vier kleine Auflauf- oder Souffléförmchen einfetten. Die Kartoffeln unter fließendem Wasser gründlich abbürsten und mit Schale in Salzwasser etwa 20 Minuten garen. Den Backofen auf 180 °C vorheizen.

2. Die Kartoffeln abgießen, etwas ausdampfen lassen und pellen. Die Kartoffeln mit dem Kartoffelstampfer zerdrücken. Die Sahne und den Parmesan dazugeben und alles verkneten. Die Kartoffelmasse mit Salz und Muskatnuss würzen und in die Förmchen drücken. Die Butter in Flöckchen darauf verteilen und die Kartoffelkuchen im Ofen auf der mittleren Schiene etwa 20 Minuten goldbraun backen.

3. Die Kuchen aus dem Ofen nehmen und etwas abkühlen lassen. Dann vorsichtig stürzen – die Kartoffelkuchen haben eine lockere Konsistenz.

4. Für das Püree den Lauch putzen und waschen. Zwei Drittel der dunklen Blätter abschneiden und beiseitelegen. Den restlichen Lauch in feine Ringe schneiden. Das Olivenöl in einem hohen Topf erhitzen und die Lauchringe darin unter Rühren andünsten. Mit 2 EL Wasser und der Sahne ablöschen und zugedeckt 5 Minuten köcheln lassen. Den Lauch mit dem Stabmixer pürieren. Mit Salz, Zitronensaft und Muskatnuss würzen.

5. Die beiseitegelegten Lauchblätter in Streifen schneiden. Den Knoblauch schälen. Lauchstreifen, Knoblauch, Parmesan und Olivenöl in einen Rührbecher geben und mit dem Stabmixer zu einem feinen Pesto pürieren. Mit Salz und Pfeffer würzen. Falls die Konsistenz zu fest ist, noch etwas Olivenöl hinzufügen.

6. Das Püree auf Teller verteilen. Jeweils 1 Kartoffelkuchen daraufsetzen und mit Pesto beträufeln.

TIPP

Alternativ können Sie die Kartoffelkuchen auch auf einem Saucenspiegel aus Tomatensauce anrichten und mit einem bunten Salat servieren. Sollten Sie keine kleinen Förmchen zur Hand haben, können Sie auch einfach ofenfeste Tassen verwenden.

KARTOFFELKUCHEN
mit Wurstsalat

....

ZUTATEN FÜR 1 KASTENFORM (30 CM LANG)

Für den Kartoffelkuchen:
12 festkochende Kartoffeln
2 Eier
200 ml Milch
200 g Sahne
150 g geriebener Parmesan
Salz · 2 Knoblauchzehen
Butter für die Form
frisch geriebene Muskatnuss
2 EL gehackter Rosmarin
30 g Butter

Für den Wurstsalat:
5 große rote Zwiebeln
1 Bund Petersilie
250 g Fleischwurst
3 EL Olivenöl
3 EL Obstessig · 1 EL Senf
Salz · Pfeffer aus der Mühle · Zucker

ZUBEREITUNG

1. Für den Kartoffelkuchen die Kartoffeln schälen, waschen und in dünne Scheiben schneiden. Die Eier mit der Milch, der Sahne und 120 g Parmesan verrühren und leicht salzen. Den Knoblauch schälen und in kleine Würfel schneiden.

2. Den Backofen auf 200 °C vorheizen. Die Kastenform mit Butter einfetten und mit einer Schicht Kartoffelscheiben dachziegelartig auslegen. Etwas Eiermilch darauf verteilen und leicht mit Salz und Muskatnuss bestreuen. Eine weitere Schicht Kartoffeln darauf verteilen und mit Eiermilch beträufeln. So weiterverfahren, bis alles verbraucht ist. Auf die dritte Kartoffelschicht den Rosmarin und den Knoblauch streuen.

3. Die oberste Kartoffelschicht mit dem restlichen Parmesan bestreuen und die Butter in Flöckchen darauf verteilen. Den Kartoffelkuchen im Ofen auf der mittleren Schiene 30 Minuten backen. Dann die Temperatur auf 180 °C reduzieren und den Kartoffelkuchen weitere 30 Minuten goldbraun backen.

4. Für den Wurstsalat die Zwiebeln schälen und in feine Ringe hobeln. Die Petersilie waschen und trocken schütteln, die Blätter abzupfen und fein hacken. Die Fleischwurst pellen, in dünne Scheiben schneiden und mit den Zwiebeln und der Petersilie in eine Schüssel geben.

5. Das Olivenöl mit Essig, Senf, Salz, Pfeffer und 1 Prise Zucker zu einer Vinaigrette verrühren. Die Vinaigrette mit den Wurstscheiben und den Zwiebeln mischen und den Wurstsalat mit grob gemahlenem Pfeffer bestreuen.

6. Den Kartoffelkuchen aus dem Ofen nehmen, auf eine Platte stürzen und ein paar Minuten ruhen lassen. Dann in Scheiben schneiden und mit dem Wurstsalat servieren.

TIPP

Den Wurstsalat können Sie auch mal mit einer anderen Wurstsorte zubereiten, z. B. mit Mortadella, Fleischkäse, Gelbwurst, Wiener Würstchen oder bayerischen Weißwürsten. Anstelle von Petersilie passt auch fein geschnittener Rucola.

WEISSER SPARGEL
mit Thunfisch

....

ZUTATEN FÜR 4 PERSONEN
Für die Vinaigrette:
10 Tomaten
1 walnussgroßes Stück Ingwer
1/2 Bund Petersilie
1 EL Sojasauce · 4 EL Olivenöl
Saft von 1/2 Zitrone
Salz · 1 TL Zucker

Für den Spargel:
1 kg weißer Spargel · Salz · Zucker
3 EL Pfefferkörner
4 Scheiben Thunfischfilet
(à 100–120 g; Sushi-Qualität)
2 EL Traubenkernöl

ZUBEREITUNG

1. Für die Vinaigrette die Tomaten kreuzweise ein-ritzen, in kochendes Wasser tauchen, häuten, hal-bieren und entkernen. Das Fruchtfleisch in kleine Würfel schneiden. Den Ingwer schälen und fein rei-ben. Die Petersilie waschen und trocken schütteln, die Blätter abzupfen und sehr fein hacken. Die So-jasauce, das Olivenöl, den Zitronensaft, den Ingwer und die Petersilie verrühren. Die Tomatenwürfel untermischen. Die Vinaigrette mit Salz und Zucker würzen und 20 Minuten ziehen lassen.

2. Für den Spargel die Stangen schälen und die En-den abschneiden. Die Spargelstangen in Salzwasser mit 1 Prise Zucker etwa 15 Minuten garen.

3. Die Pfefferkörner im Mörser grob zerstoßen. Die Thunfischfilets waschen, trocken tupfen und im zerstoßenen Pfeffer wenden. Das Traubenkernöl in einer beschichteten Pfanne erhitzen und die Filets darin auf jeder Seite etwa 30 Sekunden braten. Aus der Pfanne nehmen und mit Salz würzen.

4. Etwa 2 EL Spargelkochwasser unter die Vinai-grette rühren. Den Spargel herausheben, abtropfen lassen und mit dem Thunfisch auf Tellern anrich-ten. Die Tomaten-Vinaigrette darüberträufeln.

GRÜNER SPARGEL
mit Bärlauch-Mayonnaise

....

ZUTATEN FÜR 4 PERSONEN
Für die Mayonnaise:
100 g Bärlauch
3 Eigelb · 4 EL Olivenöl
Saft von 1/2 Zitrone
Salz · Pfeffer aus der Mühle · Zucker

Für den Spargel:
1 kg grüner Spargel · 2 EL Butter
2 EL Sonnenblumenöl · 200 ml Fleischbrühe
1 EL rosa Pfefferbeeren
Salz · Pfeffer aus der Mühle · Zucker

ZUBEREITUNG

1. Für die Mayonnaise den Bärlauch verlesen und die groben Stiele entfernen. Die Blätter waschen und fein hacken. Die Eigelbe in den Mörser geben und das Olivenöl nach und nach mit dem Stößel un-terarbeiten. Den Bärlauch dazugeben und mit dem Stößel zerreiben. Die Mayonnaise mit Zitronensaft, Salz, Pfeffer und 1 Prise Zucker würzen.

2. Für den Spargel die Stangen waschen, im unte-ren Drittel schälen und die Enden abschneiden. Die Stangen in 10 cm lange Stücke schneiden. Die But-ter und das Öl in einer großen Pfanne erhitzen und die Spargelstücke darin rundum kräftig anbraten. Die Brühe und die Pfefferbeeren dazugeben und mit Salz, Pfeffer und 1 Prise Zucker würzen. Den Spargel unter gelegentlichem Wenden offen 3 bis 4 Minuten garen.

3. Den Spargel auf Teller verteilen und nach Belie-ben etwas gegarten Basmatireis darauf anrichten. Mit der Bärlauch-Mayonnaise servieren.

TIPP
Sie können die Bärlauch-Mayonnaise auch mit dem Stabmixer zubereiten (siehe S. 40). Den fein gehackten Bärlauch sollten Sie dann allerdings nur ganz kurz unterschlagen oder zum Schluss lediglich untermischen.

WEISSER SPARGEL
mit Hummer und Orangensauce

ZUTATEN FÜR 4 PERSONEN

Für den Hummer:
2 lebende Hummer (à 450–500 g)
Salz · 40 g Butter

Für den Spargel:
1 kg weißer Spargel · Salz
Zucker · 1 EL Butter

Für die Sauce:
2 Eigelb
Saft von 1/2 Orange
100 g Butter
1 TL getrockneter Estragon
1 TL Estragonessig
Salz · Pfeffer aus der Mühle · Zucker

Außerdem:
4 EL Olivenöl
4 Scheiben Weizenbrot (ca. 2 cm dick)

ZUBEREITUNG

1. Für den Hummer die Hummer in kochendes Salzwasser geben, aufkochen lassen und zugedeckt bei schwacher Hitze 10 Minuten garen. Herausnehmen, mit lauwarmem Wasser abschrecken und ruhen lassen.

2. Die Hummer jeweils zwischen Brustpanzer und Schwanz mit einer Drehbewegung teilen und die Schwanzstücke längs mit einem großen Messer halbieren. Den Darm und die Leber entfernen. Das Hummerfleisch aus den Hälften herauslösen. Die Hummerscheren abdrehen, mit einem Küchentuch bedecken und mit zwei oder drei kräftigen Schlägen mit dem Messerrücken zerteilen. Das Fleisch aus den Scheren lösen.

3. Für den Spargel die Stangen schälen und die Enden abschneiden. In Salzwasser mit 1 Prise Zucker und der Butter etwa 15 Minuten garen.

4. Für die Sauce die Eigelbe und den Orangensaft in einen Topf geben und bei schwacher Hitze mit dem Schneebesen schaumig rühren (nicht kochen!). Die Butter unter Rühren in Würfeln dazugeben und schmelzen lassen. Mit dem Estragon, dem Essig, Salz, Pfeffer und 1 Prise Zucker würzen.

5. In einer beschichteten Pfanne das Olivenöl erhitzen und die Brotscheiben darin auf beiden Seiten knusprig braten. Aus der Pfanne nehmen und beiseitestellen.

6. Für den Hummer die Butter in der Pfanne so lange erhitzen, bis sie goldbraun ist. Das Hummerfleisch darin kurz anbraten. Den Spargel aus dem Wasser heben und abtropfen lassen. Den Spargel mit dem Hummer und dem knusprigen Brot anrichten und die Sauce dazu servieren.

TIPP

Sie können bei den meisten Fischhändlern auch vorgekochten Hummer kaufen. Alternativ können Sie den Spargel mit gebratenen Jakobsmuscheln servieren. Dafür 12 ausgelöste Muscheln in der goldbraunen Butter auf beiden Seiten kurz anbraten. Die Pfanne von der Herdplatte nehmen und die Muscheln in der Resthitze gar ziehen lassen. Mit Spargel und Orangensauce anrichten.

RATATOUILLE-GEMÜSE
mit Pinienkernen

ZUTATEN FÜR 10 PERSONEN

je 5 rote und gelbe Paprikaschoten
2 mittelgroße Zucchini
1 Bund Frühlingszwiebeln
3 Knoblauchzehen
4–5 EL Olivenöl
50 g Pinienkerne · Meersalz
10 Tomaten
500 g Erdbeeren
2 Bund Basilikum

ZUBEREITUNG

1. Die Paprikaschoten mit dem Sparschäler schälen, längs halbieren, entkernen und waschen. Die Zucchini putzen und waschen. Beides in mundgerechte Würfel schneiden. Die Frühlingszwiebeln putzen, waschen und in feine Ringe schneiden. Den Knoblauch schälen und in kleine Würfel schneiden.

2. Das Olivenöl in einem Topf erhitzen, Paprika, Zucchini, Frühlingszwiebeln und Knoblauch darin andünsten. Die Pinienkerne untermischen. Das Gemüse mit Salz würzen und zugedeckt bei mittlerer Hitze 15 bis 20 Minuten köcheln lassen.

3. Inzwischen die Tomaten waschen und in kleine Würfel schneiden, dabei die Stielansätze entfernen. Die Erdbeeren waschen, putzen und halbieren. Das Basilikum waschen, trocken schütteln und die Blätter abzupfen.

4. Die Tomaten, die Erdbeeren und das Basilikum zum Paprika-Zucchini-Gemüse geben. Alles leicht mischen und noch mal mit Salz abschmecken.

TIPP

Das Ratatouille passt sehr gut zu mediterran gewürztem, kurz gebratenem Fleisch wie z.B. Lammkoteletts, aber auch zu festfleischigem Fischfilet wie Seeteufel oder Rotbarsch.

HERZOGINKARTOFFELN
mit Kürbisgemüse

ZUTATEN FÜR 4 PERSONEN

Für die Herzoginkartoffeln:
1 kg festkochende Kartoffeln
2 Eier · 3 Eigelb
125 g weiche Butter
Salz · Pfeffer aus der Mühle
frisch geriebene Muskatnuss

Für das Kürbisgemüse:
500 g Hokkaido-Kürbisfleisch (geschält)
1 walnussgroßes Stück Ingwer
2 EL Olivenöl
200 g Sahne
Salz · Pfeffer aus der Mühle
Zitronensaft

ZUBEREITUNG

1. Für die Herzoginkartoffeln die Kartoffeln schälen, waschen, in Stücke schneiden und in Salzwasser etwa 15 Minuten garen. Abgießen, ausdampfen lassen und durch die Kartoffelpresse in eine Schüssel drücken. 1 Ei, die Eigelbe und die Butter dazugeben und gut unterrühren. Die Kartoffelmasse mit Salz, Pfeffer und Muskatnuss würzen.

2. Den Backofengrill vorheizen. Die Kartoffelmasse in einen Spitzbeutel mit Sterntülle füllen und auf ein mit Backpapier ausgelegtes Backblech kleine Rosetten spritzen. Das zweite Ei und 1 EL Wasser verrühren und die Kartoffelrosetten damit bestreichen. Die Herzoginkartoffeln unter dem Grill auf der mittleren Schiene einige Minuten backen, bis sie goldbraun und knusprig sind.

3. Für das Kürbisgemüse das Kürbisfleisch zuerst in dünne Scheiben und dann in feine Stifte schneiden. Den Ingwer schälen und fein reiben. Das Olivenöl in einer Pfanne erhitzen und den Kürbis mit dem Ingwer darin andünsten. Mit der Sahne ablöschen und etwa 10 Minuten garen. Das Kürbisgemüse mit Salz, Pfeffer und Zitronensaft würzen und mit den Herzoginkartoffeln anrichten.

GEMÜSEPUFFER
mit Meerrettichsauce

....

ZUTATEN FÜR 4 PERSONEN

Für die Gemüsepuffer:
2 festkochende Kartoffeln
2 Möhren
1 großer Zucchino
1 Fenchelknolle
1 rote Zwiebel
2 Eier
1 EL Speisestärke
2 EL Paniermehl
10 Pfefferkörner
5 Pimentkörner · Salz
1 TL gemahlener Kreuzkümmel
frisch geriebene Muskatnuss
3 EL Olivenöl · 30 g Butter

Für die Sauce:
1 unbehandelte Zitrone
125 g Naturjoghurt
125 g Crème fraîche
ca. 150 g geriebener Meerrettich (aus dem Glas)
1 EL Olivenöl · Salz

ZUBEREITUNG

1. Für die Gemüsepuffer die Kartoffeln schälen und waschen. Die Möhren schälen. Den Zucchino putzen und waschen. Den Fenchel putzen, waschen, längs halbieren und den Strunk entfernen. Alle vorbereiteten Gemüsesorten auf der Rohkostreibe in Streifen hobeln. Die Zwiebel schälen, halbieren und in feine Streifen schneiden. Die Gemüsestreifen, die Eier, die Speisestärke und das Paniermehl in eine Schüssel geben und mischen.

2. Die Pfeffer- und Pimentkörner im Mörser fein zerstoßen. Die Gemüsemischung mit Salz, Pfeffer, Piment, Kreuzkümmel und Muskatnuss würzen.

3. Den Backofen auf 80 °C vorheizen. Das Olivenöl mit der Butter in einer beschichteten Pfanne erhitzen. Von der Gemüsemischung portionsweise kleine Puffer in die Pfanne geben und unter gelegentlichem Wenden 8 bis 10 Minuten hellbraun braten. Die Puffer auf Küchenpapier abtropfen lassen und auf ein Backblech geben. Im Backofen warm halten, bis alle Puffer fertig gebacken sind.

4. Für die Sauce die Zitrone heiß waschen, abtrocknen und die Schale fein abreiben. Die Zitrone halbieren und eine Hälfte auspressen. Joghurt, Crème fraîche, Meerrettich, Zitronenschale und -saft sowie das Olivenöl in einer Schüssel verrühren. Die Meerrettichsauce mit Salz abschmecken, nach Belieben noch 1 bis 2 EL gehackte Petersilie unterrühren. Die Sauce zu den Gemüsepuffern servieren.

TIPP

Anstelle der Meerrettichsauce passt zu den Gemüsepuffern auch eine Kräutersauce (mit Petersilie, Basilikum, Dill usw.), eine Knoblauchsauce (mit durchgepresstem Knoblauch) oder eine Limettensauce (mit etwas abgeriebener Limettenschale und Limettensaft).

LINSEN-PILZ-RAGOUT
mit Kartoffeln

ZUTATEN FÜR 4 PERSONEN

200 g Le-Puy-Linsen (kleine grüne Berglinsen)
3 Schalotten · 1/2 Bund Petersilie
200 ml Gemüsebrühe
Salz · 1/2 TL gemahlener Kreuzkümmel
600 g festkochende Kartoffeln
500 g gemischte Pilze (Shiitake, rosa und weiße
Champignons, Austernpilze)
2 EL Balsamicoessig · 4 EL Olivenöl
Pfeffer aus der Mühle
1 EL gehackte Kräuter (z. B. Thymian,
Rosmarin, Salbei)

ZUBEREITUNG

1. Die Linsen nach Packungsanweisung in Wasser (ohne Salz) etwa 30 Minuten garen. In ein Sieb abgießen, kalt abspülen und abtropfen lassen. Die Schalotten schälen und in kleine Würfel schneiden. Die Petersilie waschen und trocken schütteln, die Blätter abzupfen und fein hacken. Die Brühe mit den Linsen, den Schalotten und der Petersilie in einen Topf geben. Mit Salz und Kreuzkümmel würzen und erwärmen.

2. Die Kartoffeln waschen und mit Schale in Salzwasser etwa 20 Minuten garen. Die Pilze mit einem feuchten Tuch abreiben, die Stielenden abschneiden und die Pilze in mundgerechte Stücke schneiden.

3. Den Essig und 2 EL Olivenöl in einen kleinen Topf geben und erwärmen. Die restlichen 2 EL Olivenöl in einer beschichteten Pfanne erhitzen und die Pilze darin etwa 5 Minuten rundum braten. Mit Salz und Pfeffer würzen und die Kräuter untermischen.

4. Die Kartoffeln abgießen, kurz ausdampfen lassen und pellen. Die Kartoffeln vierteln und auf Teller verteilen. Die Linsen und die gebratenen Pilze darauf anrichten und mit der Essig-Öl-Mischung beträufeln. Nach Belieben mit Zitronenspalten und Kräutern garnieren.

BOHNENGEMÜSE
mit Rindfleisch

ZUTATEN FÜR 4 PERSONEN

400 g Rumpsteak (in Rouladenstärke geschnitten)
Salz · Pfeffer aus der Mühle
1 Bund Bohnenkraut
1 unbehandelte Zitrone
5 EL Olivenöl
1 kg grüne Bohnen
4 große festkochende Kartoffeln
2 Zwiebeln
10 kleine Tomaten
2 EL Butter
1/2 l Fleischbrühe

ZUBEREITUNG

1. Die Rumpsteak-Scheiben in mundgerechte Stücke schneiden, in eine Schüssel geben und mit Salz und Pfeffer würzen. Das Bohnenkraut waschen und trocken schütteln, die Blättchen abzupfen und fein hacken. Die Zitrone heiß waschen, abtrocknen und die Schale fein abreiben. Etwas Bohnenkraut und die Zitronenschale zum Fleisch geben. 2 EL Olivenöl darübergeben und alles gut mischen. Das Fleisch etwa 1 Stunde marinieren.

2. Inzwischen die Bohnen putzen, waschen und in mundgerechte Stücke schneiden. Die Kartoffeln schälen, waschen und in Scheiben schneiden. Kartoffeln und Bohnen zusammen in Salzwasser mit etwas Bohnenkraut 10 bis 15 Minuten garen. In ein Sieb abgießen und abtropfen lassen. Die Zwiebeln schälen, halbieren und in Scheiben schneiden. Die Tomaten waschen und halbieren.

3. Das restliche Olivenöl und die Butter in einer beschichteten Pfanne erhitzen und das Fleisch darin anbraten. Die Zwiebeln dazugeben und kurz mitbraten. Die Bohnen-Kartoffel-Mischung und die Tomaten hinzufügen. Mit Salz und Pfeffer würzen, mit der Brühe ablöschen und alles gut mischen. Den Eintopf mit dem restlichen Bohnenkraut bestreuen und nach Belieben mit Olivenöl und Zitronensaft beträufeln. Mit Fladenbrot servieren.

Nudeln & Co.

··

Kurzum: Nudeln machen glücklich.
Schon die Zubereitung ist immer
eine Freude. Als große italienische Tafel
einfach mal mehrere Nudelrezepte
auf einmal servieren, mit etwas Brot;
Käse und Wein. Los geht's.

SPAGHETTI
alla carbonara

ZUTATEN FÜR 4 PERSONEN

400 g Spaghetti · Salz
200 g durchwachsener Speck (am Stück)
4 Eier · 250 g Sahne
150 g geriebener Parmesan
frisch geriebene Muskatnuss
2 EL Olivenöl
20 g Butter
Pfeffer aus der Mühle

ZUBEREITUNG

1. Die Spaghetti nach Packungsanweisung in Salzwasser bissfest garen.

2. Inzwischen den Speck in kleine Würfel schneiden. In einer beschichteten Pfanne knusprig braten und auf Küchenpapier abtropfen lassen.

3. Die Eier in einer Schüssel mit der Sahne und dem Parmesan verrühren. Die Eiersahne mit Salz, Pfeffer und Muskatnuss kräftig würzen.

4. Die Spaghetti in ein Sieb abgießen und abtropfen lassen. Das Olivenöl und die Butter in einer großen Pfanne erhitzen. Die Spaghetti in die Pfanne geben und die Eiersahne dazugießen. Die Pfanne vom Herd nehmen und alles schnell und gründlich mischen – die Eiermischung darf nicht stocken! Die gebratenen Speckwürfel hinzufügen und die Spaghetti alla carbonara mit Salz und Pfeffer abschmecken. Sofort servieren.

TIPP

Richtig italienisch wird dieser schnelle Spaghetti-Klassiker, wenn Sie statt durchwachsenem Speck Pancetta, geräucherten Schweinebauch, verwenden. Den Parmesan für die Eiersahne kann man zur Hälfte durch geriebenen Pecorino ersetzen.

SPAGHETTI
all'arrabbiata

ZUTATEN FÜR 4–6 PERSONEN

3 Zwiebeln
4–6 Knoblauchzehen
1 Bund Petersilie
1/2 Tasse Olivenöl
3 kleine Dosen Tomaten (à 400 g Füllmenge)
2 getrocknete Chilischoten
je 1 EL getrockneter Rosmarin und Thymian
2 EL Tomatenmark
Salz · 1 TL Zucker
200 ml Rotwein (z. B. Chianti)
500 g Spaghetti

ZUBEREITUNG

1. Die Zwiebeln und die Knoblauchzehen schälen und in kleine Würfel schneiden. Die Petersilie waschen und trocken schütteln, die Blätter abzupfen und fein hacken. Das Olivenöl in einem großen Topf erhitzen, die Zwiebeln und den Knoblauch darin andünsten. Die Dosentomaten samt Saft dazugeben und mit dem Kartoffelstampfer zerdrücken.

2. Die Chilischoten fein zerbröseln, mit der Petersilie, den gehackten Kräutern, dem Tomatenmark und dem Wein zu den Tomaten geben und unterrühren. Die Tomatensauce mit 1 TL Salz und dem Zucker würzen und zugedeckt bei schwacher Hitze 1 Stunde köcheln lassen.

3. Die Spaghetti nach Packungsanweisung in Salzwasser bissfest garen. Abgießen und tropfnass unter die Sauce mischen. Nach Belieben noch etwas Butter und Olivenöl unterrühren und reichlich Pfeffer grob darübermahlen.

KNOBLAUCH-SPAGHETTI
mit Prosecco

ZUTATEN FÜR 4–6 PERSONEN

500 g Spaghetti · Salz
1 frische Knoblauchknolle
3 Möhren · 3 EL Olivenöl
50 g Butter
1/2 l Orangensaft
300 ml Prosecco
1 Bund Petersilie
abgeriebene Schale von
2 unbehandelten Zitronen
Pfeffer aus der Mühle · Zucker

ZUBEREITUNG

1. Die Spaghetti nach Packungsanweisung in Salzwasser bissfest garen.

2. Inzwischen die Knoblauchknolle in Zehen teilen. Die Knoblauchzehen schälen und in feine Scheiben schneiden. Die Möhren schälen und in feine Scheiben schneiden oder hobeln. Das Olivenöl und die Butter in einem großen Topf erhitzen, den Knoblauch und die Möhren darin andünsten. Mit dem Orangensaft und dem Prosecco ablöschen und den Sud um ein Drittel einkochen lassen.

3. Die Petersilie waschen, trocken schütteln und die Blätter abzupfen. Die Petersilie und die abgeriebene Zitronenschale in den Orangen-Prosecco-Sud geben. Mit Salz, Pfeffer und 1 Prise Zucker abschmecken.

4. Die Spaghetti abgießen, tropfnass in den Sud geben und alles gut mischen. Vor dem Servieren nach Belieben noch etwas Butter und Olivenöl unterrühren.

SPAGHETTI
mit Paprikasauce

ZUTATEN FÜR 4–6 PERSONEN

500 g Spaghetti · Salz
3 Paprikaschoten
1 Knoblauchzehe
1/4 l Fleischbrühe
1/2 TL Cayennepfeffer
1 TL Paprikapulver
200 g Sahne ·
Pfeffer aus der Mühle · Zucker
20 Pfefferkörner
3 EL Butter

ZUBEREITUNG

1. Die Spaghetti nach Packungsanweisung in Salzwasser bissfest garen.

2. Inzwischen die Paprikaschoten mit dem Sparschäler schälen, längs halbieren, entkernen, waschen und klein schneiden. Den Knoblauch schälen und halbieren.

3. Die Paprikastücke und den Knoblauch mit der Brühe in einen Topf geben und bei mittlerer Hitze 5 Minuten weich garen. Mit Cayennepfeffer und Paprikapulver würzen, in einen Rührbecher geben und mit dem Stabmixer fein pürieren. Die Sahne dazugießen und unterrühren. Die Sauce mit Salz, Pfeffer und 1 Prise Zucker abschmecken.

4. Die Pfefferkörner im Mörser grob zerstoßen. Die Spaghetti abgießen und tropfnass wieder in den Topf geben. Die Butter und die Paprikasauce dazugeben und alles gut mischen. Mit Salz und dem grob zerstoßenen Pfeffer würzen.

TIPP

Wer eine besonders feine Sauce möchte, streicht die Paprikasauce durch ein Sieb, bevor er sie unter die Spaghetti mischt.

GEBRATENE SPAGHETTI-NESTER
mit zwei schnellen Saucen

ZUTATEN FÜR 4 PERSONEN

Für die Spaghetti-Nester:
200 g Spaghetti · Salz
Olivenöl
2 Frühlingszwiebeln
je 1 TL gehackter Rosmarin
und Thymian
1 Ei · 100 g geriebener Parmesan
1 Knoblauchzehe
Pfeffer aus der Mühle

Für die Tomatensauce:
500 g Tomaten · 1 Chilischote
1/2 Bund Petersilie
1 EL Tomatenmark · Zucker
Salz · Pfeffer aus der Mühle · Olivenöl

Für die Joghurtsauce:
300 g fettarmer Naturjoghurt
2 EL Mayonnaise (60 % Fett)
1 TL Senf · 1 TL Ketchup
1 TL Olivenöl · 1 TL Honig
Saft von 1/2 Zitrone
abgeriebene Schale von 1 unbehandelten Zitrone

ZUBEREITUNG

1. Für die Spaghetti-Nester die Spaghetti nach Packungsanweisung in Salzwasser bissfest garen. In ein Sieb abgießen und abtropfen lassen (nicht abschrecken!). Die Spaghetti in eine Schüssel geben und etwas Olivenöl untermischen, damit die Nudeln nicht zusammenkleben.

2. Die Frühlingszwiebeln putzen, waschen und in feine Ringe schneiden. Die Frühlingszwiebeln, die Kräuter, das Ei und den Parmesan zu den Spaghetti geben. Den Knoblauch schälen und durch die Knoblauchpresse dazudrücken. Alles gut mischen und mit Salz und Pfeffer kräftig abschmecken.

3. Für die Tomatensauce die Tomaten waschen und klein schneiden, dabei die Stielansätze entfernen. Die Chilischote längs halbieren, entkernen, waschen und in feine Streifen schneiden. Die Petersilie waschen und trocken schütteln. Die Tomatenstücke mit Chili und Petersilie in einen Topf geben, das Tomatenmark unterrühren und alles bei mittlerer Hitze 5 Minuten köcheln lassen. Dann durch die Flotte Lotte drehen oder durch ein Sieb streichen. Die Tomatensauce mit 1 Prise Zucker, Salz, Pfeffer und etwas Olivenöl abschmecken.

4. Für die Joghurtsauce alle Zutaten in eine Schüssel geben und verrühren. In einer beschichteten Pfanne 4 EL Olivenöl erhitzen. Die Spaghetti portionsweise mit einer Gabel zu Nestern drehen und im Öl rundum goldbraun braten. Die Spaghetti-Nester mit den beiden Saucen anrichten.

TIPP

Wer es würziger mag, kann die Tomatensauce zuletzt noch mit Kapern und/oder fein gehackten Sardellenfilets verfeinern. Oder man rührt noch in etwas Olivenöl geschmorte Auberginenwürfel unter die Sauce.

GEMÜSE-SPAGHETTI
mit Tandoori-Garnelen

....

ZUTATEN FÜR 4–6 PERSONEN

1/2 Sellerieknolle
2 Möhren · 2 Zucchini
3 Knoblauchzehen
20 Garnelen (ca. 1 kg; mit Schale)
100 ml Weißwein
2 EL Olivenöl
1 EL Tomatenmark
ca. 200 ml Kokosmilch
Salz · 500 g Spaghetti
2 EL Tandoori Masala (siehe Tipp)
Pfeffer aus der Mühle

ZUBEREITUNG

1. Den Sellerie und die Möhren schälen und auf dem Gemüsehobel in dünne Scheiben schneiden. Diese Scheiben in feine Streifen schneiden und in Wasser legen, damit sie sich nicht bräunlich verfärben. Die Zucchini putzen, waschen und vierteln. Jeweils mit einem Löffel die Kerne entfernen und die Zucchini ebenfalls in feine Streifen schneiden. Alle Gemüsestreifen sollten möglichst gleich dünn und fein sein. Die Knoblauchzehen schälen und in kleine Würfel schneiden.

2. Die Garnelen schälen, am Rücken entlang einschneiden und den dunklen Darm entfernen. Die Garnelen waschen und trocken tupfen. Die Garnelenschalen gründlich waschen und in einen Topf geben. Einige Sellerie-, Möhren- und Zucchinistreifen, einen Teil des Knoblauchs, 1/4 l Wasser und den Wein dazugeben und alles bei mittlerer Hitze etwa 30 Minuten köcheln lassen.

3. Den Garnelenfond durch ein Sieb gießen. In einem Topf 1 EL Olivenöl erhitzen und den restlichen Knoblauch darin andünsten. Das Tomatenmark hinzufügen und kurz mit anrösten. Die Kokosmilch und 2 Schöpfkellen Fond angießen und alles aufkochen. Mit Salz abschmecken.

4. Die Spaghetti nach Packungsanweisung in Salzwasser bissfest garen. Die Sellerie- und Möhrenstreifen aus dem Wasser nehmen und 3 Minuten vor Ende der Garzeit zu den Nudeln geben. Die Gemüse-Spaghetti abgießen und tropfnass zu der Kokosmilchsauce geben. Die restlichen Zucchinistreifen hinzufügen und untermischen.

5. Die Garnelen mit Tandoori-Gewürzmischung würzen. Das restliche Olivenöl in einer Pfanne erhitzen und die Garnelen darin auf beiden Seiten etwa 3 Minuten braten. Mit Salz würzen.

6. Die Gemüse-Spaghetti und die Tandoori-Garnelen auf einer Platte anrichten, mit Salz und Pfeffer würzen.

TIPP

Tandoori Masala ist eine Gewürzmischung aus Indien, die unter anderem Koriander, Kreuzkümmel, Zimt, Nelken und Kurkuma enthält. Bei »Tandoori« denkt man gleich an Tandoori-Huhn, das sein rauchiges Aroma dem Tonofen verdankt, in dem es in Indien gegart wird. Tandoori Masala verleiht gebratenem oder gegrilltem Fisch und Fleisch einen Hauch dieses Räucheraromas.

SPAGHETTI
mit Mango und Tomate

ZUTATEN FÜR 4 PERSONEN

400 g Spaghetti · Salz
1 Mango
2 Fleischtomaten
1/2 l Fleisch- oder Gemüsebrühe
2 EL Ricotta (oder Frischkäse)
Cayennepfeffer
(oder 1 fein gehackte Chilischote)
Pfeffer aus der Mühle
1 Bund Petersilie
2 EL Olivenöl

ZUBEREITUNG

1. Die Spaghetti nach Packungsanweisung in Salzwasser bissfest garen.

2. Inzwischen die Mango schälen, das Fruchtfleisch zuerst in Spalten vom Stein und dann in Streifen oder Würfel schneiden. Die Tomaten waschen und in mundgerechte Stücke schneiden, dabei die Stielansätze entfernen.

3. Die Brühe in einer großen Pfanne etwas einkochen lassen. Die Spaghetti in ein Sieb abgießen und tropfnass in die Pfanne geben. Die Mango- und Tomatenstücke, den Ricotta und etwas Cayennepfeffer hinzufügen und unter die Nudeln mischen. Mit Salz und Pfeffer abschmecken.

4. Die Petersilie waschen und trocken schütteln, die Blätter abzupfen und mit dem Olivenöl zuletzt unter die Spaghetti mischen.

TIPP

Damit dieses Gericht schön aromatisch wird, sollten Sie darauf achten, vollreife Tomaten und Mango zu verwenden.

LINGUINE
mit Lauch-Pesto

ZUTATEN FÜR 4 PERSONEN

500 g Linguine · Salz
4 Lauchstangen
2 Chilischoten
5–6 EL Olivenöl
Pfeffer aus der Mühle
frisch geriebene Muskatnuss
1/2 l Fleisch- oder Gemüsebrühe
200 g Sahne · 50 g Pinienkerne
Zucker

ZUBEREITUNG

1. Die Linguine nach Packungsanweisung in Salzwasser bissfest garen.

2. Inzwischen den Lauch putzen und waschen, das dunkle Grün von 2 Lauchstangen für das Pesto beiseitelegen. Den Lauch in feine Ringe schneiden. Die Chilischoten längs halbieren, entkernen, waschen und in feine Streifen schneiden.

3. In einer großen Pfanne 2 EL Olivenöl erhitzen, den Lauch und die Chilischoten darin andünsten. Mit Salz, Pfeffer und reichlich Muskatnuss würzen. Brühe und Sahne dazugießen und alles etwa 5 Minuten köcheln lassen, bis der Lauch gar ist.

4. Die Pinienkerne in einer beschichteten Pfanne ohne Fett goldbraun rösten.

5. Für das Pesto das beiseitegelegte Lauchgrün in Salzwasser etwa 3 Minuten blanchieren. Abgießen, kalt abschrecken, trocken tupfen und in einen Rührbecher geben. Das restliche Olivenöl, Salz, Pfeffer und 1 Prise Zucker hinzufügen und alles mit dem Stabmixer zu einer feinen Paste pürieren.

6. Die Linguine in ein Sieb abgießen, tropfnass in die Pfanne geben und alles gut mischen. Mit dem Lauch-Pesto und den Pinienkernen servieren.

PENNE
mit grünem Pesto

. . . .

ZUTATEN FÜR 4–6 PERSONEN
Für das Pesto:
2 Bund Basilikum
1/2 Bund Petersilie
4 Knoblauchzehen
50 g Parmesan (am Stück)
30 g Pinienkerne · 4 EL Olivenöl
Salz · 1 TL Zitronensaft

Außerdem:
500 g Penne rigate · Salz
4 Tomaten · 1/2 Knoblauchzehe
1 EL Olivenöl · 1/2 TL Zucker

ZUBEREITUNG

1. Für das Pesto Basilikum und Petersilie waschen und trocken schütteln, die Blätter abzupfen und grob hacken. Die Knoblauchzehen schälen und in kleine Würfel schneiden. Den Parmesan mit dem Sparschäler fein hobeln.

2. Zunächst den Knoblauch und die Pinienkerne im Mörser zerstoßen. Dann nach und nach die Kräuter und das Olivenöl dazugeben und mit dem Stößel zerreiben, bis eine cremige Paste entsteht. (Oder die Zutaten in einen Rührbecher geben und mit dem Stabmixer pürieren.) Das Pesto vorsichtig mit Salz würzen und mit Zitronensaft abschmecken.

3. Die Penne nach Packungsanweisung in Salzwasser bissfest garen. Inzwischen die Tomaten waschen, vierteln, entkernen, in kleine Würfel schneiden und in eine Schüssel geben. Den Knoblauch schälen, durch die Knoblauchpresse dazudrücken und ebenso wie das Olivenöl untermischen. Die Tomatenwürfel mit Salz und Zucker würzen.

4. Die Penne abgießen, tropfnass in eine große Schüssel geben und mit dem Pesto mischen. Die Nudeln mit den marinierten Tomatenwürfeln servieren. Übrig gebliebenes Pesto in einem Schraubglas mit Olivenöl bedecken und im Kühlschrank aufbewahren – so ist es einige Wochen haltbar.

PENNE
mit Bärlauch

. . . .

ZUTATEN FÜR 4 PERSONEN
400 g Penne rigate · Salz
400 g Bärlauch
2 Schalotten
1 EL Olivenöl · 200 g Sahne
200 ml Weißwein (z. B. Riesling)
1/4 l Fleischbrühe
2 Knoblauchzehen
Salz · Pfeffer aus der Mühle
Zitronensaft

ZUBEREITUNG

1. Die Penne nach Packungsanweisung in Salzwasser bissfest garen.

2. Inzwischen den Bärlauch putzen und die groben Stiele entfernen. Den Bärlauch waschen, trocken schütteln und in Streifen schneiden. Die Schalotten schälen und in kleine Würfel schneiden. Das Olivenöl in einer großen Pfanne erhitzen und die Schalotten darin kurz andünsten. Mit der Sahne, dem Wein und der Brühe ablöschen und bei mittlerer Hitze 4 bis 5 Minuten einköcheln lassen.

3. Die Knoblauchzehen schälen und durch die Knoblauchpresse dazudrücken. Den Bärlauch in den Sud geben und kurz ziehen lassen. Mit Salz, Pfeffer und etwas Zitronensaft abschmecken.

4. Die Penne in ein Sieb abgießen, tropfnass in die Pfanne geben und alles gut mischen.

TIPP

Wenn Sie die Nudeln schon im Voraus kochen möchten, kein Problem: Dann die Penne einfach abgießen, gut abtropfen lassen und in einer Schüssel mit etwas Kochwasser, Olivenöl, Salz und im Mörser zerstoßenem Pfeffer mischen. Diese marinierten Nudeln dann bei Bedarf unter die jeweilige Sauce mischen.

FARFALLE
mit Brokkoli

ZUTATEN FÜR 4 PERSONEN

500 g Brokkoli · Salz
500 g Farfalle (Schmetterlingsnudeln)
2 Zwiebeln
1 unbehandelte Zitrone
3 EL Olivenöl
50 g Pinienkerne · 150 g Ricotta
1/2 l Fleisch- oder Gemüsebrühe
Pfeffer aus der Mühle
frisch geriebene Muskatnuss

ZUBEREITUNG

1. Den Brokkoli putzen, waschen und in Röschen teilen. Die Brokkoliröschen in Salzwasser 3 Minuten blanchieren, mit dem Schaumlöffel herausheben, kalt abschrecken und mit Küchenpapier gut trocken tupfen.

2. Die Farfalle ins Brokkoliwasser geben und nach Packungsanweisung bissfest garen.

3. Inzwischen die Zwiebeln schälen und in kleine Würfel schneiden. Die Zitrone heiß waschen, abtrocknen und die Schale fein abreiben. Die Zitrone halbieren und eine Hälfte auspressen. Das Olivenöl in einem Topf erhitzen, die Zwiebelwürfel und die Pinienkerne darin andünsten. Den Ricotta dazugeben und unterrühren, mit der Brühe ablöschen. Den blanchierten Brokkoli untermischen.

4. Die Farfalle in ein Sieb abgießen und tropfnass zu der Brokkoli-Ricotta-Mischung geben. Alles gut mischen, mit Zitronenschale und -saft, Salz, Pfeffer und Muskatnuss abschmecken. Die Brokkoli-Farfalle auf einer großen Platte anrichten. Nach Belieben noch etwas Olivenöl darüberträufeln.

CAPELLINI
mit Radicchio

ZUTATEN FÜR 4–6 PERSONEN

3 rote Zwiebeln
1 Kopf Radicchio (ca. 350 g)
500 g Capellini · Salz
3 EL Olivenöl
je 200 ml Balsamicoessig und
Rotwein (z. B. Chianti)
200 ml Fleisch- oder Gemüsebrühe
1 Chilischote
Pfeffer aus der Mühle
150 g Parmesan (am Stück)

ZUBEREITUNG

1. Die Zwiebeln schälen und in feine Streifen schneiden. Vom Radicchio die äußeren Blätter entfernen. Den Kopf längs halbieren und den Strunk herausschneiden. Den Radicchio waschen, trocken schleudern und in Streifen schneiden.

2. Die Capellini nach Packungsanweisung in Salzwasser bissfest garen.

3. Inzwischen das Olivenöl in einer großen Pfanne erhitzen, die Zwiebeln und den Radicchio darin andünsten. Mit Salz würzen. Essig, Wein und Brühe dazugießen und bei mittlerer Hitze 10 Minuten einkochen lassen.

4. Die Chilischote längs halbieren, entkernen, waschen, fein hacken und zum Radicchio geben. Die Hälfte des Radicchios in einen Rührbecher geben und mit dem Stabmixer fein pürieren. Das Püree zurück in die Pfanne geben.

5. Die Nudeln abgießen, tropfnass in die Pfanne geben und mit der Radicchiosauce mischen. Mit Salz und Pfeffer abschmecken. Den Parmesan mit dem Sparschäler in feine Späne hobeln. Die Nudeln auf tiefe Teller verteilen, mit dem Parmesan und grob gemahlenem Pfeffer bestreuen.

OFFENE RAVIOLI
mit Pfifferlingen und Spinat
....

ZUTATEN FÜR 4 PERSONEN

Für die Ravioli:
6 Lasagneblätter · Salz
Olivenöl
500 g Blattspinat
5 Tomaten
250 g Pfifferlinge
3 Knoblauchzehen · 20 g Butter
Pfeffer aus der Mühle
Zitronensaft
100 g geriebener Parmesan

Für die Sauce:
250 g Sahne
1/8 l Weißwein (z. B. Riesling)
Salz · Pfeffer aus der Mühle
frisch geriebene Muskatnuss

ZUBEREITUNG

1. Für die Ravioli die Lasagneblätter nach Packungsanweisung in Salzwasser mit etwas Olivenöl bissfest garen. In ein Sieb abgießen und abtropfen lassen. Die Lasagneblätter halbieren und auf ein mit Olivenöl bestrichenes Backblech legen.

2. Den Spinat verlesen und die groben Stiele entfernen. Den Spinat waschen, gut abtropfen lassen und in Salzwasser 2 Minuten blanchieren. In ein Sieb abgießen, mit den Händen gut ausdrücken und auf die Hälfte der Nudelblätter verteilen.

3. Den Backofen auf 180 °C vorheizen. Die Tomaten kreuzweise einritzen, in kochendes Wasser tauchen, häuten, halbieren und entkernen. Das Fruchtfleisch in kleine Würfel schneiden. Die Pfifferlinge mit einem feuchten Tuch abreiben oder mit einem Küchenpinsel säubern und die Stielenden abschneiden. Die Pfifferlinge je nach Größe halbieren oder vierteln. Den Knoblauch schälen und in kleine Würfel schneiden.

4. Die Butter und 2 EL Olivenöl in einer beschichteten Pfanne erhitzen und die Pfifferlinge darin etwa 4 Minuten braten. Den Knoblauch dazugeben und kurz mitbraten. Die Pilze mit Salz, Pfeffer und Zitronensaft würzen.

5. Die Pfifferlinge auf die mit Spinat belegten Nudelblätter verteilen. Jeweils mit einem Nudelblatt belegen, das Tomatenfleisch und den geriebenen Parmesan darauf verteilen. Die offenen Ravioli mit Olivenöl beträufeln und im Ofen auf der mittleren Schiene etwa 10 Minuten überbacken.

6. Inzwischen für die Sauce die Sahne und den Wein in einen Topf geben und um ein Drittel einkochen lassen. Mit Salz, Pfeffer und 1 Prise Muskatnuss abschmecken. Die Ravioli aus dem Ofen nehmen und mit der Weinsauce anrichten.

TIPP

Zu den offenen Ravioli passt frisches italienisches Weißbrot, mit Butter bestrichen, sowie ein eisgekühlter Prosecco als Getränk.

TAGLIATELLE
mit Pfifferlingen und weißen Bohnen

....

ZUTATEN FÜR 6 PERSONEN

Für den Nudelteig:
500 g Mehl (Type 405)
5 Eigelb · Salz
1 EL Olivenöl
Mehl zum Ausrollen

Für die Pfifferlinge:
100 g getrocknete weiße Bohnen
(über Nacht in Wasser eingeweicht)
1 Zwiebel · 2 Knoblauchzehen
je 1 Rosmarin- und Salbeizweig
500 g Pfifferlinge
1 Bund Frühlingszwiebeln
1 Chilischote · 3 EL Olivenöl
1/2 l Fleisch- oder Gemüsebrühe
Salz · Pfeffer aus der Mühle

ZUBEREITUNG

1. Für den Nudelteig Mehl, Eigelbe und 1 TL Salz in der Küchenmaschine verkneten. Das Olivenöl und nach und nach mindestens 1/8 l Wasser dazugeben und unterkneten, sodass ein glatter Teig entsteht. Den Teig mit den Händen nochmals etwa 5 Minuten durchkneten, zu einer Kugel formen, in Frischhaltefolie wickeln und 30 Minuten im Kühlschrank ruhen lassen.

2. Den Teig mit dem Nudelholz oder der Nudelmaschine zu dünnen Teigplatten ausrollen, dabei mit Mehl bestäuben. Die Teigplatten einrollen und mit einem Messer in 1 cm breite Streifen schneiden.

3. Für die Pfifferlinge die eingeweichten weißen Bohnen in ein Sieb abgießen, kalt abbrausen und abtropfen lassen. Die Zwiebel schälen und vierteln,

den Knoblauch schälen und ganz lassen. Die Kräuter waschen und trocken schütteln. Die Bohnen mit der Zwiebel, 1 Knoblauchzehe und den Kräutern in Wasser (ohne Salz) etwa 40 Minuten garen. Dann in ein Sieb abgießen.

4. Die Pfifferlinge mit einem feuchten Tuch abreiben oder mit einem Küchenpinsel säubern und die Stielenden abschneiden. Die Pilze je nach Größe ganz lassen oder halbieren. Die Frühlingszwiebeln putzen, waschen und in feine Ringe schneiden. Die Chilischote längs halbieren, entkernen, waschen und fein hacken. Die restliche geschälte Knoblauchzehe in kleine Würfel schneiden.

5. Das Olivenöl in einer großen beschichteten Pfanne erhitzen und die Pfifferlinge darin etwa 4 Minuten braten. Die Frühlingszwiebeln, Chili und Knoblauch dazugeben und kurz mitbraten. Die weißen Bohnen und die Brühe hinzufügen und alles kurz köcheln lassen. Mit Salz und Pfeffer abschmecken.

6. Die Tagliatelle in Salzwasser etwa 3 Minuten bissfest garen. In ein Sieb abgießen und tropfnass unter die Pfifferlinge mischen. Mit Salz und Pfeffer abschmecken. Nach Belieben mit Olivenöl beträufeln und mit gehackten Kräutern bestreuen.

TIPP

Natürlich können Sie die Nudelplatten auch mithilfe der Nudelmaschine in Streifen schneiden – dafür haben die Geräte eigens einen Nudelschneideaufsatz. Bitte immer beachten: Selbst gemachte frische Nudeln haben im Vergleich zu gekauften getrockneten Nudeln eine viel kürzere Garzeit!

SPINAT-BANDNUDELN
mit pochiertem Ei

....

ZUTATEN FÜR 4–6 PERSONEN
500 g Bandnudeln · Salz
1 kg Blattspinat
3 Knoblauchzehen
2 EL Olivenöl
200 ml Gemüsebrühe
Pfeffer aus der Mühle
10 Kirschtomaten · 2 EL Ricotta
2 EL Weißweinessig · 4–6 Eier
abgeriebene Schale und Saft von
1 unbehandelten Zitrone

ZUBEREITUNG

1. Die Bandnudeln nach Packungsanweisung in Salzwasser bissfest garen.

2. Inzwischen den Spinat verlesen und die groben Stiele entfernen. Den Spinat waschen, abtropfen lassen, mit den Händen gut ausdrücken und klein schneiden. Den Knoblauch schälen und in kleine Würfel schneiden.

3. Das Olivenöl in einer großen Pfanne erhitzen und den Spinat darin andünsten. Mit der Brühe ablöschen, mit Salz und Pfeffer würzen. Die Tomaten waschen, grob hacken und unter den Spinat mischen. Den Ricotta hinzufügen und unterrühren.

4. Für die pochierten Eier 1 l Wasser und den Essig in einen Topf geben und aufkochen. Die Eier einzeln in eine Tasse aufschlagen und vorsichtig in das leicht siedende Essigwasser gleiten lassen, dabei vorsichtig das Eiweiß mit zwei Löffeln über das Eigelb ziehen. Die Eier 4 Minuten ziehen lassen.

5. Die Bandnudeln in ein Sieb abgießen und tropfnass unter die Spinat-Ricotta-Mischung heben. Mit abgeriebener Zitronenschale und -saft, Salz und Pfeffer abschmecken. Die Nudeln auf tiefe Teller verteilen. Die pochierten Eier mit dem Schaumlöffel aus dem Essigwasser heben, auf Küchenpapier abtropfen lassen und auf die Nudeln setzen.

PENNE
mit Bratwurst

....

ZUTATEN FÜR 4 PERSONEN
2 Zwiebeln · 4 Knoblauchzehen
4 Frühlingszwiebeln
1 Chilischote · 4 Tomaten
300 g Penne rigate · Salz
12 Kirschtomaten (am Strunk)
Meersalz · Olivenöl
6 grobe Bratwürste
Pfeffer aus der Mühle
1/4 l Fleischbrühe
20–25 Salbeiblätter

ZUBEREITUNG

1. Den Backofen auf 120 °C vorheizen. Die Zwiebeln und die Knoblauchzehen schälen und in kleine Würfel schneiden. Die Frühlingszwiebeln putzen, waschen und in feine Ringe schneiden. Die Chilischote längs halbieren, entkernen, waschen und fein hacken. Die Tomaten kreuzweise einritzen, in kochendes Wasser tauchen, häuten, halbieren und entkernen. Das Fruchtfleisch in Würfel schneiden.

2. Die Penne nach Packungsanweisung in Salzwasser bissfest garen.

3. Inzwischen die Kirschtomaten waschen und auf ein Backblech geben. Mit Meersalz bestreuen und etwas Olivenöl darüberträufeln. Die Kirschtomaten im Ofen auf der mittleren Schiene etwa 10 Minuten garen – die Haut der Tomaten darf leicht aufplatzen.

4. Das Wurstbrät aus der Pelle drücken und in einer großen Pfanne in 2 EL Olivenöl anbraten. Beide Zwiebelsorten, Knoblauch und Chili dazugeben und kurz mitbraten. Mit Salz und Pfeffer würzen. Die Brühe und die Tomatenwürfel dazugeben und alles 5 bis 6 Minuten garen. Die Penne in ein Sieb abgießen und tropfnass unter die Brät-Tomaten-Masse mischen.

5. Die Salbeiblätter kurz in 5 EL Olivenöl frittieren und auf Küchenpapier abtropfen lassen. Die Penne auf eine Platte geben und die Kirschtomaten darauf anrichten. Mit dem frittierten Salbei bestreuen und etwas Olivenöl darüberträufeln.

FRÜHLINGSNUDELN
mit Hähnchenbrust

ZUTATEN FÜR 4 PERSONEN

2 Hähnchenbrustfilets (à ca. 150 g)
Salz · Pfeffer aus der Mühle
1 kleine Fenchelknolle (mit Grün)
10 Champignons · 1 Bund Frühlingszwiebeln
2 Knoblauchzehen
1/2 unbehandelte Zitrone · 3 EL Olivenöl
1 EL gehackter Rosmarin
100 ml Weißwein · 1/2 l Fleischbrühe
400 g Spaghetti (oder Bandnudeln)
100 g Parmesan (fein gehobelt)

ZUBEREITUNG

1. Die Hähnchenbrustfilets waschen, trocken tupfen und in Scheiben schneiden. Mit Salz und Pfeffer würzen. Den Fenchel putzen, waschen, längs halbieren und den Strunk entfernen. Die Fenchelhälften in feine Streifen schneiden. Das Fenchelgrün hacken und beiseitelegen. Die Champignons mit einem feuchten Tuch abreiben, die Stielenden entfernen und die Pilze in Scheiben schneiden.

2. Die Frühlingszwiebeln putzen, waschen und in feine Ringe schneiden. Den Knoblauch schälen und in kleine Würfel schneiden. Die Zitronenhälfte heiß waschen, abtrocknen und in Scheiben schneiden.

3. Das Olivenöl in einer großen Pfanne erhitzen, die Hähnchenstreifen darin etwa 5 Minuten braten und herausnehmen. Fenchel, Champignons, Frühlingszwiebeln und Knoblauch in die Pfanne geben und im verbliebenen Bratfett anbraten. Mit Rosmarin, Salz und Pfeffer würzen, mit Wein und Brühe ablöschen. Die Zitronenscheiben hinzufügen und alles bei mittlerer Hitze etwa 15 Minuten garen.

4. Inzwischen die Spaghetti nach Packungsanweisung in Salzwasser bissfest garen. Nach 15 Minuten die Hähnchenstreifen unter die Sauce mischen. Die Sauce mit Salz, Pfeffer und nach Belieben mit Zitronensaft abschmecken und mit dem Fenchelgrün bestreuen. Die Spaghetti abgießen und tropfnass mit der Sauce mischen. Mit dem Parmesan bestreuen.

WINTERNUDELN
mit Lammfilet

ZUTATEN FÜR 4 PERSONEN

250 g grüne Bandnudeln · Salz
500 g Lammfilet
Pfeffer aus der Mühle
2 Handvoll Blattspinat
200 g Champignons · 3 Tomaten
2 Chilischoten · 2 Schalotten
6 Knoblauchzehen · 4 EL Olivenöl
1 EL gehackter Rosmarin
200 ml Fleischbrühe
frisch geriebene Muskatnuss

ZUBEREITUNG

1. Die Bandnudeln nach Packungsanweisung in Salzwasser bissfest garen.

2. Inzwischen das Lammfilet mit Salz und Pfeffer würzen und in mundgerechte Stücke schneiden. Den Spinat verlesen und die groben Stiele entfernen. Den Spinat waschen und abtropfen lassen. Die Champignons mit einem feuchten Tuch abreiben und die Stielenden abschneiden. Die Pilze in feine Scheiben schneiden. Die Tomaten waschen, vierteln, entkernen und in Würfel schneiden. Die Chilischoten längs halbieren, entkernen, waschen und fein hacken. Die Schalotten und den Knoblauch schälen und in kleine Würfel schneiden.

3. Das Olivenöl in einer beschichteten Pfanne erhitzen und die Fleischstücke darin rundum anbraten. Die vorbereiteten Zutaten (außer die Tomaten und den Spinat) und den Rosmarin dazugeben und kurz mit anbraten. Mit Salz und Pfeffer würzen, mit der Brühe ablöschen und bei mittlerer Hitze 4 bis 5 Minuten köcheln lassen.

4. Die Bandnudeln abgießen, tropfnass in die Pfanne geben und untermischen. Den Spinat und die Tomaten dazugeben, mit Salz, Pfeffer und 1 Prise Muskatnuss abschmecken.

PAPPARDELLE
mit Lammhack und Auberginen
....

ZUTATEN FÜR 4 PERSONEN

Für den Nudelteig:
300 g Mehl (Type 405)
100 g Hartweizengrieß
1 TL Salz
Mehl für die Arbeitsfläche

Für die Sauce:
1 kleine Aubergine
3 Tomaten · 1 Zwiebel
2 Knoblauchzehen
4 eingelegte Sardellenfilets
2 EL Olivenöl
400 g Lammhackfleisch
1 EL Kapern
je 1 EL gehackter Rosmarin und Thymian
300 ml Fleischbrühe · Salz

ZUBEREITUNG

1. Für den Nudelteig das Mehl und den Grieß auf ein großes Küchenbrett oder auf die Arbeitsfläche häufen, mischen und mit den Händen eine Mulde hineindrücken. Das Salz und nach und nach vorsichtig 100 ml Wasser dazugeben und alles zu einem glatten Teig verkneten. Den Teig zu einer Kugel formen, in Frischhaltefolie wickeln und 30 Minuten an einem kühlen Ort ruhen lassen.

2. Den Teig mit dem Nudelholz oder der Nudelmaschine zu dünnen Teigplatten ausrollen, dabei mit Mehl bestäuben. Die Teigplatten einrollen und in etwa 2 cm breite Streifen schneiden.

3. Für die Sauce die Aubergine putzen, waschen und in kleine Würfel schneiden. Die Tomaten waschen, vierteln, entkernen und grob hacken. Die Zwiebel und den Knoblauch schälen und in kleine Würfel schneiden. Die Sardellenfilets fein hacken.

4. Das Olivenöl in einer großen beschichteten Pfanne erhitzen und die Auberginenwürfel darin anbraten. Das Hackfleisch dazugeben und mit anbraten. Die Zwiebel, den Knoblauch, die Sardellenfilets, die Kapern und die Kräuter dazugeben und gut untermischen. Mit der Brühe ablöschen und vorsichtig mit Salz würzen, da die Sardellen und die Kapern schon recht salzig sind. Die Hackfleischsauce bei mittlerer Hitze etwa 20 Minuten köcheln lassen.

5. Die Pappardelle in Salzwasser 3 Minuten bissfest garen. Abgießen, tropfnass in die Pfanne geben und mit der Hackfleischsauce mischen. Nach Belieben mit Rosmarin garniert servieren.

TIPP

Dies ist das Grundrezept für einen Nudelteig ohne Eier, wie ihn auch die Italiener bevorzugt zubereiten. Wenn Sie den Nudelteig mit Eiern herstellen möchten, finden Sie dafür auf Seite 115 das entsprechende Rezept.

CANNELLONI
mit Krevetten-Ricotta-Füllung

ZUTATEN FÜR 4 PERSONEN

Für die Füllung:
500 g Krevetten (küchenfertig)
2 Knoblauchzehen
1 Bund Petersilie
500 g Ricotta
abgeriebene Schale von
1/2 unbehandelten Zitrone
1/2 TL Cayennepfeffer · Salz

Für die Sahnesauce:
500 g Sahne
150 g geriebener Parmesan
Pfeffer aus der Mühle

Für die Tomatensauce:
100 g Zucker
1/2 l Tomatensaft
1 Chilischote · 2 EL Olivenöl

Außerdem:
Butter für die Form
20 Cannelloni (Fertigprodukt)
Olivenöl

ZUBEREITUNG

1. Den Backofen auf 200 °C vorheizen. Für die Füllung die Krevetten am Rücken entlang einschneiden und den dunklen Darm entfernen. Die Krevetten waschen, trocken tupfen und grob hacken. Den Knoblauch schälen und in kleine Würfel schneiden. Die Petersilie waschen und trocken schütteln, die Blätter abzupfen und fein hacken. Alle vorbereiteten Zutaten in eine Schüssel geben und mit dem Ricotta mischen. Mit Zitronenschale, Cayennepfeffer und Salz würzen.

2. Eine große Auflaufform mit Butter einfetten. Die Cannelloni mit der Krevetten-Ricotta-Masse füllen und nebeneinander in die Form legen.

3. Für die Sahnesauce die Sahne mit dem Parmesan verrühren. Die Sauce mit Pfeffer würzen und über die Cannelloni gießen – die Cannelloni sollen nur zu einem kleinen Teil bedeckt sein. Die restliche Sahnesauce warm halten. Die Canelloni mit Olivenöl bestreichen (sonst verbrennen sie) und im Ofen auf der mittleren Schiene etwa 20 Minuten garen.

4. Inzwischen für die Tomatensauce den Zucker in einem Topf goldgelb karamellisieren. Den Tomatensaft unter Rühren dazugeben und köcheln lassen, bis sich der Karamell aufgelöst hat. Die Chilischote längs halbieren, entkernen, waschen, in feine Streifen schneiden und zur Sauce geben. Die Tomatensauce kurz köcheln lassen, anschließend das Olivenöl unterrühren.

5. Die Cannelloni aus dem Ofen nehmen, mit der Tomaten- und der restlichen Sahnesauce servieren.

TIPP

Ganz wie in Italien üblich, sollten Sie zu den Cannelloni frisches Weißbrot reichen und die Nudeln mit einem trockenen Rotwein, z. B. einem Chianti, genießen.

CANNELLONI
mit Schichtkäsefüllung

ZUTATEN FÜR 4 PERSONEN

Für die Füllung:
50 g Pinienkerne
1 Bund Petersilie
1 unbehandelte Zitrone
500 g Schichtkäse
6 Knoblauchzehen
Salz · Pfeffer aus der Mühle · Zucker

Für die Käsesauce:
150 g Hartkäse (z. B. Emmentaler,
Appenzeller oder Comté; am Stück)
3 Eier · 1/4 l Milch
250 g Sahne

Für die Tomatensauce:
1 Chilischote
3 EL Olivenöl
1 große Dose Tomaten (800 g Füllmenge)
20 Pfefferkörner
Salz · 1 TL Zucker

Außerdem:
Butter für die Form
20 Cannelloni (Fertigprodukt)
3 EL Olivenöl

ZUBEREITUNG

1. Für die Füllung die Pinienkerne in einer beschichteten Pfanne ohne Fett goldbraun rösten und auf einem Küchenbrett fein hacken. Die Petersilie waschen und trocken schütteln, die Blätter abzupfen und ebenfalls fein hacken. Die Zitrone heiß waschen, abtrocknen und die Schale fein abreiben. Die Zitrone halbieren und eine Hälfte auspressen.

2. Den Schichtkäse in eine Schüssel geben. Den Knoblauch schälen und durch die Knoblauchpresse dazudrücken. Die Petersilie, die Pinienkerne, Zitronenschale und -saft hinzufügen und alles zu einer glatten Masse verrühren. Die Füllung mit Salz, Pfeffer und 1 Prise Zucker abschmecken.

3. Den Backofen auf 200 °C vorheizen. Eine große Auflaufform mit Butter einfetten. Die Schichtkäsemasse in einen Spritzbeutel mit Lochtülle füllen und in die Cannelloni spritzen.

4. Für die Käsesauce den Käse fein reiben. Eier, Milch und Sahne verrühren, den Käse dazugeben und unterrühren. So viel Käsesauce in die Form gießen, dass der Boden bedeckt ist. Die gefüllten Cannelloni nebeneinander hineinlegen und die restliche Käsesauce darüber verteilen. Die Cannelloni mit dem Olivenöl beträufeln und im Ofen auf der mittleren Schiene etwa 40 Minuten überbacken.

5. Inzwischen für die Tomatensauce die Chilischote längs halbieren, entkernen, waschen und in feine Streifen schneiden. Das Olivenöl in einem Topf erhitzen und die Chilistreifen darin andünsten. Die Dosentomaten samt Saft dazugeben, mit dem Kartoffelstampfer zerteilen und aufkochen. Die Tomaten bei schwacher Hitze etwa 30 Minuten köcheln lassen. Die Pfefferkörner im Mörser fein zerstoßen. Die Tomatensauce mit dem Pfeffer, Salz und 1 Prise Zucker abschmecken. Die Cannelloni aus dem Ofen nehmen und mit der Tomatensauce servieren.

NUDELAUFLAUF
mit schneller Tomatensauce

....

ZUTATEN FÜR 8 PERSONEN

Für den Auflauf:

1 kg Penne rigate · Salz
Fett für die Form · Olivenöl
2 große Zwiebeln
500 g Champignons
Pfeffer aus der Mühle
1 Bund Petersilie
4 Rosmarinzweige
1/2 l Milch · 250 g Sahne · 4 Eier
frisch geriebene Muskatnuss
2 Knoblauchzehen
je 125 g geriebener Gouda und Edamer

Für die Sauce:

1/4 l Tomatensaft · 1/4 l Fleischbrühe
4 EL Tomatenmark · 4 EL Olivenöl
Salz · Pfeffer aus der Mühle · Zucker

ZUBEREITUNG

1. Für den Auflauf die Penne nach Packungsanweisung in Salzwasser sehr bissfest garen. In ein Sieb abgießen und abtropfen lassen. Die Hälfte der Nudeln in eine große gefettete Auflaufform geben. Den Rest in einer Schüssel mit etwas Olivenöl mischen und beiseitestellen.

2. Den Backofen auf 180 °C vorheizen. Die Zwiebeln schälen und in kleine Würfel schneiden. Die Champignons mit einem feuchten Tuch abreiben und die Stielenden abschneiden. Die Champignons in Scheiben schneiden. In einer beschichteten Pfanne 2 EL Olivenöl erhitzen und die Pilze darin kräftig anbraten. Mit Salz und Pfeffer würzen und in eine Schüssel geben.

3. Die Zwiebelwürfel in die Pfanne geben und im verbliebenen Pilzbratfett 3 bis 4 Minuten anbraten. Die Zwiebeln zu den Champignons geben und beides gut mischen.

4. Die Kräuter waschen und trocken schütteln, die Blätter bzw. Nadeln abzupfen und fein hacken. Die Kräuter zu der Pilz-Zwiebel-Mischung geben und in der Auflaufform über den Nudeln verteilen. Die restlichen Nudeln darübergeben, mit Salz und Pfeffer würzen.

5. Die Milch mit der Sahne und den Eiern verquirlen, mit Salz, Pfeffer und Muskatnuss würzen. Den Knoblauch schälen, dazupressen und unterrühren. Die Mischung über die Nudeln gießen. Den Auflauf mit dem geriebenen Käse bestreuen, mit etwas Olivenöl beträufeln und im Ofen auf der mittleren Schiene etwa 40 Minuten goldbraun überbacken.

6. Für die Sauce den Tomatensaft und die Brühe in einen Topf geben und aufkochen, das Tomatenmark und das Olivenöl unterrühren. Die Tomatensauce etwa 10 Minuten köcheln lassen, mit Salz, Pfeffer und 1 Prise Zucker abschmecken. Den Nudelauflauf aus dem Ofen nehmen und mit der Sauce servieren.

TIPP

Wer es etwas deftiger mag, kann den Auflauf noch mit Schinken oder Speck verfeinern. Dafür etwa 150 g Schinken- oder Speckwürfel mit den Champignons anbraten.

CONCHIGLIONI
mit Kartoffelfüllung

ZUTATEN FÜR 4 PERSONEN

32 Conchiglioni (große Muschelnudeln)
Salz · 5 mehligkochende Kartoffeln
5 Knoblauchzehen
1 Bund Bohnenkraut
200 g Sahne · 50 g Butter
Pfeffer aus der Mühle
frisch geriebene Muskatnuss
Butter für die Form
100 g geriebener Parmesan
3 EL Paniermehl · Olivenöl

ZUBEREITUNG

1. Die Muschelnudeln nach Packungsanweisung in Salzwasser bissfest garen. In ein Sieb abgießen und auf einem Küchentuch auslegen.

2. Den Backofen auf 225 °C vorheizen. Die Kartoffeln schälen, waschen und in grobe Würfel schneiden. Den Knoblauch schälen und mit den Kartoffeln in Salzwasser etwa 10 Minuten garen.

3. Das Bohnenkraut waschen und trocken schütteln, die Blätter abzupfen und fein hacken. In einem Topf die Sahne erhitzen und die Butter in Stücken unterrühren. Die Kartoffel-Knoblauch-Mischung in ein Sieb abgießen, abtropfen lassen und in eine Schüssel geben. Das Bohnenkraut (etwas Bohnenkraut zum Garnieren beiseitelegen) und die erhitzte Sahne dazugeben und mit dem Schneebesen zu einem Püree verrühren. Mit Salz, Pfeffer und Muskatnuss abschmecken.

4. Die Kartoffelmasse mit einem Löffel in die Muschelnudeln füllen. Eine große Auflaufform mit Butter einfetten und die Nudeln hineinsetzen, mit dem Parmesan und dem Paniermehl bestreuen. Die gefüllten Nudeln mit etwas Olivenöl beträufeln und im Ofen auf der mittleren Schiene 5 bis 7 Minuten goldbraun überbacken. Aus dem Ofen nehmen und auf Teller verteilen. Das beiseitegelegte Bohnenkraut, 1 Prise Muskatnuss und etwas Olivenöl über die gefüllten Nudeln geben.

SPAGHETTI
mit Garnelen

ZUTATEN FÜR 4–6 PERSONEN

18 Garnelen (mit Schale)
1 unbehandelte Orange
1 Zitrone · 2 Schalotten
2 Knoblauchzehen
1 EL Kapern · 1/2 Chilischote
6 getrocknete Tomaten (in Öl eingelegt)
500 g Spaghetti · Salz
100 ml Olivenöl
100 ml Noilly Prat (franz. Wermut)
1 EL gehackter Rosmarin · Meersalz

ZUBEREITUNG

1. Die Garnelen schälen, am Rücken entlang einschneiden und den dunklen Darm entfernen. Die Garnelen waschen und trocken tupfen. Die Orange heiß waschen, abtrocknen und die Schale mit dem Zestenreißer in feinen Streifen abziehen. Die Orange halbieren und ebenso wie die Zitrone auspressen.

2. Die Schalotten und den Knoblauch schälen und in kleine Würfel schneiden. Die Kapern grob hacken. Die Chilischote entkernen, waschen und in feine Streifen schneiden. Die Tomaten trocken tupfen und klein schneiden.

3. Die Spaghetti nach Packungsanweisung in Salzwasser bissfest garen.

4. Inzwischen das Olivenöl in einer großen Pfanne erhitzen, Schalotten und Knoblauch darin andünsten. Orangenzesten, Kapern, Chili, Tomaten und Rosmarin dazugeben und mitdünsten. Mit den Zitrussäften und dem Wermut ablöschen und alles bei schwacher Hitze 3 bis 4 Minuten köcheln lassen.

5. Die Garnelen in den Sud geben und etwa 4 Minuten gar ziehen lassen, dabei öfter wenden. Den Sud zuletzt mit Meersalz abschmecken. Die Spaghetti in ein Sieb abgießen, tropfnass in die Pfanne geben und alles gut mischen. Sofort servieren.

SPAGHETTI
mit Miesmuscheln

ZUTATEN FÜR 4 PERSONEN

1 kg Miesmuscheln
1 Fenchelknolle · 2 Möhren
1 Zwiebel · 1 Knoblauchzehe
2 Tomaten · 1 Bund Petersilie
400 g Spaghetti · Salz · 4 EL Olivenöl
2 Lorbeerblätter · 1/4 l Weißwein
1/8 l Fleischbrühe (oder Fischfond)
Pfeffer aus der Mühle

ZUBEREITUNG

1. Die Muscheln unter fließendem Wasser gründlich abbürsten und auf einem Sieb abtropfen lassen. Geöffnete Muscheln aussortieren.

2. Den Fenchel putzen, waschen, längs halbieren und den Strunk entfernen. Die Möhren schälen. Beides in feine Streifen schneiden. Zwiebel und Knoblauch schälen und in kleine Würfel schneiden. Die Tomaten kreuzweise einritzen, in kochendes Wasser tauchen, häuten, halbieren und entkernen. Das Fruchtfleisch in kleine Würfel schneiden. Die Petersilie waschen und trocken schütteln, die Blätter abzupfen und fein hacken.

3. Die Spaghetti nach Packungsanweisung in Salzwasser bissfest garen.

4. Inzwischen den Fenchel, die Möhren, die Zwiebel und den Knoblauch in einem Topf im Olivenöl andünsten. Muscheln und Lorbeer dazugeben, mit Wein und Brühe ablöschen. Mit Salz und Pfeffer würzen und die Muscheln etwa 10 Minuten köcheln lassen, bis sie sich geöffnet haben. Die Muscheln aus dem Sud heben, bei der Hälfte der Muscheln das Fleisch aus den Schalen lösen. Geschlossene Muscheln entfernen. Den Sud und das Gemüse sämig einkochen lassen. Dann das Muschelfleisch und die Muscheln in der Schale zurück in den Sud geben.

5. Die Spaghetti abgießen und tropfnass unter den Muschelsud mischen. Die Tomatenwürfel und die gehackte Petersilie dazugeben und alles mit grob gemahlenem Pfeffer bestreuen.

LINGUINE
mit Venusmuscheln

ZUTATEN FÜR 4 PERSONEN

500 g Venusmuscheln (Vongole)
6 Kirschtomaten
1 große Zwiebel
4 Knoblauchzehen
4 EL Olivenöl · 4 Lorbeerblätter
1 l Fleischbrühe (oder Fischfond)
100 ml Noilly Prat (franz. Wermut)
200 ml Weißwein
Salz · Pfeffer aus der Mühle
400 g Linguine (oder Spaghetti)
Zitronensaft
1 EL gehackte Petersilie
1 EL gehackter Rosmarin

ZUBEREITUNG

1. Die Muscheln unter fließendem Wasser gründlich abbürsten und auf einem Sieb abtropfen lassen. Geöffnete Muscheln aussortieren.

2. Die Kirschtomaten waschen und vierteln. Die Zwiebel und den Knoblauch schälen und in kleine Würfel schneiden. Das Olivenöl in einem Topf erhitzen, die Zwiebel und den Knoblauch darin andünsten. Die Tomaten, die Lorbeerblätter und nach Belieben noch 1 gehackte Chilischote dazugeben. Mit der Brühe, dem Noilly Prat und dem Wein ablöschen, alles einmal kräftig aufkochen und die Muscheln hinzufügen. Mit Salz und Pfeffer würzen und die Muscheln zugedeckt etwa 10 Minuten sanft köcheln lassen, bis sie sich geöffnet haben.

3. Inzwischen die Linguine nach Packungsanweisung in Salzwasser bissfest garen.

4. Die Hälfte der Muscheln aus dem Sud heben. Das Fleisch aus den Schalen lösen und zurück in den Sud geben. Geschlossene Muscheln entfernen.

5. Die Linguine abgießen und tropfnass unter den Muschelsud mischen. Mit Salz, Pfeffer und Zitronensaft abschmecken. Die gehackten Kräuter hinzufügen und nach Belieben noch etwas Olivenöl darüberträufeln.

LINGUINE IN FOLIE
mit Lachsfilet

ZUTATEN FÜR 4 PERSONEN
1/2 l Orangensaft
100 ml Noilly Prat (franz. Wermut)
300 g Linguine · Salz · 4 Tomaten
4 Frühlingszwiebeln
300 g Lachsfilet (ohne Haut)
je 2 TL Curry- und Chilipulver
abgeriebene Schale von 1 unbehandelten Orange
Pfeffer aus der Mühle
Olivenöl · 4 EL Butter

ZUBEREITUNG

1. Orangensaft und Noilly Prat in einen Topf geben und auf ein Drittel einkochen lassen.

2. Die Linguine etwas kürzer, als auf der Packungs-anweisung angegeben, in Salzwasser sehr bissfest garen. In ein Sieb abgießen, dabei etwas Kochwas-ser auffangen. Die Nudeln mit dem aufgefangenen Kochwasser in eine Schüssel geben.

3. Den Backofen auf 180 °C vorheizen. Die Tomaten kreuzweise einritzen, in kochendes Wasser tau-chen, häuten, halbieren und entkernen. Das Frucht-fleisch in Würfel schneiden. Die Frühlingszwiebeln putzen, waschen und in feine Ringe schneiden. Das Lachsfilet waschen, trocken tupfen und in mundge-rechte Würfel schneiden.

4. Vier große Stücke Alufolie ausbreiten. Die Lachs-würfel, die Nudeln, die Tomaten und die Frühlings-zwiebeln darauf verteilen. Jeweils mit Curry- und Chilipulver bestäuben und die Orangenschale da-rübergeben. Mit Salz und Pfeffer würzen, mit Oli-venöl beträufeln und je 1 EL Butter dazugeben. Alles mischen und jeweils 2 EL eingekochten Oran-gensud darüberträufeln. Die Alufolie zu Päckchen verschließen, dabei die Enden sorgfältig einschla-gen. Die Nudel-Lachs-Päckchen im Ofen auf der mittleren Schiene etwa 10 Minuten garen.

ROTBARSCH-NUDELN
mit Fenchel und Zucchini

ZUTATEN FÜR 4 PERSONEN
400 g Spaghetti · Salz
1 Bund Frühlingszwiebeln
1 kleine Fenchelknolle
1 kleiner Zucchino
1 Chilischote · 2 Knoblauchzehen
2 Bund Basilikum
1 unbehandelte Zitrone
3 Rotbarschfilets (à 120–140 g; ohne Haut)
3 EL Olivenöl · 1 EL geriebener Ingwer
Pfeffer aus der Mühle

ZUBEREITUNG

1. Die Spaghetti etwas kürzer, als auf der Packungs-anweisung angegeben, in Salzwasser sehr bissfest garen.

2. Die Frühlingszwiebeln putzen, waschen und in feine Ringe schneiden. Den Fenchel putzen, wa-schen, längs halbieren und den Strunk entfernen. Die Fenchelhälften in feine Streifen schneiden. Den Zucchino putzen, waschen und in feine Scheiben hobeln. Die Chilischote längs halbieren, entkernen, waschen und fein hacken. Den Knoblauch schälen und in feine Scheiben schneiden. Das Basilikum waschen, trocken schütteln und die Blätter abzup-fen. Die Zitrone heiß waschen, abtrocknen und die Schale fein abreiben. Die Zitrone halbieren und eine Hälfte auspressen.

3. Die Rotbarschfilets waschen, trocken tupfen und in einer beschichteten Pfanne im Olivenöl auf bei-den Seiten 3 Minuten anbraten. Die Pfanne vom Herd nehmen und den Fisch mit zwei Esslöffeln in Stücke zupfen. Die Pfanne zurück auf den Ofen stel-len. Frühlingszwiebeln, Fenchel, Chili, Knoblauch und Ingwer zum Fisch geben, mit Salz und Pfeffer abschmecken.

4. Die Spaghetti abgießen und tropfnass unter die Fisch-Gemüse-Mischung heben. Die Zucchinischei-ben und das Basilikum dazugeben. Mit Zitronen-saft und -schale, Salz und Pfeffer abschmecken.

GNOCCHI
mit Kirschtomaten

ZUTATEN FÜR 4 PERSONEN
Für die Gnocchi:
600 g mehligkochende Kartoffeln · Salz
Kümmelsamen · 50 g Kartoffelmehl
3 Eigelb · 50 g flüssige Butter
frisch geriebene Muskatnuss
Mehl für die Arbeitsfläche

Für die Sauce:
200 g Kirschtomaten · 1 Chilischote
1 1/2 EL Zucker · 200 ml Tomatensaft · Salz

ZUBEREITUNG

1. Für die Gnocchi die Kartoffeln waschen und mit Schale in Salzwasser mit etwas Kümmel etwa 20 Minuten garen. Abgießen, ausdampfen lassen, pellen, durch die Kartoffelpresse in eine Schüssel drücken und etwas abkühlen lassen. Das Kartoffelmehl, die Eigelbe und die lauwarme flüssige Butter hinzufügen und alles zu einem glatten Teig verkneten. Den Teig mit Salz und Muskatnuss würzen und etwa 20 Minuten ruhen lassen.

2. Aus dem Kartoffelteig auf der leicht bemehlten Arbeitsfläche potionsweise etwa 2 cm dicke Rollen formen. Die Rollen in kleine Stücke schneiden und jeweils mit einer Gabel etwas flach drücken.

3. Für die Sauce die Kirschtomaten waschen und halbieren. Die Chilischote längs halbieren, entkernen, waschen und fein hacken. Den Zucker in einem Topf goldgelb karamellisieren. Den Tomatensaft dazugießen und unter Rühren köcheln lassen, bis sich der Karamell aufgelöst hat. Tomaten und Chili hinzufügen und die Sauce 3 bis 4 Minuten köcheln lassen. Mit Salz würzen.

4. In einem großen Topf reichlich Salzwasser zum Kochen bringen und die Gnocchi darin garen, bis sie an der Oberfläche schwimmen. Die Gnocchi mit dem Schaumlöffel herausheben und mit der Sauce servieren. Nach Belieben mit Basilikumblättern, zerstoßenem Pfeffer und etwas Olivenöl anrichten.

SPÄTZLE
mit Linsen

ZUTATEN FÜR 4 PERSONEN
Für die Spätzle:
200 g Mehl · 7 Eigelb · Salz
2 EL Olivenöl

Für die Linsen:
2 Zwiebeln
300 g Le-Puy-Linsen (kleine grüne Berglinsen)
3 Lorbeerblätter
1 Bund Suppengemüse
Salz · Pfeffer aus der Mühle
2 EL Essig · 1 EL Olivenöl · Zitronensaft
4 Würstchen (Frankfurter oder Krakauer)

ZUBEREITUNG

1. Für die Spätzle Mehl, Eigelbe und 1 TL Salz in eine Schüssel geben und mit den Quirlen des Handrührgeräts verrühren. Nach und nach 100 ml Wasser unterkneten (der Teig sollte schwer vom Löffel laufen). Den Spätzleteig 30 Minuten ruhen lassen.

2. Für die Linsen die Zwiebeln schälen, halbieren und in Scheiben schneiden. Die Linsen mit Zwiebeln und Lorbeerblättern nach Packungsanweisung in Wasser (ohne Salz) etwa 30 Minuten garen. Das Suppengemüse putzen, waschen bzw. schälen und klein schneiden. Nach 20 Minuten Garzeit zu den Linsen geben und mitgaren. Die Linsen abgießen und die Lorbeerblätter entfernen. Das Linsengemüse in einen Topf geben, mit Salz, Pfeffer, Essig, Olivenöl und Zitronensaft abschmecken. Die Würstchen in einem Topf mit Wasser erhitzen.

3. In einem großen Topf reichlich Wasser zum Kochen bringen. Den Spätzleteig auf ein Küchenbrett geben und portionsweise mit einem Spachtel in feinen Streifen in das kochende Wasser schaben, dabei den Spachtel immer wieder anfeuchten. Die Spätzle sind gar, wenn sie an die Oberfläche steigen. Dann mit dem Schaumlöffel herausheben, abtropfen lassen und in einer Pfanne im Olivenöl anbraten. Die Linsen mit Spätzle und Würsten anrichten. Dazu Meerrettich und Senf reichen.

RISOTTO
mit Melonen und Erbsen

· ·

ZUTATEN FÜR 4 PERSONEN
Für den Risotto:
2 Schalotten
2 EL Olivenöl
400 g Risottoreis (z. B. Arborio)
100 ml heller Traubensaft
1 l Fleisch- oder Gemüsebrühe
150 g frische Erbsen
(ergibt ca. 3 EL ausgepalt)
je 3 EL Melonenwürfel verschiedener Sorten
(z. B. Kantalup-, Charentais-, Honigmelone)
50 g geriebener Parmesan · 30 g Butter
Salz · Pfeffer aus der Mühle

Außerdem:
4 Scheiben Wassermelone

ZUBEREITUNG

1. Für den Risotto die Schalotten schälen und in kleine Würfel schneiden. Das Olivenöl in einem Topf erhitzen und die Schalotten darin andünsten. Den Reis dazugeben und glasig dünsten. Mit der Hälfte des Traubensafts und 1 Schöpflöffel heißer Brühe ablöschen und einköcheln lassen. Nach und nach zuerst die restliche Brühe und dann den übrigen Traubensaft angießen und unter ständigem Rühren bei schwacher Hitze einköcheln lassen. Dabei immer so viel Flüssigkeit hinzufügen, dass der Reis knapp bedeckt ist (nach 20 bis 25 Minuten sind die Reiskörner weich, haben aber noch Biss).

2. Die Erbsen palen. Kurz vor Ende der Garzeit die Erbsen, die Melonenstücke, den Parmesan und die Butter unter den Reis rühren. Den Risotto mit Salz und Pfeffer abschmecken.

3. Die Melonenscheiben in einer Grillpfanne oder auf dem Grill ohne Fett anrösten. Den Melonenrisotto auf tiefe Teller verteilen und jeweils mit 1 gegrillten Melonenscheibe anrichten.

RISOTTO
mit Pfifferlingen

· ·

ZUTATEN FÜR 4 PERSONEN
500 g Pfifferlinge
2 Stangen Staudensellerie
4 Frühlingszwiebeln
4 Tomaten · 3 EL Olivenöl
1 EL Butter
400 g Risottoreis (z. B. Arborio)
1 1/2 l Fleisch- oder Gemüsebrühe
100 ml Sherry (extra dry)
100 ml Weißwein
Salz · Pfeffer aus der Mühle
Saft von 1/2 Zitrone

ZUBEREITUNG

1. Die Pfifferlinge mit einem feuchten Tuch abreiben oder mit einem Küchenpinsel säubern und die Stielenden abschneiden. Die Pilze je nach Größe halbieren oder in mundgerechte Stücke schneiden. Den Staudensellerie und die Frühlingszwiebeln putzen, waschen und in feine Streifen schneiden.

2. Die Tomaten kreuzweise einritzen, in kochendes Wasser tauchen, häuten, halbieren und entkernen. Das Fruchtfleisch in Würfel schneiden.

3. Das Olivenöl und die Butter in einem Topf erhitzen, den Reis, den Sellerie und die Frühlingszwiebeln darin unter Rühren andünsten. Mit 1 Schöpflöffel heißer Brühe ablöschen und einköcheln lassen. Nach und nach die Brühe, den Sherry und den Wein angießen und unter ständigem Rühren bei schwacher Hitze einköcheln lassen. Dabei immer so viel Flüssigkeit hinzufügen, dass der Reis knapp bedeckt ist (nach 20 bis 25 Minuten sind die Reiskörner weich, haben aber noch Biss).

4. Nach gut 10 Minuten die Pfifferlinge dazugeben und kurz vor Ende der Garzeit die Tomatenwürfel untermischen. Den Risotto mit Salz, Pfeffer und Zitronensaft abschmecken. In tiefen Tellern anrichten und nach Belieben vor dem Servieren mit etwas Olivenöl beträufeln.

PAELLA
mit Hähnchen und Scampi

....

ZUTATEN FÜR 8–10 PERSONEN
4 Hähnchenbrustfilets (à ca. 150 g)
1 kg Scampi (mit Schale)
500 g frische Erbsen
(ergibt ca. 1 Tasse ausgepalt)
3 kleine rote Zwiebeln
4 Knoblauchzehen
1 walnussgroßes Stück Ingwer
1 Bund Petersilie · 750 g Paellareis
3 EL Olivenöl
1 1/2 l Fleisch- oder Gemüsebrühe
200 ml Weißwein · Salz
4 Döschen gemahlener Safran (à 0,1 g)
Pfeffer aus der Mühle · Cayennepfeffer
Zitronensaft

ZUBEREITUNG

1. Die Hähnchenbrustfilets waschen, trocken tupfen und in mundgerechte Würfel schneiden. Die Scampi schälen, am Rücken entlang einschneiden und den dunklen Darm entfernen. Die Scampi waschen und trocken tupfen. Die Erbsen palen. Die Zwiebeln und den Knoblauch schälen und in kleine Würfel schneiden. Den Ingwer schälen und fein reiben. Die Petersilie waschen und trocken schütteln, die Blätter abzupfen und fein hacken.

2. Den Reis am besten in einer Paellapfanne oder in einer großen beschichteten Pfanne ohne Fett leicht anrösten. Das Olivenöl dazugeben, untermischen und den Reis nochmals leicht anrösten. Zwiebeln, Knoblauch, Ingwer und Petersilie hinzufügen, zwei Drittel der Brühe und den Wein angießen und alles mit Salz würzen. Die Hähnchenwürfel und die Scampi untermischen.

3. Den Safran mit 2 EL warmem Wasser verrühren, mit den Erbsen zum Reis geben und alles unter Rühren köcheln lassen. Sobald der Reis die Flüssigkeit aufgenommen hat, immer wieder etwas Brühe hinzufügen und einköcheln lassen (nach etwa 20 Minuten ist alles gar). Die Paella mit Salz, Pfeffer, Cayennepfeffer und Zitronensaft würzen.

KÜRBIS-PIZZA
mit Kümmel

....

ZUTATEN FÜR 1 BACKBLECH
Für den Pizzateig:
500 g Mehl · 1 Würfel Hefe (42 g)
Zucker · 1 EL Olivenöl · Salz

Für den Belag:
1 kg Hokkaido-Kürbisfleisch
1 TL Kümmelsamen · 250 g Schmand
Salz · Pfeffer aus der Mühle · Zucker
400 g Emmentaler (am Stück) · Olivenöl

Außerdem:
Olivenöl für das Backblech
Mehl für die Arbeitsfläche

ZUBEREITUNG

1. Für den Pizzateig das Mehl in eine Rührschüssel geben. Die Hefe zerkrümeln, mit 1 Prise Zucker in 200 ml lauwarmes Wasser geben und verrühren. Die Hefeflüssigkeit, das Olivenöl und 1 Prise Salz zum Mehl geben und mit den Knethaken des Handrührgeräts oder in der Küchenmaschine zu einem glatten Teig verkneten. Den Teig zugedeckt an einem warmen Ort etwa 30 Minuten gehen lassen, bis sich sein Volumen verdoppelt hat.

2. Den Backofen auf 250 °C vorheizen. Für den Belag den Kürbis entkernen und auf der Rohkostreibe fein reiben. Das Kürbisfleisch mit Kümmel, Salz, Pfeffer und 1 Prise Zucker kräftig würzen.

3. Das Backblech mit Olivenöl einfetten. Den Pizzateig durchkneten, auf der bemehlten Arbeitsfläche mit dem Nudelholz ausrollen und das Blech damit auslegen. Mit dem Schmand bestreichen und die Kürbisraspel gleichmäßig darauf verteilen. Den Emmentaler fein reiben und darüberstreuen. Die Pizza mit etwas Olivenöl beträufeln und im Ofen auf der unteren Schiene etwa 15 Minuten backen.

4. Die Kürbispizza aus dem Ofen nehmen, zum Servieren in Stücke schneiden und nach Belieben einen grünen Salat dazu reichen.

SPITZKOHL-PIZZA
mit Tomaten und Mozzarella

···

ZUTATEN FÜR 2 BACKBLECHE

Für den Pizzateig:
500 g Mehl · 1/2 Würfel Hefe (ca. 21 g)
Zucker · 1 TL Salz

Für den Belag:
1 Kopf Spitzkohl (500–600 g)
Salz · 10 Knoblauchzehen
20 Kirschtomaten · 2 Chilischoten
1 kleine Dose Tomaten (400 g Füllmenge)
Pfeffer aus der Mühle · Zucker
1 EL Olivenöl
250 g Edamer (am Stück)
2 Kugeln Büffelmozzarella (à 125 g)

Außerdem:
Mehl für die Arbeitsfläche
Olivenöl für die Bleche

ZUBEREITUNG

1. Für den Pizzateig das Mehl in eine Rührschüssel geben. Die Hefe zerkrümeln, mit 1 Prise Zucker in ¼ l lauwarmes Wasser geben und verrühren. Die Hefeflüssigkeit und das Salz zum Mehl geben und alles mit den Knethaken des Handrührgeräts oder in der Küchenmaschine zu einem glatten Teig verkneten. Den Hefeteig zugedeckt an einem warmen Ort etwa 30 Minuten gehen lassen, bis sich sein Volumen verdoppelt hat.

2. Für den Belag den Spitzkohl putzen, waschen, längs halbieren und den Strunk entfernen. Den Spitzkohl in feine Streifen schneiden und in Salzwasser 3 Minuten blanchieren. In ein Sieb abgießen, kalt abschrecken und gut abtropfen lassen. Die Kohlstreifen auf einem Küchentuch verteilen und trocken tupfen.

3. Den Knoblauch schälen und in feine Scheiben schneiden. Die Kirschtomaten waschen und vierteln. Die Chilischoten längs halbieren, entkernen, waschen und sehr fein hacken.

4. Die Dosentomaten samt Saft in eine Schüssel geben und mit dem Kartoffelstampfer zerdrücken. Mit Salz, Pfeffer und 1 Prise Zucker würzen. Das Olivenöl dazugeben und alles gut mischen. Den Edamer grob reiben und den Mozzarella in Würfel schneiden.

5. Den Backofen auf 220 °C vorheizen. Die Backbleche mit Olivenöl einfetten. Den Teig durchkneten und halbieren. Eine Teighälfte auf der bemehlten Arbeitsfläche mit dem Nudelholz ausrollen und das Blech damit auslegen. Die Hälfte der Tomatensauce daraufgeben und gleichmäßig verteilen, dabei einen Rand frei lassen. Die Hälfte des Spitzkohls, des Knoblauchs, der Chilischote und der Kirschtomaten darauf verteilen. Mit der Hälfte des Käses bestreuen. Die Pizza im Ofen auf der unteren Schiene etwa 15 Minuten backen.

6. Inzwischen den restlichen Teig ausrollen und das zweite Backblech damit auslegen. Mit den übrigen Zutaten wie die erste Pizza belegen und backen. Die Pizzen aus dem Ofen nehmen, in Stücke schneiden und sofort servieren.

TIPP

Sie können mit dem Hefeteig das ganze Blech auslegen und die gebackene Pizza dann in Quadrate schneiden. Oder Sie rollen einen Kreis beziehungsweise ein Oval aus und formen mit den Fingern rundum einen kleinen Wulst. Diese Pizzen können Sie dann später in Tortenstücke schneiden.

Fisch

....

Hier muss ich einfach mal Danke
sagen an all die Fischhändler, die mit
bester Qualität ganz Deutschland
versorgen. Seit Jahrzehnten kaufe ich
meinen Fisch bei einem Familienbetrieb
in Hamburg – und das ist auch gut so.

FORELLE MÜLLERIN
mit Orangenaroma

ZUTATEN FÜR 4 PERSONEN
4 große Kartoffeln · Salz
4 Forellen (à ca. 400 g; küchenfertig)
Mehl · 50 g Mandelblättchen
50 g Butterschmalz · 2 unbehandelte Orangen
250 g Sahne · 2 EL Meerrettich (aus dem Glas)
8 Kirschtomaten · 1 EL Olivenöl
3 EL gehackte Petersilie

ZUBEREITUNG

1. Die Kartoffeln schälen, waschen, halbieren und in Salzwasser etwa 20 Minuten garen. Abgießen, ausdampfen und auskühlen lassen.

2. Den Backofen auf 200 °C vorheizen. Die Forellen innen und außen waschen und trocken tupfen. Mit Salz würzen, leicht mit Mehl bestäuben und mit den Mandelblättchen bestreuen. In einer großen beschichteten Pfanne 30 g Butterschmalz erhitzen und die Forellen darin auf beiden Seiten etwa 15 Minuten braten.

3. Die Orangen heiß waschen, abtrocknen und die Schale mit dem Zestenreißer in feinen Streifen abziehen. Die Orangen dann mit einem scharfen Messer so großzügig schälen, dass auch die weiße Haut mit entfernt wird. Die Fruchtfilets zwischen den Trennhäuten herausschneiden. Die Orangenschale und die -filets kurz vor Ende der Bratzeit zu den Forellen in die Pfanne geben, damit die Fische ein leichtes Orangenaroma bekommen.

4. Die Sahne in einem kleinen Topf mit dem Meerrettich verrühren und bei schwacher Hitze 5 Minuten köcheln lassen. Die Kirschtomaten waschen, in eine kleine Auflaufform geben, mit dem Olivenöl beträufeln und im Ofen auf der mittleren Schiene 5 Minuten garen. Das restliche Butterschmalz in einer beschichteten Pfanne erhitzen und die Kartoffeln darin goldbraun braten. Mit Salz würzen und mit der Petersilie bestreuen. Die Forellen mit Orangenschale und -filets auf Teller geben, Meerrettichcreme, Tomaten und Kartoffeln daneben anrichten.

FORELLE BLAU
mit Meerrettichcreme

ZUTATEN FÜR 4 PERSONEN
4 große Forellenfilets (à ca. 150 g; mit Haut)
Salz · Pfeffer aus der Mühle
4 festkochende Kartoffeln
2 Möhren · 3 Stangen Staudensellerie
1 Fenchelknolle · 2 EL Olivenöl
1 EL Butter · 1,2 l Gemüsebrühe
5 EL Weißweinessig
2 EL Meerrettich (aus dem Glas)
4 EL Sahne · Zitronensaft
abgeriebene Schale von 1 unbehandelten Zitrone
1/2 Bund Dill (fein gehackt)

ZUBEREITUNG

1. Die Forellenfilets vorsichtig waschen, damit die schleimige Haut nicht verletzt wird. Mit Salz und Pfeffer würzen und jeweils halbieren.

2. Die Kartoffeln und die Möhren schälen und in Stifte schneiden. Den Staudensellerie putzen, waschen und in feine Scheiben schneiden. Den Fenchel putzen, waschen, längs halbieren und den Strunk entfernen. Die Fenchelhälften in feine Streifen schneiden. In einem Topf 1 EL Olivenöl und die Butter erhitzen und das Gemüse darin andünsten. Mit Salz und Pfeffer würzen, mit 200 ml Brühe ablöschen und etwa 10 Minuten gar ziehen lassen.

3. In einen weiten Topf oder eine Pfanne die restliche Brühe und so viel Wasser angießen, dass der Boden gut bedeckt ist. Das übrige Olivenöl dazugeben und die Fischfilets mit der Hautseite nach oben in den Sud legen. Den Essig in einem kleinen Topf aufkochen und über die Fische gießen, damit sie sich blau färben. Die Forellenfilets zugedeckt bei mittlerer Hitze 5 bis 6 Minuten gar ziehen lassen.

4. Den Meerrettich und die Sahne verrühren. Das Gemüse auf Teller verteilen und die Forellenfilets darauf anrichten. Mit etwas Zitronensaft würzen, mit der abgeriebenen Zitronenschale, dem Dill und nach Belieben mit Kresse bestreuen. Zuletzt mit der Meerrettichcreme beträufeln.

AAL GRÜN
mit Dill und Frühlingszwiebeln

ZUTATEN FÜR 4 PERSONEN

2 Aale (à 500 g; küchenfertig)
1 große rote Zwiebel
2 Zwiebeln · 2 Möhren
3 Petersilienstiele · 1 l Fleischbrühe
200 ml Weißwein (z. B. Riesling)
100 ml Obstessig
10 Pfefferkörner · 3 Lorbeerblätter
1 unbehandelte Zitrone
4 Frühlingszwiebeln · 1 Bund Dill
200 g Sahne · Salz · Pfeffer aus der Mühle
50 g weiche Butter · 50 g Mehl

ZUBEREITUNG

1. Von den Aalen die Köpfe abschneiden und die Haut abziehen. Die Aale in etwa 8 cm große Stücke schneiden. Beide Zwiebelsorten schälen, halbieren und in Scheiben schneiden. Die Möhren schälen und ebenfalls in Scheiben schneiden. Die Petersilie waschen und trocken schütteln. Die Zwiebeln, die Möhren und die Petersilie mit der Brühe, dem Wein, dem Essig, den Gewürzen und den Lorbeerblättern in einen Topf geben. Die Zitrone heiß waschen, abtrocknen und halbieren. Aus den Zitronenhälften jeweils etwas Saft in den Sud pressen und die Zitronenhälften in den Topf geben. Den Sud aufkochen, dann die Aalstücke hineingeben und bei schwacher Hitze etwa 15 Minuten ziehen lassen.

2. Die Frühlingszwiebeln putzen, waschen und in feine Ringe schneiden. Den Dill waschen und trocken schütteln, die Spitzen abzupfen und fein hacken. Die Aalstücke, die Zitrone, die Lorbeerblätter und die Petersilienstiele aus dem Sud heben. Die Sahne hinzufügen und den Sud mit Salz und Pfeffer würzen. Die Butter und das Mehl verkneten, die Mehlbutter nach und nach unter den Sud rühren, bis er eine sämige Konsistenz hat und leicht vom Löffel läuft. Die Aalstücke mit den Frühlingszwiebeln und dem Dill in den Sud geben und alles leicht durchziehen lassen. Nach Belieben mit Petersilienkartoffeln servieren.

GEKOCHTER AAL
mit Gurkenwürfeln

ZUTATEN FÜR 4 PERSONEN

2 Aale (à 500 g; küchenfertig)
1 Bund Suppengemüse
1 Zwiebel · 1 unbehandelte Zitrone
1/2 l Fisch- oder Gemüsefond
5 Wacholderbeeren · 10 Pfefferkörner
5 Lorbeerblätter · einige Dillstiele
Salz · 100 ml Noilly Prat
1/2 Salatgurke · 1 Eigelb
250 g Sahne · 30–50 g kalte Butter
1 Bund Dill (fein gehackt) · Zitronensaft

ZUBEREITUNG

1. Von den Aalen die Köpfe abschneiden und die Haut abziehen. Die Aale in mundgerechte Stücke schneiden. Das Suppengemüse putzen, waschen bzw. schälen und klein schneiden. Die Zwiebel schälen und in kleine Würfel schneiden. Die Zitrone heiß waschen, abtrocknen und in Scheiben schneiden.

2. Den Fond, 200 ml Wasser, das Suppengemüse, die Zwiebel, die Gewürze, Lorbeerblätter, den Dill und Salz in einen Topf geben und etwa 10 Minuten köcheln lassen. Noilly Prat, Zitronenscheiben und die Aale hinzufügen und alles bei mittlerer Hitze offen 20 Minuten köcheln lassen. Dann die Aalstücke mit dem Schaumlöffel herausheben und beiseitestellen. Den Sud durch ein Sieb gießen und bei starker Hitze auf die Hälfte einkochen lassen.

3. Inzwischen die Gurke schälen, längs halbieren und mit einem Löffel die Kerne entfernen. Die Gurkenhälften in kleine Würfel schneiden. Das Eigelb mit etwas Sahne verrühren, die restliche Sahne unter den eingekochten Aalsud rühren. Den Topf vom Herd nehmen und das Eigelbgemisch unterrühren. Der Sud darf nicht mehr kochen, sonst gerinnt er! Die Butter in Stücken, die Gurkenwürfel und den Aal dazugeben und alles bei schwacher Hitze 5 bis 8 Minuten ziehen lassen. Den Dill hinzufügen, mit Salz und Zitronensaft abschmecken. Nach Belieben mit Kartoffelstampf (siehe S. 83) servieren.

DORSCHKOTELETTS
mit Senfsauce

ZUTATEN FÜR 4 PERSONEN
Für den Fisch:
4 rote Zwiebeln · 2 unbehandelte Zitronen
1 Bund Petersilie
200 ml Noilly Prat (franz. Wermut)
je 1 TL Senf-, Pfeffer- und Pimentkörner
6 Lorbeerblätter · 1 TL Salz
50 g weiche Butter
4 große Dorschkoteletts (à ca. 200 g; mit Haut)

Für die Sauce:
je 150 g Crème fraîche und fettarmer Naturjoghurt
2 EL scharfer Senf · 60 g Butter

ZUBEREITUNG

1. Für den Fisch die Zwiebeln mit Schale vierteln und dann in Scheiben schneiden. Die Zitronen heiß waschen, abtrocknen und ebenfalls in Scheiben schneiden. Die Petersilie waschen und trocken schütteln, die Blätter abzupfen, fein hacken und zum Garnieren beiseitestellen. Die Zwiebeln mit den Zitronenscheiben und Petersilienstielen in einen großen Topf geben, 2 l Wasser und den Noilly Prat dazugießen. Die Gewürzkörner, Lorbeerblätter, Salz und die Butter hinzufügen und alles bei starker Hitze kräftig aufkochen. Anschließend den Sud bei schwacher Hitze leise simmern lassen – er darf nicht mehr kochen!

2. Die Dorschkoteletts waschen, trocken tupfen und im Sud etwa 15 Minuten gar ziehen lassen.

3. Für die Sauce Crème fraîche, Joghurt und Senf in einen Topf geben und vorsichtig erhitzen. Mit dem Schneebesen verrühren und nach und nach die Butter sowie 2 bis 3 EL Fischsud unterrühren, sodass eine cremige Sauce entsteht.

4. Die Dorschkoteletts mit dem Schaumlöffel aus dem Sud heben, mit der Senfsauce anrichten und mit der Petersilie bestreuen. Nach Belieben mit Kartoffelstampf (siehe S. 83) und marinierten Tomaten (siehe S. 80) servieren.

FISCHKLÖSSE
in Weißweinsauce

ZUTATEN 4 PERSONEN
Für die Klöße:
600 g festkochende Kartoffeln
Salz · 3 Eigelb · 50 g flüssige Butter
50 g Kartoffelmehl
frisch geriebene Muskatnuss
400 g Kabeljaufilet (ohne Haut)
2 EL Olivenöl

Für die Sauce:
3 Tomaten · 200 ml Weißwein
200 ml Fleisch- oder Gemüsebrühe
200 g Sahne · Salz · Pfeffer aus der Mühle

ZUBEREITUNG

1. Für die Klöße die Kartoffeln schälen, waschen, klein schneiden und in Salzwasser etwa 15 Minuten garen. Abgießen, ausdampfen lassen und noch warm durch die Kartoffelpresse drücken. Die Eigelbe, die lauwarme flüssige Butter und das Kartoffelmehl dazugeben und alles gründlich verkneten. Die Kartoffelmasse mit Salz und Muskatnuss würzen.

2. Die Kabeljaufilets waschen, trocken tupfen und mit Salz würzen. Das Olivenöl in einer beschichteten Pfanne erhitzen und die Kabeljaufilets darin etwa 5 Minuten dünsten. Die Fischfilets mit einer Gabel leicht zerpflücken und unter die Kartoffelmasse kneten. Die Masse 15 Minuten ruhen lassen.

3. Aus der Fisch-Kartoffel-Masse mit leicht angefeuchteten Hände 8 Klöße formen. Die Fischklöße in leicht siedendem Wasser etwa 10 Minuten gar ziehen lassen, bis sie an die Oberfläche steigen.

4. Für die Sauce die Tomaten in kochendes Wasser tauchen, häuten, halbieren, entkernen und in kleine Würfel schneiden. Den Wein, die Brühe und die Sahne in einem Topf um ein Drittel einkochen lassen. Mit Salz und Pfeffer würzen und die Tomatenwürfel dazugeben. Die Klöße mit dem Schaumlöffel herausheben und mit der Sauce anrichten. Nach Belieben mit gehackter Petersilie bestreuen.

LACHS
in Rotweinsauce

· ·

ZUTATEN FÜR 4 PERSONEN
Für den Fisch:
300 ml Weißwein
300 ml Noilly Prat (franz. Wermut)
3 Dillzweige · 2 Petersilienstiele
3 Lorbeerblätter
3–4 unbehandelte Zitronenscheiben
1 Schalotte
1 Knoblauchzehe · Salz
4 Lachsfilets (à 120 g; ohne Haut)
Meersalz · 2 EL gehackter Dill

Für die Sauce:
300 ml Rotwein
30 g kalte Butter

ZUBEREITUNG

1. Für den Fisch 1 l Wasser mit dem Wein und dem Noilly Prat in eine große tiefe Pfanne geben. Die Kräuter waschen und trocken schütteln, mit den Lorbeerblättern und den Zitronenscheiben hinzufügen. Die Schalotte und den angedrückten Knoblauch jeweils mit Schale dazugeben. Den Sud mit Salz würzen und zugedeckt bei mittlerer Hitze etwa 10 Minuten köcheln lassen.

2. Die Lachsfilets waschen, trocken tupfen und im Sud bei schwacher Hitze 8 bis 10 Minuten gar ziehen lassen – der Sud darf dabei nicht mehr kochen.

3. Inzwischen für die Sauce den Wein in einem Topf um ein Drittel einkochen lassen. Vom Fischsud etwa 200 ml abnehmen, dazugießen und ebenfalls etwas einkochen lassen. Die Butter in Stücken unter die Sauce rühren und den Topf vom Herd nehmen. Die Sauce nach Belieben mit etwas Honig abschmecken.

4. Die Sauce als Spiegel auf Teller setzen, die Fischfilets aus dem Sud heben und darauf anrichten. Mit Meersalz und Dill bestreuen. Nach Belieben einen mit Arganöl, Zitronensaft und weißem Balsamicoessig marinierten Wildkräutersalat (z. B. aus Sauerampfer, Brennnesseln, Löwenzahn) dazu servieren.

LACHS
mit Tagliatelle und Gurken

· ·

ZUTATEN FÜR 4 PERSONEN
1 Salatgurke · Salz
200 g Tagliatelle
200 ml Weißwein
250 g Sahne
4 Lachsfilets (à 80–100 g)
2 EL Olivenöl
150 g Naturjoghurt
Pfeffer aus der Mühle
Chilipulver

ZUBEREITUNG

1. Die Gurke waschen, trocken tupfen und in etwa 8 cm große Stücke schneiden. Die Gurkenstücke vierteln und mit einem Löffel die Kerne entfernen. Das Fruchtfleisch längs in gleich große Stücke schneiden und in Salzwasser 2 Minuten blanchieren. Abgießen, kalt abschrecken, abtropfen lassen und beiseitestellen.

2. Die Tagliatelle nach Packungsanweisung in Salzwasser bissfest garen. Den Wein in einem Topf um die Hälfte einkochen lassen. Die Sahne dazugeben und bei mittlerer Hitze 10 Minuten köcheln lassen.

3. Die Lachsfilets waschen, trocken tupfen und mit Salz würzen. Das Olivenöl in einer beschichteten Pfanne erhitzen und die Lachsfilets darin auf beiden Seiten etwa 5 Minuten braten.

4. Den Joghurt und die Gurkenstücke in die Sauce geben und nur leicht erwärmen, sonst stockt der Joghurt. Die Sauce mit Salz, Pfeffer und Chilipulver abschmecken. Die Nudeln in ein Sieb abgießen und tropfnass auf Teller verteilen. Die Sauce und den Lachs darauf anrichten.

TIPP
Der Lachs mit Tagliatelle ist eine feine Vorspeise für 4 Personen. Wenn Sie ihn als Hauptgericht servieren möchten, verdoppeln Sie die Zutatenmengen einfach.

SCHOLLE
mit Radieschen

ZUTATEN FÜR 4 PERSONEN

1 Bund Radieschen
2 Bund Frühlingszwiebeln
1 EL Olivenöl
60 g Butter
Salz · Pfeffer aus der Mühle
Meersalz
Zucker · Zitronensaft
Cayennepfeffer
16 Schollenfilets (à ca. 60 g; ohne Haut)

ZUBEREITUNG

1. Die Radieschen mit Grün waschen und trocken tupfen. Die schönen Blätter abzupfen und in Streifen, die Radieschen in Scheiben schneiden. Die Frühlingszwiebeln putzen und waschen.

2. Das Olivenöl und 20 g Butter in einer beschichteten Pfanne erhitzen. Die Radieschen und die Frühlingszwiebeln darin getrennt voneinander braten und mit Salz, Pfeffer und 1 Prise Zucker würzen. Die Radieschen zusätzlich mit Zitronensaft und den geschnittenen Radieschenblättern, die Frühlingszwiebeln noch mit 1 Prise Cayennepfeffer würzen.

3. Die Schollenfilets waschen und trocken tupfen, mit Meersalz und Pfeffer würzen. Die restliche Butter in einer beschichteten Pfanne aufschäumen lassen und die Schollenfilets darin auf beiden Seiten etwa 5 Minuten braten. Die Schollenfilets mit den Radieschen und den Frühlingszwiebeln anrichten.

SCHOLLENRÖLLCHEN
mit Lachs und Salbei

ZUTATEN FÜR 4 PERSONEN

16 Schollenfilets (à ca. 60 g; ohne Haut)
200 g Lachsfilet (ohne Haut)
16 Salbeiblätter
Meersalz · Pfeffer aus der Mühle
5–6 EL Olivenöl
Zitronensaft

ZUBEREITUNG

1. Die Fischfilets waschen und trocken tupfen. Das Lachsfilet in 16 gleich große Stücke schneiden. Den Salbei waschen und trocken tupfen.

2. Auf jedes Schollenfilet je 1 Lachsstück und Salbeiblatt legen. Mit Meersalz und Pfeffer würzen. Die Schollenfilets aufrollen und mit kleinen Holzspießen fixieren.

3. Das Olivenöl in einer beschichteten Pfanne erhitzen und die Schollenröllchen darin bei mittlerer Hitze 3 bis 4 Minuten rundum braten, dabei ständig mit Olivenöl beträufeln. Zum Schluss mit Zitronensaft abschmecken. Die Schollenröllchen mit Baguette servieren.

TIPP

Die Schollenröllchen sind perfekt für ein sommerliches Büfett oder als warmer Snack zu einem guten Glas Winzersekt. Wenn Sie zu den Schollenröllchen Reis oder Salzkartoffeln und einen gemischten Blattsalat servieren, wird daraus ein leichtes Hauptgericht.

ZANDER
auf Fenchelgemüse

ZUTATEN FÜR 4 PERSONEN
Für das Gemüse:
1 große Fenchelknolle
2 EL Olivenöl
1 TL Fenchelsamen · Zucker
1 Schuss Noilly Prat (franz. Wermut)
100 ml Weißwein
Salz · Pfeffer aus der Mühle
125 g Crème fraîche · 1 EL Butter
Zitronensaft

Für den Fisch:
4 Zanderfilets (à 100 g; ohne Haut)
Salz · Pfeffer aus der Mühle
2 EL Olivenöl · 200 ml Weißwein
100 ml Noilly Prat (franz. Wermut)

ZUBEREITUNG

1. Für das Gemüse den Fenchel putzen, waschen, längs halbieren und den Strunk entfernen. Die Fenchelhälften in Scheiben schneiden. Das Olivenöl in einer Pfanne erhitzen und den Fenchel darin andünsten. Die Fenchelsamen und 1 Prise Zucker hinzufügen, mit Noilly Prat und dem Wein ablöschen. Den Fenchel mit Salz und Pfeffer würzen und bei mittlerer Hitze 7 bis 8 Minuten köcheln lassen. Zuletzt die Crème fraîche und die Butter unterrühren und das Gemüse mit Zitronensaft abschmecken.

2. Für den Fisch die Zanderfilets waschen und trocken tupfen, mit Salz und Pfeffer würzen. Das Olivenöl, den Wein und den Noilly Prat in eine tiefe Pfanne geben und einmal aufkochen lassen. Dann die Hitze reduzieren, die Fischfilets in den Sud legen und zugedeckt bei schwacher Hitze 5 Minuten gar ziehen lassen.

3. Zum Servieren das Fenchelgemüse auf Teller verteilen, die Zanderfilets darauf anrichten und mit etwas Sud begießen. Nach Belieben Kartoffelpüree (siehe S. 155) oder Baguette dazu servieren.

KOCHFISCH
mit Joghurt-Senf-Sauce

ZUTATEN FÜR 4 PERSONEN
Für den Fisch:
4 Schellfischfilets (à 120 g; ohne Haut)
4 Zwiebeln · 1 unbehandelte Zitrone
400 ml Weißwein
200 ml Weißweinessig
200 ml Noilly Prat (franz. Wermut)
10 Lorbeerblätter
20 Pfefferkörner · 1 EL Salz

Für die Sauce:
150 g fettarmer Naturjoghurt
70 g Butter
2 EL mittelscharfer Senf

ZUBEREITUNG

1. Für den Fisch die Schellfischfilets waschen und trocken tupfen. Die Zwiebeln schälen, halbieren und in feine Scheiben schneiden. Die Zitrone heiß waschen, abtrocknen und ebenfalls in Scheiben schneiden.

2. Den Wein mit 1 1/2 l Wasser, Essig und Noilly Prat in einen Bräter oder in eine große tiefe Pfanne (mit Deckel) geben. Die Zwiebel- und Zitronenscheiben, Lorbeerblätter, Pfefferkörner und Salz hinzufügen und den Sud einmal aufkochen lassen. Die Schellfischfilets in den Sud legen und bei mittlerer Hitze 5 bis 7 Minuten gar ziehen lassen.

3. Für die Sauce den Joghurt mit der Butter und dem Senf verrühren.

4. Die Fischfilets aus dem Sud heben und mit der Sauce anrichten. Nach Belieben mit Petersilien- oder Rosmarinkartoffeln servieren.

BACKFISCH
mit Remouladensauce

ZUTATEN FÜR 4 PERSONEN

Für den Fisch:
250 g Rotbarschfilet (ohne Haut)
250 g dickere Kabeljaufilets
(aus der Mitte; ohne Haut)
Salz · Pfeffer aus der Mühle
2 Eier · 1 Eigelb · 50 g Mehl
100 g Paniermehl · 2 EL Butterschmalz

Für die Sauce:
1 Schalotte · 1 Knoblauchzehe
4 Thymianzweige · 1 Rosmarinzweig
3 Petersilienstiele · 1/2 Chilischote
2 Eier · 250 g Sahne · 4 EL Olivenöl
1 EL Dijon-Senf · Salz
Pfeffer aus der Mühle · Zitronensaft

ZUBEREITUNG

1. Für den Fisch die Fischfilets waschen, trocken tupfen, in etwa 10 cm breite Portionsstücke schneiden und mit Salz und Pfeffer würzen. Die Eier und das Eigelb in einem tiefen Teller verquirlen. Mehl und Paniermehl ebenfalls in tiefe Teller geben.

2. Die Fischfilets erst im Mehl wenden (überschüssiges Mehl abklopfen), dann durch die verquirlten Eier ziehen und zuletzt im Paniermehl wenden. Das Butterschmalz in einer beschichteten Pfanne erhitzen und die Fischstücke darin rundum goldbraun backen (die dickeren Kabeljaustücke brauchen etwas länger als die Rotbarschfilets).

3. Für die Sauce die Schalotte und die Knoblauchzehe schälen und in kleine Würfel schneiden. Die Kräuter waschen, trocken schütteln und die Blätter bzw. Nadeln abzupfen. Die Chilischote entkernen, waschen und fein hacken. Die Eier in einen Rührbecher aufschlagen. Die vorbereiteten Zutaten, die Sahne, das Olivenöl und den Senf hinzufügen und alles mit dem Stabmixer verrühren. Die Sauce mit Salz, Pfeffer und Zitronensaft abschmecken. Den Backfisch mit der Remouladensauce und nach Belieben mit Kartoffelsalat (siehe S. 144) servieren.

ROTBARSCHFILETS
mit zwei Saucen

ZUTATEN FÜR 4 PERSONEN

Für die Tomatensauce:
5 Tomaten · 1 Bund Rucola · 2 Schalotten
2 Knoblauchzehen · 1 Chilischote
3 EL Olivenöl · 200 ml Tomatensaft
Salz · Pfeffer aus der Mühle · Zucker

Für die Weinsauce:
200 ml Weißwein (z. B. Riesling)
100 ml Noilly Prat (franz. Wermut)
200 g Sahne · Salz · Pfeffer aus der Mühle

Für den Fisch:
4 Rotbarschfilets (à 150 g; ohne Haut)
Salz · Pfeffer aus der Mühle
2 EL Olivenöl

ZUBEREITUNG

1. Für die Tomatensauce die Tomaten in kochendes Wasser tauchen, häuten, halbieren, entkernen und grob hacken. Den Rucola verlesen und die groben Stiele entfernen. Den Rucola waschen, trocken schütteln und zerzupfen. Schalotten und Knoblauch schälen und in kleine Würfel schneiden. Die Chilischote längs halbieren, entkernen, waschen und fein hacken. Die vorbereiteten Zutaten mit dem Olivenöl und dem Tomatensaft in einen Topf geben und bei schwacher Hitze 20 Minuten köcheln lassen. Mit Salz, Pfeffer und 1 Prise Zucker abschmecken.

2. Für die Weinsauce Wein, Noilly Prat und Sahne in einem zweiten Topf bei mittlerer Hitze etwa 15 Minuten um die Hälfte einköcheln lassen, dabei häufiger umrühren. Die Weinsauce mit Salz und Pfeffer abschmecken.

3. Für den Fisch die Rotbarschfilets waschen und trocken tupfen, mit Salz und Pfeffer würzen. Das Olivenöl in einer beschichteten Pfanne erhitzen und die Rotbarschfilets darin auf beiden Seiten etwa 10 Minuten braten. Die Rotbarschfilets mit beiden Saucen anrichten. Dazu passt Fladenbrot.

ROTBARSCH
mit Ofenkartoffeln und Salat

···

ZUTATEN FÜR 4 PERSONEN
Für die Ofenkartoffeln und den Fisch:
4 große festkochende Kartoffeln
3 EL Olivenöl · Meersalz
4 Rotbarschfilets (à 100–120 g; ohne Haut)
Pfeffer aus der Mühle · 40 g Butter
Zitronensaft

Für den Salat:
200 g Feldsalat · je 1 Bund Rucola und Petersilie
1 EL Weißweinessig · 3 EL Olivenöl
1 TL Senf · Salz · Pfeffer aus der Mühle

ZUBEREITUNG

1. Für die Ofenkartoffeln den Backofen auf 180 °C vorheizen. Die Kartoffeln unter fließendem Wasser gründlich abbürsten und längs in 1 cm dicke Scheiben schneiden. Die Kartoffeln auf ein Backblech geben, Olivenöl und Meersalz darübergeben und alles mit den Händen gut mischen. Die Kartoffelscheiben gleichmäßig auf dem Blech verteilen und im Ofen auf der mittleren Schiene etwa 15 Minuten backen.

2. Für den Salat den Feldsalat putzen, den Rucola verlesen und die groben Stiele entfernen. Die Salate waschen, trocken schleudern und in eine Schüssel geben. Die Petersilie waschen und trocken schütteln, die Blätter abzupfen und dazugeben. Essig, Olivenöl, Senf, Salz und Pfeffer zu einer Marinade verrühren, über den Salat geben und untermischen.

3. Für den Fisch die Rotbarschfilets waschen und trocken tupfen. Die Filets jeweils in 3 Stücke schneiden, mit Salz und Pfeffer würzen. Die Butter in einer beschichteten Pfanne erhitzen, die Fischfilets darin etwa 4 Minuten braten, dabei zweimal wenden. Nach Belieben je 1 Rosmarin- und Thymianzweig und 1 angedrückte Knoblauchzehe mitbraten.

4. Kartoffelscheiben und Salat auf Teller verteilen. Die Fischfilets auf den Kartoffeln anrichten und mit Zitronensaft beträufeln. Nach Belieben einige geschmorte Kirschtomaten dazu servieren.

SAIBLING
mit Bärlauchsauce

···

ZUTATEN FÜR 4 PERSONEN
Für die Sauce:
100 g Bärlauch
2 EL Pinienkerne
4 EL Olivenöl · 100 g Sahne
100 ml Weißwein (z. B. Riesling)
1 EL Butter
Salz · Pfeffer aus der Mühle · Zucker

Für den Fisch:
4 Saiblingsfilets (à ca. 100 g; ohne Haut)
Salz · Pfeffer aus der Mühle
1 EL Butter · 2 EL Olivenöl zum Braten

ZUBEREITUNG

1. Für die Sauce den Bärlauch verlesen und die groben Stiele entfernen. Die Bärlauchblätter waschen und trocken tupfen. Die Pinienkerne in einer beschichteten Pfanne ohne Fett goldbraun rösten. Den Bärlauch mit den Pinienkernen in einen Rührbecher geben, das Olivenöl hinzufügen und alles mit dem Stabmixer zu einer feinen Paste pürieren.

2. Das Bärlauch-Pesto mit der Sahne und dem Wein in einen Topf geben. Die Butter dazugeben und alles unter Rühren erhitzen. Die Sauce mit wenig Salz, Pfeffer und 1 Prise Zucker würzen.

3. Für den Fisch die Saiblingsfilets waschen und trocken tupfen, mit Salz und Pfeffer würzen. Die Butter und das Olivenöl in einer beschichteten Pfanne erhitzen und die Saiblingsfilets darin bei mittlerer Hitze auf beiden Seiten etwa 4 Minuten braten. Die Saiblingsfilets mit der Bärlauchsauce anrichten und nach Belieben Kartoffelstampf (siehe S. 83) dazu servieren.

TIPP
Wer keine Saiblingsfilets bekommt, kann auch Forellen- oder Lachsforellenfilets verwenden.

SEELACHS
mit Kartoffelkruste

ZUTATEN FÜR 4 PERSONEN

1/2 Steckrübe · Salz
500 g Sahne
Pfeffer aus der Mühle
frisch geriebene Muskatnuss
10 festkochende Kartoffeln
4 Seelachsfilets (à 120 g; ohne Haut)
ca. 2 EL Mehl · 2 TL Senf
2 EL Rapsöl · 30 g Butterschmalz

ZUBEREITUNG

1. Die Steckrübe schälen, zuerst in dünne Scheiben und dann in feine Streifen schneiden. Die Steckrübenstreifen in Salzwasser etwa 5 Minuten bissfest garen. Abgießen, kalt abschrecken und abtropfen lassen. Die Sahne in einem kleinen Topf bei schwacher Hitze um ein Drittel einköcheln lassen. Die Steckrübenstreifen dazugeben und 5 Minuten mitköcheln lassen. Mit Salz, Pfeffer und Muskatnuss abschmecken.

2. Die Kartoffeln schälen, waschen und auf dem Gemüsehobel grob raspeln. In ein Küchentuch geben und gut ausdrücken.

3. Die Seelachsfilets waschen, trocken tupfen und mit Salz würzen. Die Fischfilets jeweils auf einer Seite mit Mehl bestäuben, die andere Seite dünn mit Senf bestreichen. Die Kartoffelraspel auf den mit Senf bestrichenen Seiten verteilen und gut andrücken. Das Öl und das Butterschmalz in einer beschichteten Pfanne erhitzen und die Fischfilets darin zunächst auf der Kartoffelseite etwa 2 Minuten anbraten. Anschließend wenden und auf der Mehlseite weitere 2 bis 3 Minuten goldbraun braten.

4. Zum Servieren das Steckrübengemüse auf Teller verteilen und die gebratenen Seelachsfilets darauf anrichten. Nach Belieben mit je 1 EL Lachskaviar und etwas gehackter Petersilie garnieren und mit Zitronensaft beträufeln.

FINKENWERDER SCHOLLE
mit Kartoffelsalat

ZUTATEN FÜR 4 PERSONEN

Für den Kartoffelsalat:
10 festkochende Kartoffeln · Salz
1/2 l Fleisch- oder Gemüsebrühe
1 Bund Schnittlauch · 3 Schalotten
3 EL Weißweinessig · Pfeffer aus der Mühle

Für den Fisch:
4 Schollen (à ca. 300 g; küchenfertig)
Salz · Pfeffer aus der Mühle · ca. 3 EL Mehl
1 unbehandelte Zitrone
100 g durchwachsener Speck (in Scheiben)
4 EL Traubenkernöl
1/2 Bund Petersilie (fein gehackt)

ZUBEREITUNG

1. Für den Kartoffelsalat die Kartoffeln waschen und mit Schale in Salzwasser etwa 20 Minuten garen. Abgießen, ausdampfen lassen, pellen und noch lauwarm in Scheiben schneiden. Die Brühe erhitzen und über die Kartoffeln geben. Den Schnittlauch waschen, trocken schütteln und in feine Röllchen schneiden. Die Schalotten schälen und in kleine Würfel schneiden. Schnittlauchröllchen und Schalotten mit dem Essig unter die Kartoffeln mischen. Mit Salz und Pfeffer abschmecken.

2. Für den Fisch die Schollen innen und außen waschen und trocken tupfen. Mit Salz und Pfeffer würzen und im Mehl wenden, überschüssiges Mehl abklopfen. Die Zitrone heiß waschen, abtrocknen und in dünne Scheiben schneiden. Den Speck in feine Streifen schneiden und in einer beschichteten Pfanne ohne Fett knusprig braten. Herausnehmen und auf Küchenpapier abtropfen lassen.

3. Das Traubenkernöl in der Pfanne erhitzen und die Schollen darin mit den Zitronenscheiben 10 bis 15 Minuten braten. Dabei die Fische einmal wenden und öfter mit dem Bratensaft beträufeln. Die Schollen mit den Zitronenscheiben, dem Speck und der gehackten Petersilie anrichten. Den Kartoffelsalat dazu servieren.

RED SNAPPER
mit gerösteten Pinienkernen

ZUTATEN FÜR 4 PERSONEN
4 Red-Snapper-Filets (à ca. 150 g; ohne Haut)
Salz · Pfeffer aus der Mühle
6 festkochende Kartoffeln
10 getrocknete, in Öl eingelegte Tomaten
20 entsteinte schwarze Oliven
2 EL Olivenöl · 1/2 l Fleischbrühe
4 Knoblauchzehen
Noilly Prat (franz. Wermut)
50 g Pinienkerne
2 EL Paniermehl
1 unbehandelte Zitrone · 1 EL Butter

ZUBEREITUNG

1. Die Red-Snapper-Filets waschen und trocken tupfen, mit Salz und Pfeffer würzen.

2. Die Kartoffeln schälen, waschen und in feine Scheiben schneiden oder hobeln. Die Tomaten auf Küchenpapier abtropfen lassen und halbieren. Beides mit den Oliven in eine große Pfanne geben. Das Olivenöl und die Brühe dazugeben und alles einmal aufkochen lassen. Mit Salz und Pfeffer würzen. Die Fischfilets und die angedrückten Knoblauchzehen hinzufügen und alles zugedeckt 5 bis 6 Minuten köcheln lassen, bis die Kartoffeln und die Fischfilets gar sind. Mit etwas Noilly Prat abschmecken.

3. Inzwischen die Pinienkerne hacken und mit dem Paniermehl mischen. Die Zitrone heiß waschen, abtrocknen und die Schale mit dem Zestenreißer in feinen Streifen abziehen. Die Zitronenschale unter die Pinienkernmischung mischen. Die Butter in einer beschichteten Pfanne erhitzen und die Pinienkernmischung darin anrösten. Die Pinienkerne etwas abkühlen lassen und zum Servieren auf den Fischfilets verteilen.

GEBRATENER ZANDER
mit Rhabarbergemüse

ZUTATEN FÜR 4 PERSONEN
Für den Fisch:
600 g Zanderfilet (ersatzweise Kabeljau-oder Seeteufelfilet; ohne Haut)
Salz · Pfeffer aus der Mühle
3 EL Olivenöl

Für das Rhabarbergemüse:
8 Stangen Rhabarber
2 rote Zwiebeln · 1 Chilischote
2 EL Olivenöl
Saft und abgeriebene Schale von je
1 unbehandelten Zitrone und Limette
100 ml Gemüsebrühe
200 ml Weißwein (z. B. Riesling)
1 EL Honig · 1 Msp. geriebener Ingwer

ZUBEREITUNG

1. Für den Fisch das Zanderfilet waschen, trocken tupfen und in 4 Portionen teilen. Die Fischstücke mit Salz und Pfeffer würzen. Das Olivenöl in einer beschichteten Pfanne erhitzen und die Fischstücke darin auf beiden Seiten 8 bis 10 Minuten braten.

2. Für das Rhabarbergemüse den Rhabarber putzen, waschen und schälen. Die Rhabarberstangen in mundgerechte Stücke schneiden. Die Zwiebeln schälen, halbieren und in Scheiben schneiden. Die Chilischote längs halbieren, entkernen, waschen und in feine Streifen schneiden. Das Olivenöl in einer großen Pfanne erhitzen und den Rhabarber darin anbraten. Zwiebeln, Chili, Zitrussäfte und -schalen, die Brühe, den Wein und den Honig dazugeben. Alles gut verrühren und bei schwacher Hitze höchstens 7 bis 8 Minuten köcheln lassen. Das Rhabarbergemüse mit Ingwer abschmecken. Das gebratene Zanderfilet mit dem Rhabarbergemüse anrichten.

TIPP

Das Rhabarbergemüse passt auch zu gegrilltem Putensteak oder Lammfilet sehr gut.

KNURRHAHN
mit Knoblauch und Oliven

ZUTATEN FÜR 4 PERSONEN

8 Knurrhähne (à 350–400 g; küchenfertig)
Meersalz · Pfeffer aus der Mühle
20 entsteinte schwarze Oliven
10 Knoblauchzehen
2 Rosmarinzweige
1 unbehandelte Zitrone
4 Tomaten · Zucker
5 EL Olivenöl · 3 EL Butter
100 ml Noilly Prat (franz. Wermut)

ZUBEREITUNG

1. Die Knurrhähne innen und außen waschen und trocken tupfen, mit Meersalz und Pfeffer würzen. Die Oliven fein hacken. Den Knoblauch schälen und in kleine Würfel schneiden. Den Rosmarin waschen und trocken schütteln, die Nadeln abzupfen und fein hacken. Die Zitrone heiß waschen und abtrocknen, die Schale mit dem Zestenreißer in Streifen abziehen und fein hacken. Die Zitrone halbieren und auspressen.

2. Die Tomaten kreuzweise einritzen, in kochendes Wasser tauchen, häuten, halbieren und entkernen. Das Fruchtfleisch in kleine Würfel schneiden. Die Tomatenwürfel mit Salz, Pfeffer, 1 Prise Zucker und 2 EL Olivenöl marinieren.

3. Das restliche Olivenöl und die Butter in einer großen beschichteten Pfanne erhitzen und die Knurrhähne darin kräftig auf beiden Seiten anbraten. Die Hitze reduzieren, Oliven, Knoblauch und Rosmarin dazugeben. Mit Noilly Prat und Zitronensaft ablöschen, die Zitronenschale dazugeben und alles bei schwacher Hitze 5 bis 6 Minuten garen, dabei die Fische immer wieder mit dem Sud beträufeln. Nach Belieben noch etwas Butter und Olivenöl in die Pfanne geben.

4. Die gebratenen Knurrhähne zum Servieren mit den marinierten Tomatenwürfeln bestreuen. Dazu passt Fladenbrot.

ROTBARBENFILETS
mit Orangenscheiben

ZUTATEN FÜR 4 PERSONEN

600 g festkochende Kartoffeln · Salz
8 Rotbarbenfilets (à ca. 100 g; mit Haut)
Pfeffer aus der Mühle
3 Orangen
4 EL Olivenöl · 30 g Butter
1 Thymianzweig

ZUBEREITUNG

1. Die Kartoffeln schälen, waschen, in kleine Würfel schneiden und in Salzwasser etwa 10 Minuten garen. Die Kartoffelwürfel abgießen und ausdampfen lassen.

2. Die Rotbarbenfilets waschen und trocken tupfen, mit Salz und Pfeffer würzen. Eine Orange mit einem scharfen Messer so großzügig schälen, dass auch die weiße Haut mit entfernt wird. Die Orange in Scheiben schneiden. Die restlichen Orangen halbieren und auspressen.

3. In einer beschichteten Pfanne 2 EL Olivenöl und 20 g Butter erhitzen und die Rotbarbenfilets darin auf beiden Seiten etwa 5 Minuten braten. Den Thymian waschen und trocken schütteln, mit den Orangenscheiben und dem Orangensaft in die Pfanne geben und den Saft kurz einköcheln lassen.

4. Das restliche Öl und die übrige Butter in einer zweiten Pfanne erhitzen und die Kartoffelwürfel darin rundum knusprig braten. Die Kartoffelwürfel mit Salz würzen und mit je 2 Rotbarbenfilets und den Orangenscheiben anrichten.

TIPP

Noch fruchtiger schmecken die Rotbarben, wenn Sie zusätzlich zu den Orangenscheiben und dem frisch ausgepressten Saft auch noch einige Orangenzesten mit in die Pfanne geben. Dann mindestens 1 unbehandelte Frucht verwenden, diese heiß waschen, abtrocknen und von der Schale mit dem Zestenreißer feine Streifen abziehen.

GEGRILLTE ROTBARBEN
mit Fenchel-Orangen-Salat

ZUTATEN FÜR 4 PERSONEN
Für den Fisch:
8 Rotbarben (à ca. 150 g; küchenfertig)
Salz · Pfeffer aus der Mühle
4 EL Olivenöl · 2 EL gehackte Petersilie

Für den Salat:
1 große Fenchelknolle
1 Orange · 10 entsteinte schwarze Oliven
Saft von je 1 Zitrone und Orange
1 EL Honig · 2 EL Olivenöl
1 EL Thymianblättchen
1 Knoblauchzehe

ZUBEREITUNG

1. Für den Fisch die Rotbarben waschen und trocken tupfen, mit Salz und Pfeffer würzen. Das Olivenöl und die gehackte Petersilie verrühren und die Rotbarben damit bestreichen.

2. Für den Salat den Fenchel putzen, waschen, längs halbieren und den Strunk entfernen. Die Fenchelhälften auf dem Gemüsehobel in feine Scheiben schneiden. Die Orange mit einem scharfen Messer so großzügig schälen, dass auch die weiße Haut mit entfernt wird. Die Fruchtfilets zwischen den Trennhäuten herausschneiden und in mundgerechte Stücke schneiden. Den Fenchel und die Orangenstücke in einer Schüssel mit den Oliven mischen.

3. Den Zitronen- und Orangensaft in einer kleinen Schüssel mit dem Honig, dem Olivenöl und dem Thymian verrühren. Die Knoblauchzehe schälen und durch die Knoblauchpresse dazudrücken. Die Vinaigrette über den Salat geben und gut untermischen. Den Salat kurz durchziehen lassen.

4. Die Rotbarben in eine Grillzange geben und auf dem Holzkohlegrill unter Wenden etwa 8 Minuten grillen. Die Fische dabei öfter mit dem Petersilienöl bepinseln.

GEGRILLTER THUNFISCH
mit Kräutersalat

ZUTATEN FÜR 4 PERSONEN
Für den Fisch:
4 Thunfischsteaks (à 120–140 g)
Salz · Pfeffer aus der Mühle
1/2 Bund Petersilie
4 EL Olivenöl · Zucker
2 Knoblauchzehen

Für den Salat:
100 g junge Spinatblätter
2 Bund Rucola
1 Bund Basilikum
2 EL Gemüsebrühe · 2 EL Obstessig
2 EL Olivenöl · 1 EL Honig
Salz · Pfeffer aus der Mühle · Zucker

ZUBEREITUNG

1. Für den Fisch die Thunfischsteaks waschen und trocken tupfen, mit Salz und Pfeffer würzen. Die Petersilie waschen und trocken schütteln, die Blätter abzupfen und fein hacken. Das Olivenöl mit der Petersilie, Salz, Pfeffer und 1 Prise Zucker verrühren. Die Knoblauchzehen schälen und durch die Knoblauchpresse dazudrücken. Die Thunfischsteaks mit dem Petersilienöl bepinseln.

2. Für den Salat Spinat und Rucola verlesen und die groben Stiele entfernen. Den Rucola waschen und trocken schütteln. Das Basilikum waschen, trocken schütteln und die Blätter abzupfen. Rucola, Spinat und Basilikum in eine Salatschüssel geben. Die Brühe, Essig, Olivenöl und Honig mit Salz, Pfeffer und 1 Prise Zucker verrühren. Die Vinaigrette über den Salat geben und untermischen.

3. Die Thunfischsteaks auf dem Holzkohlegrill auf jeder Seite etwa 2 Minuten grillen, dabei mit dem Petersilienöl bepinseln. Die Thunfischsteaks sollen außen scharf angebraten sein, müssen innen aber noch roh sein. Den gegrillten Thunfisch nach Belieben mit grobem Meersalz bestreuen und mit dem Kräutersalat servieren.

MEERÄSCHE
mit Paprikaschaum

∙∙∙

ZUTATEN FÜR 4 PERSONEN

Für den Fisch:

4 Meeräschenfilets (à 100–120 g; mit Haut)
Salz · Pfeffer aus der Mühle
6 rote Paprikaschoten
12 Kirschtomaten
1 Bund Frühlingszwiebeln
1 Bund Petersilie
2 EL Olivenöl
200 ml Gemüsebrühe
2 cl Noilly Prat (franz. Wermut)
Limettensaft

Für den Paprikaschaum:

3 rote Paprikaschoten
2 EL Gemüsebrühe
1 cl Noilly Prat (franz. Wermut)
1 EL Crème fraîche
1 EL kalte Butter
Saft von 1/2 Limette
1 Msp. Paprikapulver
Salz · Pfeffer aus der Mühle · Zucker

ZUBEREITUNG

1. Für den Fisch die Meeräschenfilets waschen und trocken tupfen. Die Haut jeweils mit einem scharfen Messer mehrmals einritzen und die Filets mit Salz und Pfeffer würzen.

2. Alle Paprikaschoten mit dem Sparschäler schälen, je nach Größe längs halbieren oder vierteln, entkernen und waschen. Die Kirschtomaten waschen. Die Frühlingszwiebeln putzen, waschen und in feine Ringe schneiden. Die Petersilie waschen, trocken schütteln und die Blätter abzupfen.

3. Das Olivenöl in einer großen tiefen Pfanne oder in einem Bräter erhitzen, die Paprikahälften bzw. -viertel und die Kirschtomaten darin ganz kurz anbraten. Die Frühlingszwiebeln und die Petersilienblätter dazugeben und kurz andünsten, mit der Brühe und dem Noilly Prat ablöschen. Mit Salz, Pfeffer und 1 Spritzer Limettensaft abschmecken.

4. Die Meeräschenfilets auf das Gemüse legen und alles einmal aufkochen. Dann die Hitze reduzieren und die Fischfilets zugedeckt etwa 5 Minuten gar ziehen lassen.

5. Für den Paprikaschaum die Paprikaschoten mit dem Sparschäler schälen, längs halbieren, entkernen und waschen. Die Schotenhälften in kleine Würfel schneiden, mit der Brühe und dem Noilly Prat in einen Topf geben und weich garen. Die Paprikawürfel in einen Rührbecher geben und mit dem Stabmixer fein pürieren. Die Crème fraîche, die Butter und den Limettensaft hinzufügen und untermixen. Den Paprikaschaum mit Parikapulver, Salz, Pfeffer und 1 Prise Zucker würzen.

6. Die Meeräschenfilets mit dem Sud auf einer großen Platte anrichten und den Paprikaschaum dazu servieren. Als Beilage passen Salzkartoffeln, Reis oder Baguette.

TIPP

Falls noch etwas Paprikaschaum übrig bleiben sollte, können Sie ihn als schnelle Pastasauce verwenden und z. B. mit gegarten Spaghetti mischen.

SAIBLING
im Blätterteigmantel

....

ZUTATEN FÜR 4 PERSONEN

Für den Fisch:

200 g Hechtfilet (ohne Haut)
150 g Sahne · 50 g Crème fraîche
Salz · Cayennepfeffer
Zitronensaft
12 Platten tiefgekühlter Blätterteig
2 Stauden Mangold
Mehl für die Arbeitsfläche
4 Saiblingsfilets (à 100–120 g; ohne Haut)
2 Eigelb

Für die Sauce:

200 g Crème fraîche · 2–3 EL Olivenöl
2–3 cl Noilly Prat (franz. Wermut)
Salz · Pfeffer aus der Mühle
2–3 Thymianzweige

ZUBEREITUNG

1. Für den Fisch das Hechtfilet waschen, trocken tupfen und in kleine Würfel schneiden. Die Fischwürfel, die Sahne und die Crème fraîche 10 Minuten in das Tiefkühlfach stellen, bis sie eiskalt sind. Die Hechtwürfel und die Crème fraîche in den Blitzhacker geben und kurz pürieren. Dann nach und nach die Sahne hinzufügen und weiterpürieren, bis eine glatte, glänzende Farce entstanden ist. Die Hechtfarce mit Salz, Cayennepfeffer und Zitronensaft abschmecken und bis zur Weiterverwendung zugedeckt kühl stellen.

2. Die Blätterteigplatten nebeneinanderlegen und auftauen lassen. Den Mangold putzen, waschen und die dicke Mittelrippe herausschneiden. Die Mangoldblätter in Salzwasser 2 Minuten blanchieren. Herausheben, kalt abschrecken und auf Küchenpapier abtropfen lassen.

3. Den Backofen auf 180 °C vorheizen. Je 3 Blätterteigplatten übereinanderlegen und auf der bemehlten Arbeitsfläche zu dünnen Quadraten ausrollen. Die Teigplatten jeweils auf der unteren Hälfte mit der Hälfte der Mangoldblätter belegen, dabei an den Seiten jeweils einen Rand frei lassen, damit man die Teigpäckchen später gut verschließen kann. Die Mangoldblätter mit der Hälfte der Hechtfarce bestreichen.

4. Die Saiblingsfilets waschen, trocken tupfen und jeweils auf die Hechtfarce setzen. Die restliche Farce auf den Fischfilets verteilen und mit den übrigen Mangoldblättern belegen. Die Eigelbe verquirlen und die Teigränder damit bestreichen. Die oberen Hälften der Blätterteigplatten jeweils über die Fischfüllung klappen und die Ränder fest andrücken. Die Blätterteigpäckchen außen mit Eigelb bestreichen, auf ein mit Backpapier ausgelegtes Backblech setzen und im Ofen auf der mittleren Schiene 12 bis 15 Minuten goldbraun backen.

5. Für die Sauce die Crème fraîche in einem kleinen Topf mit dem Olivenöl und dem Noilly Prat leicht erhitzen, dabei mit dem Schneebesen cremig rühren. Mit Salz und Pfeffer würzen. Den Thymian waschen, trocken schütteln und die Blättchen abzupfen. Die Sauce in 2 Portionen teilen und unter eine Hälfte den Thymian rühren. Die Fischpäckchen aus dem Ofen nehmen, mit den beiden Saucen und nach Belieben mit marinierten Tomatenwürfeln (siehe S. 80) servieren.

TIPP

Damit die Hechtfarce gelingt, ist es wichtig, dass alle Zutaten gut gekühlt sind – deshalb sollte man sie am besten (wie im Rezept beschrieben) einige Minuten ins Tiefkühlfach stellen. Ansonsten kann die Farce bei der Zubereitung im Blitzhacker zu warm werden und eventuell gerinnen oder ausflocken. Statt mit Hechtfilet kann man die Farce auch mit Zanderfilet zubereiten.

RED SNAPPER
im Salzteig

....

ZUTATEN FÜR 4–6 PERSONEN

Für den Fisch:
1 Red Snapper (1,8–2 kg; küchenfertig)
1 Rosmarinzweig · 1 Bund Thymian
1 Bund Petersilie · 1 junge Knoblauchknolle
1 haselnussgroßes Stück Ingwer
6 Eiweiß · 3 kg grobes Meersalz

Für die Sauce béarnaise:
1/2 Bund Thymian · 1/4 l Orangensaft
3 Eigelb · 200 ml Olivenöl · Salz

ZUBEREITUNG

1. Für den Fisch den Backofen auf 200 °C vorheizen. Den Red Snapper innen und außen waschen, trocken tupfen und die Flossen abschneiden. Die Kräuter waschen und trocken schütteln, die Petersilienstiele grob zerteilen. Die Knoblauchknolle vierteln, den Ingwer schälen. Kräuter, Knoblauch und Ingwer in die Bauchhöhle des Fischs geben.

2. Für den Salzteig die Eiweiße mit den Quirlen des Handrührgeräts leicht schaumig schlagen. Nach und nach das Meersalz unterrühren. Auf einem mit Backpapier ausgelegten Backblech aus der Salzmasse einen Sockel in Größe des Fischs formen. Den Red Snapper darauflegen und mit der restlichen Salzmasse bedecken. Den Fisch im Ofen auf der mittleren Schiene etwa 45 Minuten garen.

3. Für die Sauce béarnaise den Thymian waschen und trocken schütteln. Den Orangensaft mit dem Thymian in einem kleinen Topf bis auf 4 EL einkochen lassen. Den Thymian entfernen und die Orangenreduktion etwas abkühlen lassen. Die Eigelbe zur Orangenreduktion geben, den Topf zurück auf die lauwarme Herdplatte stellen und alles mit dem Schneebesen verrühren. Nach und nach das Olivenöl dazugießen und weiterrühren, bis eine cremige Sauce entstanden ist. Mit Salz abschmecken.

4. Die Salzkruste aufklopfen. Den Fisch häuten, filetieren und mit der Sauce béarnaise servieren.

LOUP DE MER
aus dem Ofen

....

ZUTATEN FÜR 4 PERSONEN

1 Loup de mer (1–1,2 kg; küchenfertig)
Meersalz · Olivenöl
3 Rosmarinzweige
3 Kartoffeln · 1 unbehandelte Zitrone
4 Schalotten
4 Tomaten · 4 Knoblauchzehen
20 entsteinte schwarze Oliven
1/4 l Weißwein

ZUBEREITUNG

1. Den Backofen auf 200 °C vorheizen. Den Loup de mer innen und außen waschen und trocken tupfen, mit etwas Meersalz und 1 EL Olivenöl einreiben. Die Rosmarinzweige waschen, trocken schütteln und in Olivenöl tauchen, 2 Zweige in die Bauchhöhle des Fischs geben.

2. Die Kartoffeln schälen, waschen und in dünne Scheiben schneiden. Die Zitrone heiß waschen, abtrocknen und in Scheiben oder Spalten schneiden. Die Schalotten mit der Schale vierteln. Die Tomaten waschen und nach Belieben halbieren. Den restlichen Rosmarinzweig zerzupfen. Die Knoblauchzehen andrücken und mit den anderen vorbereiteten Zutaten auf ein Backblech geben. Mit 2 EL Olivenöl beträufeln und mit Meersalz bestreuen. Den Fisch daraufsetzen und 1/4 l Wasser angießen.

3. Den Loup de mer im Ofen auf der mittleren Schiene etwa 15 Minuten garen. Dann die Oliven und den Wein dazugeben, die Ofentemperatur auf 180 °C reduzieren und den Fisch weitere 15 Minuten garen. Den Loup de mer vor dem Servieren nach Belieben mit Salz, Olivenöl und etwas Zitronensaft würzen.

TIPP

Statt mit Loup de mer (Wolfsbarsch) kann man dieses Rezept auch mit Lachsforelle oder Forelle zubereiten – die Garzeit ändert sich nicht.

LACHSFORELLE
aus dem Ofen

ZUTATEN FÜR 4 PERSONEN

1 Lachsforelle (ca. 1 kg; küchenfertig)
Salz · Pfeffer aus der Mühle
8 Schalotten · 1 Bund Petersilie
1 l Fleischbrühe (oder Fischfond)
200 ml Noilly Prat (franz. Wermut)
200 ml Weißwein (z. B. Riesling)
200 ml Olivenöl

ZUBEREITUNG

1. Den Backofen auf 180 °C vorheizen. Die Lachsforelle innen und außen waschen und trocken tupfen, mit Salz und Pfeffer würzen.

2. Die Schalotten schälen und in kleine Würfel schneiden. Die Petersilie waschen, trocken schütteln und die Blätter abzupfen. Die Schalottenwürfel, die Petersilie, die Brühe, den Noilly Prat, den Wein und das Olivenöl in ein tiefes Backblech geben. Die Forelle in den Sud legen und im Ofen auf der mittleren Schiene etwa 40 Minuten garen. Dabei den Fisch mindestens zweimal wenden.

3. Die Lachsforelle aus dem Ofen nehmen, häuten, filetieren und mit dem eingekochten Sud anrichten. Dazu passt Baguette.

TIPP

Ich liebe diese Art der Zubereitung, weil sie recht simpel ist und der Fisch so wunderbar aromatisch und saftig wird. Den Sud kann man ganz nach Geschmack mit Kräutern (z. B. Kerbel oder Bärlauch) oder Gewürzen (z. B. Senfkörnern) abwandeln. Auf diese Weise können Sie auch andere Fische wie Saiblinge oder Rotbarben zubereiten.

DORADE
in der Folie

ZUTATEN FÜR 4 PERSONEN

4 Doradenfilets (à ca. 150 g; ohne Haut)
Salz · Pfeffer aus der Mühle
1 unbehandelte Zitrone
1 Bund Rucola
4 Knoblauchzehen
150 g Pinienkerne
4 TL Fenchelsamen
4 EL Noilly Prat (franz. Wermut)
4 EL Olivenöl · 4 EL Butter

ZUBEREITUNG

1. Den Backofen auf 200 °C vorheizen. Die Doradenfilets waschen und trocken tupfen. Mit Salz und Pfeffer würzen und jeweils auf ein entsprechend großes Stück Alufolie legen.

2. Die Zitrone heiß waschen, abtrocknen und in Scheiben schneiden. Den Rucola verlesen und die groben Stiele entfernen. Den Rucola waschen, trocken schütteln und nach Belieben grob zerzupfen. Die Knoblauchzehen schälen und in feine Scheiben schneiden. Die Pinienkerne in einer beschichteten Pfanne ohne Fett goldbraun rösten. Die Fenchelsamen im Mörser fein zerstoßen.

3. Die Zitronenscheiben, den Rucola, den Knoblauch und die Pinienkerne auf die Doradenfilets verteilen. Jeweils 1 EL Noilly Prat, 1 EL Olivenöl, 1 EL Butter und 1 TL Fenchelsamen darübergeben. Die Alufolie über den Fischfilets zusammenfalten und zu Päckchen verschließen. Die Fischpäckchen im Ofen auf der mittleren Schiene 15 Minuten garen. Nach Belieben mit Pellkartoffeln oder Baguette servieren.

TIPP

In Alufolie werden ganze Fische oder Fischfilets besonders schonend gegart: Sie behalten ihr Aroma, und das Fleisch wird schön saftig.

KABELJAU
auf Kartoffeln und Paprika

ZUTATEN FÜR 4 PERSONEN

4 festkochende Kartoffeln
4 Zwiebeln
4 rote Spitzpaprikaschoten
3 EL Olivenöl
Salz · Pfeffer aus der Mühle
1 l Fleischbrühe (oder Fischfond)
4 Kabeljaufilets (à 120–140 g; ohne Haut)
2–3 EL Weißwein (z. B. Riesling)

ZUBEREITUNG

1. Den Backofen auf 200 °C vorheizen. Die Kartoffeln schälen, waschen und in feine Scheiben schneiden oder hobeln. Die Zwiebeln schälen, halbieren und ebenfalls in Scheiben schneiden. Die Paprikaschoten mit dem Sparschäler schälen. Die Schoten längs halbieren, entkernen, waschen und in mundgerechte Stücke schneiden.

2. Das Olivenöl in einem Bräter erhitzen, die Kartoffelscheiben, Zwiebeln und Paprikastücke darin andünsten. Mit Salz und Pfeffer würzen und die Brühe angießen. Das Gemüse bei schwacher Hitze etwa 10 Minuten köcheln lassen, sodass die Kartoffelscheiben fast gar sind.

3. Die Kabeljaufilets waschen und trocken tupfen, mit Salz und Pfeffer würzen. Die Fischfilets auf das Gemüse im Bräter legen und im Ofen auf der mittleren Schiene etwa 5 Minuten garen. Den Bräter aus dem Ofen nehmen und die Fischfilets vor dem Servieren mit dem Wein und nach Belieben mit etwas Olivenöl beträufeln.

TIPP

Falls Sie keine Spitzpaprikaschoten bekommen, können Sie genauso gut zwei herkömmliche rote Paprikaschoten verwenden. Probieren Sie dieses Rezept auch einmal mit anderen Fischfilets wie Seelachsfilets aus.

SCHOLLENFILETS
mit Krabben

ZUTATEN FÜR 4 PERSONEN

Für das Kartoffelpüree:
600 g mehligkochende Kartoffeln · Salz
1/4 l Milch · 250 g Sahne
30 g flüssige Butter · Pfeffer aus der Mühle
frisch geriebene Muskatnuss

Für den Fisch:
16 Schollenfilets (à ca. 60 g; ohne Haut)
Salz · Pfeffer aus der Mühle
ca. 3 EL Mehl · 3 EL Olivenöl · 2 EL Butter
3 Schalotten · 200 g Nordseekrabben
200 ml Gemüsebrühe
200 ml Weißwein (z. B. Riesling)

ZUBEREITUNG

1. Für das Kartoffelpüree die Kartoffeln schälen, waschen und in Salzwasser etwa 20 Minuten garen.

2. Für den Fisch den Backofen auf 180 °C vorheizen. Die Schollenfilets waschen und trocken tupfen, mit Salz und Pfeffer würzen. Das Mehl in einen tiefen Teller geben und die Fischfilets darin wenden, das überschüssige Mehl abklopfen. Das Olivenöl und die Butter in einer beschichteten Pfanne erhitzen und die Schollenfilets darin auf beiden Seiten ganz kurz anbraten. Dann in ein tiefes Backblech legen. Die Schalotten schälen und in kleine Würfel schneiden. Die Schalottenwürfel und die Krabben über die Schollenfilets verteilen. Die Brühe und den Wein angießen und die Fischfilets im Ofen auf der mittleren Schiene etwa 5 Minuten garen.

3. Die Kartoffeln abgießen, ausdampfen lassen und durch die Kartoffelpresse drücken. Die Milch und die Sahne erhitzen. Die Milch-Sahne-Mischung mit der flüssigen Butter zu der Kartoffelmasse geben und alles zu einem lockeren Püree verarbeiten. Mit Salz, Pfeffer und Muskatnuss abschmecken.

4. Die Schollenfilets aus dem Ofen nehmen, mit dem Kartoffelpüree servieren und nach Belieben mit gehacktem Dill bestreuen.

Geflügel
& Wild

Wildfleisch ist gesund und überall
zu bekommen. Wagen Sie sich einfach
mal ran an einen Rehrücken. Meine
Lehrmeister in Sachen Geflügel waren
der Sterne-Koch Michael Hoffmann
und Janosch von Beöthy – beiden nochmals herzlichen Dank.

HÄHNCHEN IN ESTRAGONSAUCE
mit gefüllten Tomaten

....

ZUTATEN FÜR 4 PERSONEN

Für das Hähnchen:
2 doppelte Hähnchenbrüste
(à ca. 400 g; mit Haut und Knochen)
5 Schalotten · 2 EL Olivenöl
5 EL Estragonessig
100 ml Weißwein
1/2 l Gemüse- oder Hühnerbrühe
1 EL getrockneter Estragon
Salz · 125 g Crème fraîche · 50 g Butter
Pfeffer aus der Mühle
Zitronensaft
1/2 Bund Estragon

Für die gefüllten Tomaten:
4 große Tomaten
1 Chilischote · 2 Knoblauchzehen
1/2 Bund Thymian
2 Rosmarinzweige · 8 Salbeiblätter
100 g Feta-Käse · 100 g Crème fraîche
Salz · Pfeffer aus der Mühle
2 EL Olivenöl

ZUBEREITUNG

1. Für das Hähnchen die Hähnchenbrüste waschen und trocken tupfen. Die Schalotten schälen und in kleine Würfel schneiden. Das Olivenöl in einem Schmortopf erhitzen, die Hähnchenbrüste darin kräftig anbraten und herausnehmen. Die Schalotten im verbliebenen Öl hellbraun braten und mit dem Essig ablöschen. Den Wein, die Brühe, den getrockneten Estragon und etwas Salz hinzufügen und die Hähnchenbrüste mit der Fleischseite nach unten hineinlegen. Das Fleisch zugedeckt 30 Minuten schmoren, dann wenden und weitere 15 Minuten garen.

2. Für die gefüllten Tomaten den Backofen auf 200 °C vorheizen. Aus Alufolie vier Schälchen in der Größe der Tomaten formen, dabei die Ränder etwa 2 cm höher ziehen. Die Tomaten waschen und an der Stielansatzseite jeweils einen Deckel abschneiden. Die Tomaten mit einem Löffel entkernen.

3. Die Chilischote längs halbieren, entkernen, waschen und fein hacken. Den Knoblauch schälen und in kleine Würfel schneiden. Die Kräuterzweige waschen, trocken schütteln und die Blättchen bzw. Nadeln abzupfen. Die Salbeiblätter waschen und trocken tupfen. Alle Kräuter fein hacken. Den Feta und die Crème fraîche in einen Rührbecher geben und mit dem Stabmixer pürieren. Kräuter, Knoblauch und Chili untermischen und die Feta-Masse mit Salz und Pfeffer abschmecken.

4. Die Tomaten in die Aluschälchen setzen, die Feta-Masse einfüllen und mit etwas Olivenöl beträufeln. Die Tomaten auf das Ofengitter stellen und im Ofen auf der mittleren Schiene etwa 15 Minuten backen. Zum Schluss für ein paar Minuten den Backofengrill dazuschalten, bis die Käsemasse bräunt.

5. Die Hähnchenbrüste aus dem Topf nehmen, die Haut entfernen und die Filets vom Knochen lösen. Die Crème fraîche und die Butter in Stücken unter die Sauce rühren, mit Salz, Pfeffer und etwas Zitronensaft abschmecken. Die Hähnchenfilets in die Sauce geben und bei schwacher Hitze etwa 5 Minuten ziehen lassen.

6. Den Estragon waschen und trocken schütteln, die Blätter abzupfen und fein hacken. Die Hähnchenfilets mit Sauce auf Teller verteilen, mit dem Estragon bestreuen und die gefüllten Tomaten dazu servieren. Dazu passen in einer Grillpfanne gebratene Kartoffelscheiben.

TIPP

Servieren Sie im Sommer doch mal Hähnchenbrust vom Grill. Dafür 4 Hähnchenbrustfilets in einer Marinade aus Olivenöl, Zitronensaft, Estragon, Salz und Pfeffer mindestens 1 Stunde ziehen lassen. Dann die Filets abtropfen lassen und auf dem Holzkohlegrill (oder in der Grillpfanne) unter Wenden 10 bis 15 Minuten garen. Vor dem Servieren mit etwas Olivenöl und Estragon bestreuen.

CALVADOS-HUHN
mit Äpfeln und Rosinen

ZUTATEN FÜR 4 PERSONEN
3 EL Rosinen
6 cl Calvados (franz. Apfelbranntwein)
4 Hähnchenbrustfilets (à 180–200 g;
mit Haut und Flügelknochen)
Salz · Pfeffer aus der Mühle
20 g Butterschmalz
4 Rosmarinzweige
4 Äpfel (2 Sorten; z.B. Boskop und Elstar)
30 g Butter · 100 ml Apfelsaft
2 EL Crème fraîche · Zitronensaft

ZUBEREITUNG

1. Die Rosinen in ein Schälchen geben, mit 1 cl Calvados und 4 cl Wasser mischen und mindestens 2 Stunden ziehen lassen.

2. Den Backofen auf 120 °C vorheizen. Die Hähnchenfilets waschen und trocken tupfen, mit Salz und Pfeffer würzen. Das Butterschmalz in einer beschichteten Pfanne erhitzen und die Filets darin auf beiden Seiten anbraten. Die Rosmarinzweige waschen, trocken schütteln und kurz nach dem Anbraten dazugeben. Die Filets mit den Rosmarinzweigen auf ein mit Alufolie ausgelegtes Backblech geben und im Ofen auf der mittleren Schiene 15 Minuten garen.

3. Die Äpfel schälen und mit dem Kugelausstecher aus dem Fruchtfleisch kleine Kugeln ausstechen. Die Butter in einer beschichteten Pfanne erhitzen. Die Apfelkugeln darin rundum andünsten und mit dem restlichen Calvados ablöschen. Die Rosinen abtropfen lassen, in die Pfanne geben und die Apfelmischung flambieren. Den Apfelsaft und die Crème fraîche hinzufügen und untermischen. Die Sauce mit Zitronensaft abschmecken.

4. Die Hähnchenfilets in die Sauce legen und 2 Minuten darin ziehen lassen. Die Filets nach Belieben mit gehacktem Rosmarin bestreuen und z.B. mit Kartoffelpüree (siehe S. 155) servieren.

HÄHNCHEN IN MANGOLD
mit Mango und Pinienkernen

ZUTATEN FÜR 4 PERSONEN
16 Mangoldblätter · Salz
4 Hähnchenbrustfilets (à ca. 150 g)
1 TL Cayennepfeffer
1 TL Currypulver (z.B. Garam Masala)
2 EL Olivenöl · 1 l Hühnerbrühe
1 Mango · 20 Kirschtomaten · 50 g Pinienkerne
1 walnussgroßes Stück Ingwer
Saft von 1/2 Zitrone

ZUBEREITUNG

1. Von den Mangoldblättern die Stiele und die dicken Mittelrippen entfernen, die Blätter waschen. Die Mangoldblätter in Salzwasser 3 Minuten blanchieren. Herausheben, kalt abschrecken und trocken tupfen. Jeweils 4 Blätter aufeinander- bzw. in Größe der Hähnchenbrustfilets aneinanderlegen.

2. Die Hähnchenbrustfilets waschen und trocken tupfen. Mit Salz, Cayennepfeffer und Currypulver würzen und im Olivenöl auf beiden Seiten kurz anbraten. Die Filets auf die Mangoldblätter legen und einpacken. Die Brühe in einer Pfanne oder einem weiten Topf erhitzen, die Mangoldpäckchen hineinlegen und bei schwacher Hitze 10 bis 12 Minuten köcheln lassen.

3. Inzwischen die Mango schälen, das Fruchtfleisch zuerst in Spalten vom Stein und dann in kleine Würfel schneiden. Die Kirschtomaten waschen und halbieren. Die Pinienkerne in einer beschichteten Pfanne ohne Fett goldbraun braten. Die Mangowürfel und Tomaten dazugeben und kurz erhitzen.

4. Die Mangoldpäckchen aus der Brühe nehmen und warm stellen. Den Ingwer schälen und fein reiben. Die Brühe einkochen lassen, mit Zitronensaft, Ingwer und Salz abschmecken. Die Mangoldpäckchen zum Servieren in Scheiben schneiden, mit dem Mangogemüse anrichten und mit Brühe begießen.

HÄHNCHENBRUST
mit Pinienkernen und Kapern

ZUTATEN FÜR 4 PERSONEN
8 neue Kartoffeln
4 Hähnchenbrustfilets (à ca. 180 g)
Salz · Cayennepfeffer
1 Rosmarinzweig · 5 EL Olivenöl
2 EL Kapern · 50 g Pinienkerne
1 EL gehackter Rosmarin · 2 Zitronen

ZUBEREITUNG

1. Die Kartoffeln unter fließendem Wasser gründlich abbürsten und längs in etwa 1 cm dicke Scheiben schneiden.

2. Die Hähnchenbrustfilets waschen und trocken tupfen, nacheinander in einen Gefrierbeutel geben und mit dem Plattiereisen oder einem Topf gleichmäßig dünn klopfen. Die Hähnchenfilets mit Salz und Cayennepfeffer würzen.

3. Den Backofen auf 250 °C vorheizen. Den Rosmarinzweig waschen, trocken schütteln und vierteln. Ein Backblech mit Olivenöl einfetten. Die Kartoffelscheiben darauflegen, mit Olivenöl bestreichen und im Ofen auf der mittleren Schiene unter gelegentlichem Wenden 10 bis 15 Minuten grillen, bis sie fast gar sind. Dabei nach etwa 8 Minuten den Backofengrill dazuschalten.

4. Dann das Backblech auf die untere Schiene schieben. Die Hähnchenfilets auf das Backofengitter legen, jeweils mit Rosmarin belegen und mit Olivenöl bestreichen. Im Ofen auf der mittleren Schiene auf jeder Seite etwa 1 1/2 Minuten grillen. Das Backblech aus dem Ofen nehmen.

5. Die Kartoffeln mit Salz würzen. Die Kapern fein hacken. Die Pinienkerne in einer beschichteten Pfanne ohne Fett goldbraun rösten. Die Hähnchenbrustfilets mit etwas Olivenöl beträufeln, mit den Kapern, den Pinienkernen und dem Rosmarin bestreuen. Mit den Kartoffeln anrichten. Die Zitronen halbieren und dazu reichen.

HÄHNCHENBRUST
mit Garnelen und Pfirsich

ZUTATEN FÜR 4 PERSONEN
16 Garnelen (mit Schale)
4 Weinbergpfirsiche
4 Hähnchenbrustfilets (à ca. 180 g)
Salz · Pfeffer aus der Mühle
2 EL Rapsöl
30 g Butterschmalz
200 ml Weißwein
150 g Naturjoghurt
Chilipulver
gemahlene Fenchelsamen

ZUBEREITUNG

1. Die Garnelen schälen, am Rücken entlang einschneiden und den dunklen Darm entfernen. Die Garnelen waschen und trocken tupfen. Die Pfirsiche kreuzweise einritzen, in kochendes Wasser tauchen, häuten und halbieren. Den Stein entfernen und das Fruchtfleisch in kleine Würfel schneiden.

2. Die Hähnchenbrustfilets waschen und trocken tupfen, mit Salz und Pfeffer würzen. Die kleinen Filets an der Unterseite abschneiden. Das Öl mit dem Butterschmalz in einer beschichteten Pfanne erhitzen und die großen Filets darin auf jeder Seite 5 Minuten braten. Die kleinen Filets etwa 2 Minuten mitbraten. Das Fleisch aus der Pfanne nehmen.

3. Die Garnelen in das verbliebene Bratfett geben und etwa 2 Minuten braten. Die Pfirsichwürfel dazugeben und 2 Minuten mitbraten. Die Garnelen und die Pfirsiche aus der Pfanne nehmen.

4. Den Bratensatz mit dem Wein ablöschen und durch ein feines Sieb in einen kleinen Topf gießen. Den Joghurt unterrühren und die Sauce mit Salz und Pfeffer würzen. Das Hähnchenfleisch, die Garnelen und die Pfirsiche mit der Sauce wieder in die Pfanne geben und bei mittlerer Hitze erwärmen. Das Hähnchenfleisch und die Garnelen auf Teller verteilen, die Sauce darübergeben und alles mit Chilipulver und Fenchel bestreuen. Nach Belieben mit Zitronenspalten servieren.

HÄHNCHEN
mit Morchel-Walnuss-Sauce

ZUTATEN FÜR 4 PERSONEN

20 getrocknete Morcheln
600 g Hähnchenbrustfilet
Salz · Pfeffer aus der Mühle
1 EL Butterschmalz
2 Schalotten · 60 g Walnusshälften
1 EL Butter · 2 EL Rum
1/8 l Rotwein · 250 g Sahne
2 TL Preiselbeermarmelade

ZUBEREITUNG

1. Die Morcheln in 1/4 l lauwarmem Wasser etwa 2 Stunden einweichen. Den Backofen auf 150 °C vorheizen. Das Fleisch waschen und trocken tupfen, mit Salz und Pfeffer würzen. Das Butterschmalz in einer Pfanne erhitzen und das Fleisch darin auf beiden Seiten anbraten. Herausnehmen, auf das Backofengitter legen und im Ofen auf der mittleren Schiene 30 Minuten fertig garen.

2. Die Morcheln durch ein mit Küchenpapier ausgelegtes Sieb gießen und das Einweichwasser auffangen. Das Küchenpapier entfernen, die Morcheln gründlich abbrausen und abtropfen lassen. Die Schalotten schälen und in kleine Würfel schneiden. Die Walnüsse hacken.

3. Die Butter in der Pfanne, in der auch das Fleisch gebraten wurde, erhitzen und die Schalotten darin andünsten. Die Walnüsse und die Morcheln dazugeben und 5 Minuten mitdünsten, dabei, falls nötig, noch etwas Einweichwasser dazugeben. Den Rum und den Wein dazugießen und die Flüssigkeit bei starker Hitze fast vollständig einkochen lassen.

4. Die Sahne und die Preiselbeermarmelade in die Pfanne geben und leicht einkochen lassen. Etwas Einweichwasser dazugeben und die Sauce mit Salz würzen. Das Hähnchenbrustfilet in Portionen teilen, mit der Sauce servieren und nach Belieben Spätzle (siehe S. 127) dazu reichen.

HÄHNCHEN-CURRY
mit Tomaten und Joghurt

ZUTATEN FÜR 4 PERSONEN

1 kleine Poularde (ca. 1,2 kg, aus Freiland-
haltung; küchenfertig)
Salz · Pfeffer aus der Mühle
6 Schalotten · 4 Knoblauchzehen
2 Chilischoten
1 haselnussgroßes Stück Ingwer
2 EL Olivenöl
2 EL Currypulver (z. B. Garam Masala)
400 ml Fleischbrühe
10 Kirschtomaten · 250 g Naturjoghurt
Saft und abgeriebene Schale von
1 unbehandelten Zitrone
2 Tassen Basmatireis

ZUBEREITUNG

1. Die Poularde in 8 Teile zerlegen. Dafür die Keulen abschneiden und an den Gelenken halbieren. Die Flügel abtrennen. Die Poularde längs halbieren und jeweils in 2 Teile schneiden. Alle Teile waschen, trocken tupfen und mit Salz und Pfeffer würzen.

2. Die Schalotten und die Knoblauchzehen schälen und in kleine Würfel schneiden. Die Chilischoten längs halbieren, entkernen, waschen und fein hacken. Den Ingwer schälen und ebenfalls fein hacken.

3. Das Olivenöl in einem Bräter erhitzen und die Poulardenteile darin rundum leicht anbraten. Die Schalotten, den Knoblauch, Chili und Ingwer hinzufügen und kurz mitbraten. Mit Currypulver bestäuben, die Brühe angießen und leicht mit Salz würzen. Die Poulardenteile zugedeckt etwa 20 Minuten köcheln lassen. Dann den Deckel abnehmen und das Fleisch weitere 30 Minuten garen.

4. Den Reis nach Packungsanweisung in Salzwasser garen. Die Kirschtomaten waschen und halbieren. Den Joghurt mit Zitronenschale und -saft verrühren und unter das Curry rühren. Die Tomaten untermischen und alles mit Salz abschmecken.

CHILI-HUHN
mit Knoblauch

ZUTATEN FÜR 4 PERSONEN

4 Hähnchenkeulen
Salz · Pfeffer aus der Mühle
3 EL Olivenöl
2 Schalotten
4 Knoblauchzehen
2 Chilischoten
1 TL Cayennepfeffer
1 TL Paprikapulver
200 ml Weißwein (z. B. Riesling)
200 ml Fleischbrühe

ZUBEREITUNG

1. Die Hähnchenkeulen waschen und trocken tupfen, am Gelenk teilen und mit Salz und Pfeffer würzen. Das Olivenöl in einer ofenfesten Pfanne erhitzen und die Keulen darin etwa 15 Minuten rundum goldbraun braten.

2. Den Backofen auf 180 °C vorheizen. Die Schalotten und die Knoblauchzehen schälen. Die Schalotten vierteln und die Knoblauchzehen in kleine Würfel schneiden. Die Chilischoten längs halbieren, entkernen, waschen und die Chilihälften wiederum längs halbieren.

3. Die Hähnchenteile mit Cayennepfeffer und Paprikapulver bestäuben. Knoblauch, Schalotten und Chili dazugeben, kurz andünsten und mit Wein und Brühe ablöschen. Die Keulen im Ofen auf der mittleren Schiene 20 Minuten weiterbraten. Herausnehmen und nach Belieben mit Fladenbrot oder Kartoffelpüree servieren.

PUTENROULADE
mit Ananas-Chili-Mus

ZUTATEN FÜR 4 PERSONEN
Für die Putenroulade:
1 Ananas
4 große Champignons
8 Scheiben Putenbrustfilet (ca. 3 mm dick)
Salz · Pfeffer aus der Mühle · Cayennepfeffer
Saft von 1/2 Zitrone · 4 EL Olivenöl

Für das Mus:
1 Chilischote · 2 EL Ananassaft
Salz · Pfeffer aus der Mühle · Zucker

ZUBEREITUNG

1. Für die Putenroulade die Ananas putzen, schälen, vierteln und den harten Strunk entfernen. Das Fruchtfleisch in dünne Scheiben schneiden. Die Champignons mit einem feuchten Tuch abreiben und die Stielenden abschneiden. Die Pilze in feine Scheiben schneiden.

2. Die Putenbrustscheiben waschen und trocken tupfen, mit Salz, Pfeffer und Cayennepfeffer würzen. Einige Ananas- und alle Champignonscheiben darauf verteilen und das Fleisch aufrollen. Die Enden mit kleinen Holzspießen fixieren.

3. Für das Mus die Chilischote längs halbieren, entkernen, waschen, grob schneiden und mit dem restlichen Ananasfruchtfleisch, dem Ananassaft, Salz, Pfeffer und 1 Prise Zucker in einen Rührbecher geben. Mit dem Stabmixer fein pürieren und mit Salz und Pfeffer abschmecken. Nach Belieben noch etwas fein gehackte Chili dazugeben.

4. Den Zitronensaft mit 3 EL Olivenöl verrühren. In einer beschichteten Pfanne das restliche Olivenöl erhitzen und die Putenrouladen darin etwa 10 Minuten rundum braten, dabei immer wieder mit der Zitronen-Öl-Mischung bestreichen.

5. Die Putenrouladen mit dem Ananas-Chili-Mus servieren. Dazu passen Blattsalat und Baguette.

PERLHUHNBRUST
mit Gnocchi und Orangen-Morchel-Sauce

....

ZUTATEN FÜR 4 PERSONEN

Für die Sauce:

25 g getrocknete Morcheln
2 Orangen
400 ml Hühnerbrühe
3 EL Portwein
Salz · Pfeffer aus der Mühle

Für die Gnocchi:

600 g mehligkochende Kartoffeln · Salz
3 Eigelb
50 g flüssige Butter
50 g Speisestärke
frisch geriebene Muskatnuss
Mehl für die Arbeitsfläche

Für die Perlhuhnbrust:

4 Perlhuhnbrüste (à 180–200 g;
mit Haut und Flügelknochen)
Salz · Pfeffer aus der Mühle
20 g Butter · 2 EL Olivenöl
je 1 Rosmarin- und Thymianzweig

ZUBEREITUNG

1. Für die Sauce die Morcheln in lauwarmem Wasser mindestens 2 Stunden einweichen.

2. Für die Gnocchi die Kartoffeln waschen und mit Schale in Salzwasser etwa 20 Minuten garen. Abgießen und kurz ausdampfen lassen. Die Kartoffeln pellen und noch warm durch die Kartoffelpresse drücken. Die Eigelbe, die Butter und die Speisestärke dazugeben und alles zu einem glatten Teig verkneten. Mit Salz und Muskatnuss würzen. Aus dem Kartoffelteig auf der bemehlten Arbeitsfläche portionsweise 2 cm dicke Rollen formen. Die Rollen in kleine Stücke schneiden und jeweils mit einer Gabel etwas flach drücken.

3. Für die Sauce die Orangen mit einem scharfen Messer so großzügig schälen, dass auch die weiße Haut mit entfernt wird. Die Fruchtfilets zwischen den Trennhäuten herausschneiden. Die Morcheln durch ein mit Küchenpapier ausgelegtes Sieb gießen und den Sud auffangen. Das Küchenpapier entfernen, die Morcheln gründlich abbrausen und abtropfen lassen.

4. Die Brühe um ein Drittel einkochen lassen. Den Portwein, 3 EL Einweichwasser und die Morcheln dazugeben. Alles 10 Minuten leicht köcheln lassen. Die Orangenfilets hinzufügen, die Sauce mit Salz und Pfeffer abschmecken und warm halten.

5. Für die Perlhuhnbrüste das Fleisch waschen und trocken tupfen, mit Salz und Pfeffer würzen. Die Butter und das Olivenöl in einer beschichteten Pfanne erhitzen und die Perlhuhnbrüste darin unter gelegentlichem Wenden 10 bis 12 Minuten braten. Die Kräuterzweige waschen, trocken schütteln und kurz mitbraten.

6. Die Gnocchi in reichlich siedendem Salzwasser 2 Minuten ziehen lassen – sie sind gar, wenn sie an die Oberfläche steigen. Mit dem Schaumlöffel herausheben, abtropfen lassen und auf Teller verteilen. Die Morchel-Orangen-Sauce darübergeben und die Perlhuhnbrüste darauf anrichten.

TIPP

Perlhuhnfleisch schmeckt intensiver als Hähnchenfleisch. Sein Geschmack erinnert an Fasan, und ebenso wie dessen Fleisch hat es einen geringen Fettgehalt. Obwohl Perlhühner gezüchtet sind, werden sie oft als Wildgeflügel angeboten.

GEGRILLTE STUBENKÜKEN
mit Bohnenragout

....

ZUTATEN FÜR 4 PERSONEN

Für das Bohnenragout:

500 g getrocknete weiße Bohnen
1 1/2 l Fleisch- oder Hühnerbrühe
1 kleine Dose Tomaten (400 g Füllmenge)
2 Knoblauchzehen
1 Chilischote
20 Salbeiblätter
4 EL Olivenöl
Salz · Pfeffer aus der Mühle · Zucker

Für die Stubenküken:

2 Stubenküken (à ca. 500 g; küchenfertig)
Salz · Pfeffer aus der Mühle
1 walnussgroßes Stück Ingwer
1/2 Bund Petersilie
je 1 unbehandelte Limette und Zitrone
1 Tasse Olivenöl
1 Knoblauchzehe · Zucker

ZUBEREITUNG

1. Am Vortag für das Bohnenragout die Bohnen über Nacht in kaltem Wasser einweichen. Dann das Wasser abgießen und die Bohnen in der Brühe mit etwas Salz zugedeckt 1 Stunde köcheln. Die Bohnen in ein Sieb abgießen und abtropfen lassen.

2. Die Dosentomaten ebenfalls in ein Sieb abgießen. Das Fruchtfleisch in einen Topf geben und mit dem Kartoffelstampfer etwas zerdrücken. Den Knoblauch schälen und in kleine Würfel schneiden. Die Chilischote längs halbieren, entkernen, waschen und fein hacken. Die Salbeiblätter waschen, trocken tupfen und ebenfalls fein hacken. Knoblauch, Chili, Salbei, Olivenöl und Bohnen zu den Tomaten geben. Mit Salz, Pfeffer und 1 Prise Zucker würzen. Das Bohnenragout zum Kochen bringen und bei schwacher Hitze etwa 30 Minuten köcheln lassen.

3. Für die Stubenküken die Hühnchen waschen und trocken tupfen. Mit einem großen Messer längs halbieren und mit dem Messerrücken platt drücken. Mit Salz und Pfeffer würzen.

4. Den Ingwer schälen und fein hacken. Die Petersilie waschen und trocken schütteln, die Blätter abzupfen und sehr fein hacken. Die Limette und die Zitrone heiß waschen, abtrocknen, die Schalen fein abreiben und den Saft auspressen. Die Schalen, den Saft, das Olivenöl, den Ingwer und die Petersilie in eine Schüssel geben. Den Knoblauch schälen und durch die Knoblauchpresse dazudrücken. Alles zu einer Marinade verrühren, mit Salz, Pfeffer und 1 Prise Zucker würzen. Die Stubenküken auf beiden Seiten mit der Marinade bestreichen.

5. Den Backofengrill vorheizen. Die Stubenküken auf dem Ofengitter auf der mittleren Schiene etwa 15 Minuten grillen, dabei immer wieder wenden und mit der Marinade bestreichen. Die Stubenküken mit dem lauwarmen Bohnenragout und Weißbrot servieren.

TIPP

Im Sommer sind Stubenküken vom Gartengrill eine große Überraschung für Ihre Gäste. Geben Sie die Hälften dafür in Grillkörbe und garen Sie sie unter häufigem Wenden und Bestreichen mit der Marinade etwa 15 Minuten.

CURRY-HUHN
mit Ananas

ZUTATEN FÜR 4 PERSONEN

1 Hähnchen (1–1,2 kg,
aus Freilandhaltung; küchenfertig)
2 Möhren · 1 Bund Frühlingszwiebeln
1 Chilischote
1 haselnussgroßes Stück Ingwer
1 unbehandelte Zitrone
3 EL Rapsöl
1 1/2 EL Currypulver (z. B. Garam Masala)
1/2 TL Cayennepfeffer
1 l Hühnerbrühe · 1 Ananas
Salz · Pfeffer aus der Mühle

ZUBEREITUNG

1. Das Hähnchen zerteilen. Dafür zuerst die Flügel und Keulen vom Körper trennen, die Keulen am Gelenk halbieren. Den Körper in etwa 8 Stücke teilen. Die Hähnchenteile waschen und trocken tupfen.

2. Die Möhren schälen und in mundgerechte Stücke schneiden. Die Frühlingszwiebeln putzen und waschen. Das Grün in feine Ringe schneiden und beiseitestellen, das Weiße in mundgerechte Stücke schneiden. Die Chilischote längs halbieren, entkernen, waschen und fein hacken. Den Ingwer schälen und in Scheiben schneiden. Die Zitrone heiß waschen, abtrocknen und in Scheiben schneiden.

3. Das Öl in einem großen Topf erhitzen und die Hähnchenteile darin rundum goldbraun anbraten. Möhren, Frühlingszwiebelstücke, Chili, Ingwer und Zitronen dazugeben und kurz mitbraten. Das Currypulver und den Cayennepfeffer darüberstäuben und die Brühe dazugießen. Die Hähnchenteile zugedeckt etwa 30 Minuten garen.

4. Die Ananas putzen, schälen, vierteln und den harten Strunk entfernen. Das Fruchtfleisch in mundgerechte Stücke schneiden, am Ende der Garzeit in den Topf geben und das Curryhuhn weitere 10 Minuten schmoren. Mit Salz und Pfeffer würzen und mit dem Frühlingszwiebelgrün bestreuen.

HUHN AUS DEM OFEN
mit Champignons

ZUTATEN FÜR 4 PERSONEN

1 Poularde (ca. 1,8 kg, aus Freilandhaltung;
küchenfertig) · 500 g Salz
2 Rosmarinzweige · 100 ml Olivenöl
Salz · Pfeffer aus der Mühle
1 TL Paprikapulver
3 unbehandelte Zitronen · 5 Knoblauchzehen
300 g Champignons · 1 Bund Petersilie
2 Thymianzweige · 300 ml Weißwein

ZUBEREITUNG

1. Am Vortag das sichtbare Fett der Poularde entfernen und die Poularde waschen. In einen großen Topf oder eine Schüssel 10 l Wasser geben und das Salz unterrühren, bis es sich aufgelöst hat. Die Poularde hineinlegen und an einem kühlen Ort 10 bis 12 Stunden marinieren, dabei einmal wenden.

2. Den Backofen auf 200 °C vorheizen. Den Rosmarin waschen und trocken schütteln. Die Poularde aus dem Salzbad nehmen, abtropfen lassen und trocken tupfen. Die Haut an der Brust vorsichtig anheben und jeweils 1 Rosmarinzweig darunterschieben. 1 EL Olivenöl mit Salz, Pfeffer und Paprikapulver mischen und die Poularde damit bestreichen.

3. Die Zitronen heiß waschen, abtrocknen und vierteln. Die Knoblauchzehen schälen. Die Champignons mit einem feuchten Tuch abreiben und die Stielenden abschneiden. Die Petersilie und den Thymian waschen und trocken schütteln. Die Poularde mit 2 Zitronenvierteln, 2 Knoblauchzehen und der Petersilie füllen. Die Keulen und Flügel mit Küchengarn an den Körper binden und die Poularde in den Bräter setzen. Die Pilze, den restlichen Knoblauch, die übrigen Zitronen und den Thymian um das Huhn herum verteilen. Mit dem Wein und dem restlichen Olivenöl begießen und im Ofen auf der mittleren Schiene etwa 1 1/4 Stunden braten.

4. Die Poularde herausnehmen. Die Sauce nach Belieben mit etwas Butter montieren. Die Poularde tranchieren und mit Baguette servieren.

KOHLROULADEN
mit Hähnchen in Sahnesauce

....

ZUTATEN FÜR 4 PERSONEN

Für die Rouladen:
1 Kopf Weißkohl · Salz
2 Scheiben Toastbrot
1 Tasse Hühnerbrühe
4 Hähnchenbrustfilets (à ca. 180 g)
3 Schalotten · 2 Chilischoten
1 Stück Ingwer (ca. 5 cm)
1/2 Bund Petersilie · 2 Eier
Pfeffer aus der Mühle
150 g Ziegenrolle (oder anderer Ziegenkäse)

Außerdem:
1 1/2 l Hühnerbrühe · 200 g Sahne
1 EL Currypulver
etwas Zitronensaft
50 g weiche Butter · 30 g Mehl

ZUBEREITUNG

1. Für die Rouladen in einem großen Topf reichlich Wasser zum Kochen bringen. Den Weißkohl putzen und den Strunk herausschneiden. Das Wasser salzen, den Kohl hineinlegen, einige Minuten köcheln lassen und herausheben. Die äußeren Blätter ablösen und kalt abschrecken. Den Kohl wieder ein paar Minuten in das kochende Wasser geben und herausnehmen. Nochmals die äußeren Blätter ablösen und kalt abschrecken. Auf diese Art und Weise 8 Blätter ablösen. Die Blätter trocken tupfen und die dicken Mittelrippen flach schneiden.

2. Das Toastbrot in kleine Würfel schneiden und in der Brühe einweichen. Die Hähnchenbrustfilets waschen, trocken tupfen und in kleine Würfel schneiden. Die Schalotten schälen und in kleine Würfel schneiden. Die Chilischoten längs halbieren, entkernen, waschen und fein hacken. Den Ingwer schälen und in kleine Würfel schneiden. Die Petersilie waschen und trocken schütteln, die Blätter abzupfen und fein hacken. Das Toastbrot ausdrücken. Alle vorbereiteten Zutaten mit den Eiern mischen. Die Masse mit Salz und Pfeffer würzen.

3. Die Kohlblätter auf der Arbeitsfläche auslegen. Die Füllung auf die Kohlblätter verteilen, dabei jeweils rundum einen etwa 1/2 cm breiten Rand frei lassen. Die Ziegenrolle in 8 Scheiben schneiden. Jeweils 1 Scheibe Ziegenkäse in die Füllung drücken. Die Längsseiten der Kohlblätter über der Füllung einschlagen und die Blätter aufrollen. Die Enden jeweils mit einem kleinen Holzspieß fixieren.

4. Die Rouladen nebeneinander in einen weiten Topf legen. Die Brühe dazugießen, sodass die Rouladen bedeckt sind, eventuell noch etwas Brühe hinzufügen. Die Rouladen zugedeckt bei schwacher Hitze etwa 1 Stunde garen.

5. Die Kohlrouladen herausnehmen. Die Sahne zur Brühe gießen und die Flüssigkeit leicht einkochen lassen. Mit Currypulver und Zitronensaft abschmecken. Die Butter und das Mehl verkneten und nach und nach unter die kochende Sauce rühren, bis diese die gewünschte Konsistenz hat. Die Kohlrouladen mit der Sauce anrichten und nach Belieben mit Kartoffelpüree (siehe S. 155) servieren.

TIPP

Den restlichen Weißkohl können Sie zu einem Krautsalat verarbeiten. Dafür den Kohl halbieren, den Strunk entfernen und die Hälften in dünne Streifen schneiden oder hobeln. Den Kohl in einer Schüssel mit 2 EL Essig und 1 Tasse heißem Wasser übergießen, durchkneten und salzen. Etwas Zucker und nach Belieben gehackte Chili dazugeben und den Salat zugedeckt 30 Minuten marinieren. Den Krautsalat mit Essig und Salz würzen und mit 3 EL Öl mischen.

KLEINE WIRSINGROULADEN
mit Hähnchen und Shrimps

....

ZUTATEN FÜR 20 STÜCK

Für die Rouladen:
500 g Grönland-Shrimps (tiefgekühlt)
1 großer Kopf Wirsing
Salz · 1 Mango
2 Hähnchenbrustfilets (à ca. 150 g)
5 EL Olivenöl
1 EL gehackter Ingwer
2 EL gehackter Knoblauch
Pfeffer aus der Mühle

Für die Tomatensauce:
1 Chilischote
1 Bund Petersilie
1 große Dose Tomaten (800 g Füllmenge)
1 EL Zucker · Salz
2 EL Olivenöl

ZUBEREITUNG

1. Für die Rouladen die Shrimps nach Packungsanweisung auftauen lassen. Den Wirsing putzen und 20 Blätter ablösen. Die Wirsingblätter waschen, trocken schütteln und die dicken Mittelrippen jeweils herausschneiden. Die Blätter in Salzwasser 3 Minuten blanchieren. Herausheben und das Blanchierwasser beiseitestellen. Die Wirsingblätter kalt abschrecken, etwas ausdrücken, trocken tupfen und nebeneinanderlegen.

2. Die Mango schälen, das Fruchtfleisch zuerst in Spalten vom Stein und dann in kleine Würfel schneiden. Die Hähnchenbrustfilets waschen, trocken tupfen und in kleine Würfel schneiden. Die Shrimps waschen, trocken tupfen und, falls nötig, am Rücken entlang einschneiden und den dunklen Darm entfernen. Die Shrimps in kleine Stücke schneiden. In einer großen Pfanne 3 EL Olivenöl portionsweise erhitzen, das Hähnchenfleisch und die Shrimps darin nach und nach anbraten. Dann

alles zusammen in die Pfanne geben, den Ingwer und den Knoblauch hinzufügen und 3 bis 4 Minuten mitdünsten. Mit Salz und Pfeffer würzen, die Mango dazugeben und untermischen.

3. Die Füllung auf den Wirsingblättern verteilen, dabei jeweils rundum einen etwa 1/2 cm breiten Rand frei lassen. Die Längsseiten der Wirsingblätter über der Füllung einschlagen und die Blätter aufrollen. Die Enden jeweils mit einem kleinen Holzspieß fixieren.

4. Das restliche Olivenöl portionsweise in einer großen Pfanne erhitzen. Die Minirouladen darin nach und nach leicht anbraten. Alle Rouladen in die Pfanne geben, etwas Blanchierwasser hinzufügen, mit Salz würzen und die Rouladen bei schwacher Hitze zugedeckt 15 Minuten dünsten.

5. Für die Tomatensauce die Chilischote längs halbieren, entkernen, waschen und fein hacken. Die Petersilie waschen und trocken schütteln. Petersilie, Chili und Dosentomaten in einen Topf geben, mit dem Kartoffelstampfer zerdrücken und 20 Minuten zugedeckt köcheln lassen. Zwischendurch mit Zucker, 1 TL Salz und Olivenöl abschmecken und nach Belieben noch etwas Chili dazugeben. Die Petersilie entfernen, die Tomatensauce durch ein Sieb streichen und mit den Minirouladen servieren.

TIPP

Diese Minirouladen gibt es bei mir immer auf Festen vorneweg mit einem Glas Riesling oder Champagner. Man kann sie bestens vorbereiten und bis zum Braten im Kühlschrank aufbewahren.

HÄHNCHEN
mit Tomatensalat

....

ZUTATEN FÜR 4 PERSONEN
Für die Hähnchen:
2 Hähnchen (à ca. 1 kg,
aus Freilandhaltung; küchenfertig)
Salz · Pfeffer aus der Mühle
4 große Rosmarinzweige

Für den Salat:
1 kg Kirschtomaten
1/4 l Balsamicoessig · 3 EL Olivenöl
Salz · Pfeffer aus der Mühle · Zucker
4 Scheiben Bauernbrot
1 Knoblauchzehe

ZUBEREITUNG

1. Für die Hähnchen den Backofen auf 200 °C vorheizen. Die Hähnchen innen und außen waschen und trocken tupfen. Mit Salz und Pfeffer würzen. Die Haut an der Brust jeweils vorsichtig anheben. An den Schenkeln die Haut leicht einschneiden und ebenfalls anheben. Die Rosmarinzweige waschen und trocken schütteln, in Stücke schneiden und unter die Haut schieben. Die Keulen und Flügel mit Küchengarn an den Körper binden. Die Hähnchen mit der Brust nach oben auf das Backofengitter legen und im Ofen auf der mittleren Schiene etwa 1 1/4 Stunden braten.

2. Für den Salat die Kirschtomaten waschen und halbieren. Essig in einem Topf auf 3 bis 4 EL einkochen und etwas abkühlen lassen. Mit dem Olivenöl, Salz, Pfeffer und 1 Prise Zucker zu einer Vinaigrette verrühren und mit den Tomaten mischen.

3. Die Bauernbrot-Scheiben in einer beschichteten Pfanne ohne Fett rösten, dabei nach Belieben einmal wenden. Den Knoblauch längs halbieren und das Brot damit einreiben.

4. Die Hähnchen aus dem Ofen nehmen und längs halbieren. Mit dem Tomatensalat und dem Bauernbrot servieren.

BACKHUHN
mit Kopfsalat

....

ZUTATEN FÜR 2 PERSONEN
Für das Backhuhn:
1 Hähnchen (ca. 800 g, aus Freilandhaltung;
küchenfertig)
Salz · Pfeffer aus der Mühle
3 Eier · 2 EL Sahne
100 g Mehl
ca. 200 g Paniermehl
Öl zum Frittieren

Für den Salat:
1 kleiner Kopfsalat · 400 g Sahne
Saft von 1 Zitrone · Zucker
1 EL Traubenkernöl

ZUBEREITUNG

1. Für das Backhuhn das Hähnchen in Portionsstücke zerlegen. Dafür die Keulen an den Gelenken abschneiden. Die Flügel abschneiden und die Flügelspitzen entfernen. Das Huhn längs halbieren und das Brustfleisch vom Knochen lösen. Die Hähnchenteile waschen und trocken tupfen. Von allen Teilen außer den Flügeln die Haut entfernen. Sämtliche Hähnchenteile mit Salz und Pfeffer würzen.

2. Die Eier mit der Sahne verquirlen. Das Mehl und das Paniermehl jeweils in tiefe Teller geben. Die Hähnchenteile zuerst im Mehl, dann im verquirlten Ei und zum Schluss im Paniermehl wenden.

3. Für den Salat den Kopfsalat putzen, waschen, trocken schleudern und die Blätter in mundgerechte Stücke zerzupfen. Die Sahne mit dem Zitronensaft cremig aufschlagen. Mit 1 Prise Zucker und dem Traubenkernöl würzen.

4. Das Öl in einem Topf erhitzen und die panierten Hähnchenteile darin portionsweise etwa 12 Minuten goldbraun frittieren. Herausnehmen und auf Küchenpapier abtropfen lassen.

5. Den Salat mit dem Dressing mischen und mit dem Backhuhn servieren. Nach Belieben Zitronenspalten dazu reichen.

GEBRATENE PUTE
mit Rotweinsauce und Gemüse

ZUTATEN FÜR 4–6 PERSONEN
Für die Pute:
1 Baby-Pute (2–2,2 kg, aus Freilandhaltung;
küchenfertig)
je 10 Piment- und Pfefferkörner
Meersalz · 2 EL Olivenöl
1 Bund Kräuter (z. B. Thymian,
Rosmarin, Salbei)
40 g weiche Butter
1 EL Honig

Für die Sauce:
2 kg Hühnerklein (küchenfertig)
2 Möhren · 300 g Knollensellerie
1 Zwiebel · 1 Lauchstange
3 EL Olivenöl · 1 EL Tomatenmark
3/4 l Rotwein
je 1 TL getrockneter Rosmarin und Thymian
1 Knoblauchzehe · 10 Pfefferkörner
1 Lorbeerblatt · 4 Wacholderbeeren

Für das Gemüse:
600 g Brokkoli · 4 Möhren
20 g Butter · 2 EL Olivenöl
Salz · Pfeffer aus der Mühle
gemahlener Piment
100 ml Hühnerbrühe
2 EL gehackte Petersilie

ZUBEREITUNG

1. Für die Pute den Backofen auf 220 °C vorheizen. Die Pute innen und außen waschen und trocken tupfen. Die Gewürzkörner im Mörser fein zerstoßen und mit etwas Meersalz mischen. Die Pute mit Olivenöl einreiben und mit der Gewürzmischung bestreuen. Die Kräuter waschen, trocken schütteln und die Pute damit füllen, die Öffnung mit kleinen Holzspießen verschließen. Die Keulen und die Flügel mit Küchengarn an den Körper binden.

2. Die Pute mit der Brust nach unten in ein tiefes Backblech legen und im Ofen auf der mittleren Schiene 30 Minuten braten. Die Ofentemperatur auf 200 °C reduzieren und die Pute weitere 2 Stunden braten. Die Butter mit 2 bis 3 EL heißem Wasser verrühren. Die Pute während der Bratzeit immer wieder mit der Butter einpinseln und zwischendurch einmal wenden.

3. Für die Sauce das Hühnerklein waschen, trocken tupfen und grob zerkleinern. Die Möhren, den Sellerie und die Zwiebel schälen und in grobe Stücke schneiden. Den Lauch putzen, waschen und ebenfalls in grobe Stücke schneiden. Das Olivenöl in einem großen Topf oder einem Bräter erhitzen und das Hühnerklein darin anbraten. Das Gemüse dazugeben und kurz mitbraten. Das Tomatenmark hinzufügen und unter Rühren leicht rösten. Mit dem Wein ablöschen und so viel Wasser angießen, dass alles bedeckt ist. Die Kräuter, den Knoblauch mit Schale und die Gewürze dazugeben und alles 2 Stunden köcheln lassen. Die Sauce durch ein Sieb in einen Topf gießen und auf zwei Drittel einkochen lassen. Mit Salz und Pfeffer würzen.

4. Für das Gemüse den Brokkoli putzen, waschen und in die einzelnen Röschen teilen. Die Möhren schälen und schräg in dünne Scheiben schneiden. Die Butter und das Olivenöl in einem Topf erhitzen. Brokkoli und Möhren darin andünsten, mit Salz, Pfeffer und Piment würzen. Die Brühe angießen und das Gemüse etwa 10 Minuten bissfest dünsten. Zum Schluss mit der Petersilie bestreuen.

5. Kurz vor Ende der Bratzeit den Backofengrill dazuschalten und die Pute mit dem Honig bestreichen. Die Haut rundum knusprig grillen. Die Pute herausnehmen und tranchieren, dabei die Kräuter entfernen. Mit Gemüse und Sauce anrichten.

PUTENBRATEN
in Milch

ZUTATEN FÜR 4 PERSONEN

1,2–1 1/2 kg Putenfleisch (aus der Keule)
Salz · Pfeffer aus der Mühle
je 1 Bund Salbei und Rosmarin
6 EL Olivenöl
1 l Milch
4 Tomaten · Zucker

ZUBEREITUNG

1. Den Putenbraten waschen, trocken tupfen und mit Salz und Pfeffer würzen. Den Salbei und den Rosmarin waschen und trocken schütteln. In einem Bräter 3 EL Olivenöl erhitzen und das Fleisch darin rundum kräftig anbraten. Den Braten mit der Milch ablöschen, 2 EL Olivenöl und die Kräuter dazugeben und bei mittlerer Hitze offen 1 Stunde köcheln. Den Braten zwischendurch wenden.

2. Die Tomaten kreuzweise einritzen, in kochendes Wasser tauchen, häuten, halbieren und entkernen. Das Fruchtfleisch in kleine Würfel schneiden, mit dem restlichen Olivenöl, Salz, Pfeffer und 1 Prise Zucker mischen und etwa 20 Minuten marinieren.

3. Den Braten aus der Sauce nehmen, in Scheiben schneiden und mit den Tomatenwürfeln bestreuen. Die Kräuter entfernen und die Sauce zum Fleisch servieren. Nach Belieben Ciabatta oder Baguette dazu reichen.

TIPP

Bei einem Besuch in der Toskana habe ich zum ersten Mal Geflügel gegessen, das in Milch gegart wurde. Die Milch flockt während des Garens immer etwas aus, schmeckt aber prima. Falls Sie das stört, können Sie die Sauce vor dem Servieren mit dem Stabmixer aufschlagen. Die Sauce ist sehr flüssig, das soll aber so sein – bitte nicht andicken!

ENTENBRUST
mit Granatapfelsauce

ZUTATEN FÜR 4–6 PERSONEN

2 Orangen · 1/2 Granatapfel
1 Bund Kräuter (z. B. Thymian,
Rosmarin, Salbei, Lorbeer)
4 Entenbrüste (à ca. 300 g; mit Haut)
20 g Butterschmalz
Salz · Pfeffer aus der Mühle
200 ml Weißwein (z. B. Riesling)
200 ml Orangensaft
1 geh. EL Orangenmarmelade
1 geh. EL kalte Butter

ZUBEREITUNG

1. Die Orangen mit einem scharfen Messer so großzügig schälen, dass auch die weiße Haut mit entfernt wird. Die Fruchtfilets aus den Trennhäuten schneiden, dabei den abtropfenden Saft auffangen. Aus dem Granatapfel die Kerne herauslösen. Die Kräuter waschen und trocken schütteln. Die Entenbrüste waschen, trocken tupfen und die Haut kreuzweise einschneiden. Den Backofen auf 120 °C Umluft (140 °C Ober-/Unterhitze) vorheizen.

2. Das Butterschmalz in einer Pfanne erhitzen und die Entenbrüste darin portionsweise auf der Hautseite braun braten. Wenden und auf der Fleischseite kurz anbraten. Ein Backblech mit Alufolie auslegen. Die Entenbrüste mit Salz und Pfeffer würzen, mit den Kräutern auf das Backblech legen und im Ofen auf der mittleren Schiene etwa 15 Minuten braten. Die Bratpfanne beiseitestellen.

3. Den Wein und den Orangensaft zu dem Bratensatz der Entenbrüste gießen und auf die Hälfte einkochen lassen. Die Orangenfilets mit dem aufgefangenen Saft und die Granatapfelkerne dazugeben. Die Marmelade unterrühren. Die Butter in kleinen Stücken unter die Sauce rühren.

4. Die Entenbrüste aus dem Ofen nehmen, ein paar Minuten ruhen lassen und in Scheiben schneiden. Mit der Sauce auf Tellern anrichten. Dazu passt ein Kartoffel-Sellerie-Püree (siehe S. 181).

ENTE AUS DEM BACKOFEN
mit Orangensauce und Knödeln

....

ZUTATEN FÜR 4 PERSONEN

Für die Ente:
1 Ente (1,8–2 kg, aus Freilandhaltung;
küchenfertig) · 500 g Salz
2 Äpfel · 2 Zwiebeln · 3 Bund Thymian
Pfeffer aus der Mühle

Für die Sauce:
1 Bund Suppengemüse
Entenhals und -magen
abgeriebene Schale von 1/2 unbehandelten
Orange · 10 Pfefferkörner
1/4 l Orangensaft · 200 ml Fleischbrühe
200 ml Rotwein · 3 Orangen
Salz · Pfeffer aus der Mühle

Für die Knödel:
600 g mehligkochende Kartoffeln
Salz · 3 Eigelb · 50 g flüssige Butter
50 g Speisestärke · frisch geriebene Muskatnuss

ZUBEREITUNG

1. Für die Ente am Vortag das sichtbare Fett der Ente entfernen und die Ente innen und außen waschen. In einem großen Topf oder einer Schüssel 10 l Wasser mit dem Salz verrühren, bis sich das Salz aufgelöst hat. Die Ente hineinlegen und an einem kühlen Ort 12 Stunden marinieren, dabei einmal wenden.

2. Die Äpfel waschen, halbieren und die Kerngehäuse entfernen. Die Zwiebeln schälen und mit den Äpfeln in grobe Würfel schneiden. Den Thymian waschen und trocken schütteln. Die Ente aus dem Salzbad nehmen und trocken tupfen. Mit den Äpfeln, den Zwiebeln und dem Thymian füllen. Außen mit Pfeffer bestreuen und die Keulen und die Flügel mit Küchengarn an den Körper binden. Den Backofen auf 200 °C vorheizen.

3. Für die Sauce das Suppengemüse putzen, waschen bzw. schälen und in kleine Würfel schneiden. Den Entenhals und -magen waschen, trocken tupfen, in kleine Stücke schneiden und mit dem Suppengemüse, der Orangenschale und den Pfefferkörnern auf einem tiefen Backblech verteilen. Orangensaft, Brühe, Wein und 1 l Wasser mischen und etwas davon auf das Backblech gießen.

4. Das Backblech mit dem Saucenansatz auf der unteren Schiene in den Ofen geben. Die Ente auf das Ofengitter legen und auf der mittleren Schiene 1 3/4 bis 2 Stunden braten, dabei immer wieder etwas Flüssigkeit zum Saucenansatz gießen und die Ente mindestens zweimal wenden.

5. Nach 1 Stunde den Saucenansatz durch ein Sieb in einen Topf gießen. Das Backblech wieder in den Ofen unter die Ente schieben, um das abtropfende Fett aufzufangen.

6. Für die Knödel die Kartoffeln waschen und mit Schale in Salzwasser etwa 20 Minuten garen. Abgießen, kurz ausdampfen lassen und pellen. Die heißen Kartoffeln durch die Kartoffelpresse in eine Schüssel drücken. Die Eigelbe, die Butter, die Speisestärke, Salz und Muskatnuss dazugeben und alles verkneten. Aus der etwas abgekühlten Kartoffelmasse 8 Knödel formen. Die Knödel in siedendem Salzwasser 15 bis 20 Minuten garen, bis sie an der Oberfläche schwimmen.

7. Für die Sauce den Sud etwas einkochen lassen. Die Orangen mit einem scharfen Messer so großzügig schälen, dass auch die weiße Haut mit entfernt wird. Die Orange in Scheiben schneiden, in die Sauce geben und erwärmen. Mit Salz und Pfeffer würzen.

8. Etwa 10 Minuten vor Ende der Bratzeit den Backofengrill dazuschalten und die Ente rundum goldbraun und knusprig grillen. Die Ente aus dem Ofen nehmen, ein paar Minuten ruhen lassen und tranchieren. Die Entenstücke auf einer Platte anrichten und mit der Sauce, den Knödeln und nach Belieben der Füllung servieren.

GESCHMORTES KANINCHEN
mit Tomaten und Oliven

ZUTATEN FÜR 4 PERSONEN

1 ganzes Kaninchen (ca. 1 1/2 kg; küchenfertig)
Salz · Pfeffer aus der Mühle · 2 Fleischtomaten
10 Schalotten · 6 Knoblauchzehen
2 EL Butterschmalz · 2 EL Olivenöl
100 g entsteinte schwarze Oliven
150 ml Weißwein · 150 ml Hühnerbrühe
3–4 Rosmarinzweige · 1/2 Bund Thymian
6–8 Salbeiblätter · 4 frische Lorbeerblätter
Zitronensaft · 50 g Pinienkerne

ZUBEREITUNG

1. Das Kaninchen von sichtbaren Fettteilen befreien und die Keulen und Vorderläufe vom Rumpf trennen. Die Bauchlappen von den Rippen schneiden, die Filets vorsichtig aus dem Rücken lösen und die Silberhäute entfernen. Die Karkasse in 3 bis 4 Teile zerlegen. Die Keulen und die Vorderläufe mit Salz und Pfeffer würzen.

2. Die Tomaten waschen und in Stücke schneiden, dabei die Stielansätze entfernen. Schalotten und Knoblauch schälen und vierteln. In einem Bräter je 1 EL Butterschmalz und Olivenöl erhitzen, Karkassen, Bauchlappen, Keulen und Vorderläufe darin rundum goldbraun braten. Die Tomaten, die Oliven, die Schalotten und den Knoblauch hinzufügen und den Wein mit der Brühe angießen. Die Kräuter waschen, trocken schütteln und dazugeben. Das Kaninchen zugedeckt etwa 1 Stunde schmoren, bis sich das Fleisch leicht von den Knochen lösen lässt.

3. Die Karkassen aus dem Topf nehmen und die Sauce mit Salz, Pfeffer und Zitronensaft abschmecken. Das restliche Butterschmalz und das Olivenöl in einer beschichteten Pfanne erhitzen und die Filets darin rundum anbraten. Die Pinienkerne in einer Pfanne ohne Fett goldbraun rösten.

4. Die Pinienkerne und die Filets in den Bräter geben und 10 Minuten mitköcheln lassen. Das Fleisch mit der Sauce servieren. Dazu passen ein gemischter Salat und Baguette.

KANINCHENKEULEN
mit Bandnudeln

ZUTATEN 4–6 PERSONEN

2 Kaninchenkeulen
(vom Metzger am Gelenk zerteilt)
Salz · Pfeffer aus der Mühle
3 Schalotten
2 EL Traubenkernöl
1 Knoblauchzehe
3 frische Lorbeerblätter
200 ml Weißwein (z. B. Riesling)
3/4 l Fleischbrühe
250 g Sahne
300 g Bandnudeln
1/2 unbehandelte Zitrone

ZUBEREITUNG

1. Die Kaninchenkeulen waschen und trocken tupfen, mit Salz und Pfeffer würzen. Die Schalotten schälen und in sehr kleine Würfel schneiden. Das Traubenkernöl in einem Bräter oder einer großen Bratpfanne erhitzen und die Kaninchenkeulen darin rundum anbraten. Den Knoblauch mit Schale andrücken, mit den Schalotten und den gewaschenen Lorbeerblättern dazugeben und andünsten. Mit dem Wein ablöschen und die Brühe mit der Sahne angießen. Die Kaninchenkeulen zugedeckt bei schwacher Hitze etwa 1 1/2 Stunden garen. Das Fleisch ist gar, wenn es sich leicht von den Knochen lösen lässt. 30 Minuten vor Garzeitende den Deckel abnehmen, sodass die Sauce sämig einkocht.

2. Inzwischen die Bandnudeln nach Packungsanweisung in Salzwasser bissfest garen.

3. Die Keulen herausnehmen, das Fleisch von den Knochen lösen, in mundgerechte Stücke schneiden und wieder in die Sauce geben. Die Zitrone heiß waschen, abtrocknen und die Schale fein abreiben. Sauce mit Zitronenschale, Salz und Pfeffer würzen.

4. Die Nudeln in ein Sieb abgießen, tropfnass unter die Sauce mischen und sofort servieren.

WILDSCHWEINKEULE
mit geschmorten Früchten

....

ZUTATEN FÜR 4 PERSONEN

Für die Wildschweinkeule:

1 Wildschweinkeule (1 1/2–2 kg; ausgelöst)
Salz · Pfeffer aus der Mühle
1 Bund Suppengemüse · 2 rote Zwiebeln
1 junge Knoblauchknolle
1 haselnussgroßes Stück Ingwer
50 g durchwachsener Speck (am Stück)
1/2 unbehandelte Zitrone · 1 Chilischote
2 Rosmarinzweige · 1 Bund Thymian
3 EL Olivenöl · 1 EL Tomatenmark
4 Lorbeerblätter
1 EL Vadouvan (ind. Gewürmischung; aus
dem Asienladen oder Internetversand)
3/4 l Rotwein

Für die Früchte:

2 feste Birnen · 2 Äpfel · 2 Orangen
12 helle oder dunkle Weintrauben
1 Vanilleschote
2 EL Butter · 2 EL Puderzucker
8 getrocknete Feigen
2 Sternanis · 1 Zimtstange · 1 EL Honig
400 ml Rotwein (z.B. Chianti)

ZUBEREITUNG

1. Für die Wildschweinkeule den Backofen auf 200 °C vorheizen. Das Fleisch von Fett, Sehnen und Häuten befreien und mit Salz und Pfeffer würzen. Suppengemüse putzen und waschen bzw. schälen. Die Zwiebeln mit Schale und die Knoblauchknolle vierteln. Den Ingwer schälen und in feine Scheiben schneiden. Den Speck in kleine Würfel schneiden. Die Zitrone heiß waschen, abtrocknen und die Schale dünn abschneiden. Die Chilischote längs halbieren, entkernen, waschen und fein hacken. Die Kräuter waschen und trocken schütteln.

2. Das Olivenöl in einem Bräter erhitzen, die Keule darin rundum anbraten und herausnehmen. Das Gemüse mit den Zwiebeln, dem Knoblauch, dem Ingwer und dem Speck im restlichen Öl anbraten.

Das Tomatenmark dazugeben und kurz mitrösten. Zitronenschale, Chili, Kräuter, Lorbeerblätter und die Gewürzmischung hinzufügen, alles mit dem Wein ablöschen und 3/4 l Wasser dazugießen. Die Keule wieder in den Bräter legen (sie sollte etwa zur Hälfte mit Sud bedeckt sein) und zugedeckt im Ofen auf der mittleren Schiene 1 1/2 Stunden garen, dabei nach 30 Minuten die Backofentemperatur auf 160 °C reduzieren. Falls nötig, noch etwas Wein und Wasser angießen.

3. Für die Früchte die Birnen waschen und längs zur Hälfte so schälen, dass ein Streifenmuster entsteht. Die Birnen vierteln und die Kerngehäuse entfernen. Die Äpfel waschen, mit einem Apfelausstecher entkernen und quer in Ringe schneiden. Die Orangen mit einem scharfen Messer so großzügig schälen, dass auch die weiße Haut mit entfernt wird. Die Orangen in Scheiben schneiden. Die Trauben waschen und trocken tupfen. Die Vanilleschote längs aufschneiden und das Mark herauskratzen.

4. Die Butter in einer beschichteten Pfanne erhitzen, die Birnen und Äpfel darin kurz andünsten. Den Puderzucker dazugeben und leicht karamellisieren, dabei die Früchte immer wieder wenden. Die Orangen, die Weintrauben, die Feigen, die Vanilleschote und das -mark, den Sternanis, die Zimtstange und den Honig dazugeben und alles mit Wein aufgießen. Die Früchte aufkochen und zugedeckt bei schwacher Hitze etwa 10 Minuten garen.

5. Die Wildschweinkeule aus der Sauce nehmen und im offenen Backofen warm halten. Die Sauce durch ein Sieb in einen Topf gießen, etwas einkochen lassen und mit Salz und Pfeffer würzen.

6. Die Keule in Scheiben schneiden und mit der Sauce und den Früchten servieren. Dazu passen Gnocchi (siehe S. 165).

GEBRATENE GANS
mit Rotweinsauce und Riesling-Sauerkraut

ZUTATEN FÜR 6–8 PERSONEN

Für die Gans:
1 Gans (ca. 4–4 1/2 kg)
2 Äpfel (z. B. Boskop) · 2 Orangen
1 Bund Beifuß · Salz · Pfeffer aus der Mühle
2 EL getrockneter Beifuß

Für die Sauce:
1 kg Geflügelabschnitte (oder 1/2 Suppenhuhn)
1 Bund Suppengemüse · 3 EL Butterschmalz
1 EL Tomatenmark · 3/4 l Rotwein
50 g weiche Butter · 50 g Mehl
Salz · Pfeffer aus der Mühle

Für das Sauerkraut:
1 kg Sauerkraut · 3 Zwiebeln
1 Knoblauchzehe · 1 Lorbeerblatt
je 10 Pfefferkörner und Wacholderbeeren
6 Pimentkörner · 1 TL Kümmelsamen
1 TL Senfkörner · 1 Gewürznelke
1/2–3/4 l trockener Riesling · 100 g Butter
Salz · Zucker (oder Honig)

ZUBEREITUNG

1. Für die Gans den Backofen auf 200 °C Umluft (220 °C Ober-/Unterhitze) vorheizen. Die Gans innen und außen waschen und trocken tupfen, das sichtbare Fett entfernen. Den Hals abtrennen, in Stücke schneiden und beiseitestellen. Die Äpfel waschen, vierteln, entkernen und in kleine Würfel schneiden. Die Orangen schälen und achteln. Den Beifuß waschen und trocken schütteln.

2. Die Gans innen mit Salz, Pfeffer und dem getrockneten Beifuß würzen und mit den Apfel- und Orangenstücken sowie dem Beifuß füllen. Die Öffnung mit Küchengarn oder kleinen Holzspießen verschließen. Die Gans außen mit Salz und Pfeffer würzen und die Flügel und Keulen an den Körper binden. Ein tiefes Backblech mit Wasser füllen und auf die untere Schiene in den Ofen schieben. Die Gans mit der Brust nach oben auf das Ofengitter

legen und auf der mittleren Schiene 3 Stunden garen. Nach 1 Stunde die Backofentemperatur auf 160 °C reduzieren. Die Gans während der Bratzeit zwei- bis dreimal mit lauwarmem Wasser beträufeln. Eventuell das Wasser im Backblech auffüllen.

3. Für die Sauce die Geflügelabschnitte in grobe Stücke schneiden, waschen und trocken tupfen. Das Suppengemüse putzen und waschen bzw. schälen und ebenfalls in grobe Stücke schneiden. Das Butterschmalz in einem Schmortopf erhitzen, die Geflügelteile, die Halsstücke und das Gemüse darin hellbraun anbraten. Das Tomatenmark dazugeben und kurz rösten. Den Wein und 1/2 l Wasser dazugießen. Alles etwa 2 Stunden köcheln lassen.

4. Für das Sauerkraut das Kraut mit den Händen ausdrücken. Die Zwiebeln schälen, halbieren und in Scheiben schneiden. Den Knoblauch mit Schale andrücken. Die Gewürze und den Knoblauch in einen Einweg-Teebeutel füllen. Das Kraut mit den Zwiebeln und dem Gewürzsäckchen in einen Topf geben, den Wein und die Butter hinzufügen. Das Kraut zugedeckt bei schwacher Hitze etwa 40 Minuten köcheln. Das Gewürzsäckchen entfernen und das Sauerkraut mit Salz und Zucker abschmecken.

5. Die Sauce durch ein feines Sieb gießen, wieder in den Topf geben und aufkochen. Die Butter mit dem Mehl verkneten und in kleinen Portionen unter die Sauce rühren. Die Sauce einkochen, bis sie die gewünschte Konsistenz hat. Dabei nach Belieben etwas Thymian, Wacholderbeeren und Ingwerscheiben dazugeben. Die Sauce zum Schluss mit Salz und Pfeffer würzen und nach Belieben mit Essig oder Orangensaft abschmecken.

6. Von der Gans die Flügel abtrennen, die Keulen am Rumpf entlang einschneiden und das Gelenk durchtrennen. Die Keulen am unteren Gelenk teilen. Die Brustfilets vom Knochen lösen und jeweils in 3 bis 4 Stücke schneiden. Die Fleischstücke mit der Sauce und dem Kraut servieren. Dazu passen Kartoffelknödel (siehe S. 174).

REHKOTELETTS
mit Mango

ZUTATEN FÜR 4 PERSONEN

1/2 Mango · 1/2 säuerlicher Apfel (z. B. Boskop)
1 Scheibe Toastbrot · 50 g Pinienkerne
1 unbehandelte Orange
300 g Pfifferlinge · 1–2 EL Mehl
4 EL Olivenöl · 1 EL Paniermehl
je 1 EL gehackter Rosmarin und Thymian
1 EL geriebener Ingwer
12 Rehkoteletts
Salz · Pfeffer aus der Mühle · 1 EL Honig

ZUBEREITUNG

1. Die Mango schälen und das Fruchtfleisch in kleine Würfel schneiden. Den Apfel vierteln, schälen, entkernen und in kleine Würfel schneiden. Das Toastbrot rösten und ebenfalls in Würfel schneiden. Die Pinienkerne in einer beschichteten Pfanne ohne Fett goldbraun rösten. Die Orange heiß waschen und abtrocknen, die Schale fein abreiben und eine Orangenhälfte auspressen.

2. Die Pfifferlinge mit einem feuchten Tuch abreiben oder mit einem Küchenpinsel säubern und die Stielenden abschneiden. Die Pilze in Scheiben schneiden, mit dem Mehl bestäuben und in einer Pfanne in 1 EL Olivenöl andünsten. Alle vorbereiteten Zutaten, das Paniermehl, die Kräuter und den Ingwer dazugeben und gut mischen. Die Orangenschale und den -saft hinzufügen.

3. Den Backofengrill vorheizen. Die Rehkoteletts waschen und trocken tupfen, mit Salz und Pfeffer würzen. Das restliche Olivenöl in einer beschichteten Pfanne erhitzen und die Koteletts darin auf jeder Seite 1 Minute anbraten. Aus der Pfanne nehmen und nebeneinander in eine Auflaufform legen. Die Pilzmischung darauf verteilen und leicht andrücken. Die Rehkoteletts mit dem Honig beträufeln, unter dem Grill 3 bis 4 Minuten gratinieren und in der Form servieren.

REHFILETS
mit Mirabellen

ZUTATEN FÜR 4 PERSONEN

4 Rehfilets (à 120 g)
Salz · Pfeffer aus der Mühle
1 Knoblauchzehe
2 EL Traubenkernöl
1 EL gehackte Kräuter (z. B. Thymian,
Rosmarin, Salbei)
20 Mirabellen
10 Salbeiblätter
1 EL Honig
1/4 l Wild- oder Fleischfond

ZUBEREITUNG

1. Den Backofen auf 120 °C vorheizen. Die Rehfilets mit Salz und Pfeffer würzen. Den Knoblauch schälen und halbieren. Das Traubenkernöl in einer beschichteten Pfanne erhitzen und die Rehfilets darin rundum anbraten, dabei die Kräuter und den Knoblauch dazugeben. Die Rehfilets auf ein mit Alufolie ausgelegtes Backblech legen und im Ofen auf der mittleren Schiene 10 Minuten garen.

2. Die Mirabellen waschen, halbieren, entsteinen und in dem Bratensud andünsten. Die Salbeiblätter waschen, trocken tupfen und mit dem Honig zu den Mirabellen geben. Den Fond dazugeben und aufkochen. Die Sauce mit Salz und Pfeffer würzen.

3. Die Rehfilets mit der Mirabellensauce auf Tellern anrichten. Dazu passt Kartoffel-Sellerie-Püree (siehe rechte Seite).

TIPP

Anstelle von Mirabellen können Sie auch Pflaumen, Reineclauden oder gehäutete Aprikosen für die Sauce verwenden. Wer gern süßscharf isst, serviert eingelegte Senffrüchte dazu.

REHKEULE
mit Möhren und Kartoffel-Sellerie-Püree

ZUTATEN FÜR 4–6 PERSONEN

Für die Rehkeule:

1 Rehkeule (ca. 2 kg, mit Knochen; küchenfertig)
Salz · Pfeffer aus der Mühle
1 Bund Suppengemüse
30 g Butterschmalz
1 EL Tomatenmark
1/4 l Rotwein
2 EL gehackte Kräuter (z. B. Thymian, Rosmarin, Petersilie, Bohnenkraut)
10 Pfefferkörner
1 EL Honig

Für das Gemüse:

1 kg Möhren · 40 g Butter
100 ml Weißwein
Salz · Pfeffer aus der Mühle
frisch geriebene Muskatnuss

Für das Püree:

800 g mehligkochende Kartoffeln
400 g Knollensellerie · Salz
1/4 l Milch · 250 g Sahne · 50 g Butter
frisch geriebene Muskatnuss

ZUBEREITUNG

1. Für die Rehkeule den Backofen auf 160 °C vorheizen. Die Rehkeule waschen und trocken tupfen, mit Salz und Pfeffer würzen. Das Suppengemüse putzen, waschen bzw. schälen und in kleine Stücke schneiden. Das Butterschmalz in einem Bräter erhitzen und die Rehkeule darin rundum kräftig anbraten. Das Suppengemüse hinzufügen und mitbraten. Das Tomatenmark dazugeben und kurz mitrösten. Mit dem Wein und 1/2 l Wasser ablöschen.

2. Die Kräuter und die Pfefferkörner hinzufügen und die Rehkeule im Ofen auf der mittleren Schiene etwa 1 3/4 Stunden braten, dabei einmal wenden.

3. Für das Gemüse die Möhren putzen, schälen und in Scheiben schneiden. Die Butter in einem Topf erhitzen und die Möhren darin andünsten. Mit dem Wein ablöschen und zugedeckt etwa 15 Minuten dünsten. Mit Salz, Pfeffer, und Muskatnuss würzen.

4. Für das Püree die Kartoffeln schälen und waschen, den Sellerie schälen. Beides in Stücke schneiden und in Salzwasser etwa 15 Minuten garen. Die Milch, die Sahne und die Butter in einem Topf erhitzen. Die Kartoffeln und den Sellerie abgießen, kurz ausdampfen lassen und noch heiß durch die Kartoffelpresse drücken. Die heiße Milchmischung nach und nach unterrühren. Das Püree mit Salz und Muskatnuss würzen und warm halten.

5. Die Rehkeule aus dem Ofen nehmen und ein paar Minuten ruhen lassen. Die Sauce durch ein Sieb in einen Topf gießen und aufkochen. Den Honig unterrühren und die Sauce mit Salz und Pfeffer abschmecken. Das Fleisch vom Knochen lösen, in Scheiben schneiden und mit dem Kartoffel-Sellerie-Püree, den Möhren und der Sauce anrichten.

TIPP

Anstelle von Knollensellerie können Sie für das Püree auch Petersilienwurzeln oder Pastinaken verwenden.

REHKEULE
mit Schupfnudeln
....

ZUTATEN FÜR 6–8 PERSONEN

Für die Rehkeule:

1 Rehkeule (2 1/2 –2,7 kg, mit Knochen;
küchenfertig)
Salz · Pfeffer aus der Mühle
30 g Butterschmalz
1 großes Bund Kräuter (z. B. Rosmarin,
Thymian, Salbei, Lorbeer)
10 Pfefferkörner
10 Wacholderbeeren
1 EL Tomatenmark
1/4 l Rotwein
30 g kalte Butter

Für die Schupfnudeln:

600 g mehligkochende Kartoffeln · Salz
3 Eigelb
50 g flüssige Butter
50 g Speisestärke
frisch geriebene Muskatnuss
Mehl für die Arbeitsfläche
50 g Butterschmalz

ZUBEREITUNG

1. Für die Rehkeule den Backofen auf 90 °C vorheizen. Die Rehkeule waschen, trocken tupfen und
mit Salz und Pfeffer würzen. Das Butterschmalz in
einem Bräter erhitzen und die Keule darin rundum
anbraten. Die Kräuter waschen, trocken schütteln
und mit den Pfefferkörnern und den Wacholderbeeren dazugeben. Das Tomatenmark hinzufügen und
kurz mitrösten, mit dem Wein und 1 1/2 l Wasser ablöschen. Die Keule im Ofen auf der mittleren Schiene 6 Stunden garen, dabei alle 2 Stunden wenden.

2. Für die Schupfnudeln die Kartoffeln waschen
und mit Schale in Salzwasser etwa 20 Minuten garen. Abgießen, kurz ausdampfen lassen, pellen und
noch heiß durch die Kartoffelpresse drücken. Die
Eigelbe, die Butter, die Speisestärke, Salz und Muskatnuss dazugeben und alles verkneten.

3. Aus der Kartoffelmasse auf der bemehlten Arbeitsfläche etwa 1 cm dicke Rollen formen. Die Teig-
rollen in 4 cm lange Stücke schneiden und diese zu
spitz zulaufenden Schupfnudeln formen. In einer
großen Pfanne portionsweise etwas Butterschmalz
erhitzen und die Schupfnudeln darin nach und
nach rundum goldbraun braten.

4. Die Rehkeule aus dem Bräter nehmen und ein
paar Minuten ruhen lassen. Die Sauce durch ein
Sieb in einen Topf gießen und sämig einkochen lassen. Die Butter in Stücken unter die Sauce rühren.
Mit Salz und Pfeffer und nach Belieben mit Balsamicoessig abschmecken. Das Fleisch vom Knochen
lösen, in Scheiben schneiden und mit der Sauce
und den Schupfnudeln servieren.

TIPP

*Schupfnudeln oder Fingernudeln sind Verwandte
der italienischen Gnocchi und vor allem in Süd-
deutschland und Österreich sehr beliebt. Statt aus
Kartoffelteig werden sie auch aus Weizen- oder Rog-
genmehl zubereitet und dann in Wasser gekocht.
Schupfnudeln sind eine sättigende Beilage, über-
nehmen gelegentlich aber auch die Hauptrolle:
Man kann sie beispielsweise mit Sauerkraut, in
Salbeibutter oder in süßer Mohnbutter servieren.*

REHFRIKADELLEN
mit Kohlrabi-Wurzelgemüse
....

ZUTATEN FÜR 4 PERSONEN

Für die Frikadellen:
2 Brötchen (vom Vortag)
10 Pfefferkörner
5 Pimentkörner
3 Wacholderbeeren
1 kg Rehfleisch (aus der Schulter;
vom Metzger frisch durchdrehen lassen)
2 Eier · 1 EL Paniermehl
1 EL gemahlener Kreuzkümmel · 1 TL Salz
3 EL Olivenöl · 20 g Butter

Für das Gemüse:
300 g Champignons, Steinpilze oder
Kräutersaitlinge
2 Kohlrabi · 1 Bund Möhren
Salz · 200 g Sahne
frisch geriebene Muskatnuss
2 EL Olivenöl · Pfeffer aus der Mühle
2 EL gehackte Kräuter (z. B. Petersilie,
Rosmarin, Thymian, Salbei)

ZUBEREITUNG

1. Für die Frikadellen die Brötchen in kaltem Wasser einweichen. Die Pfeffer- und Pimentkörner sowie die Wacholderbeeren im Mörser fein zerstoßen. Das Hackfleisch in eine Schüssel geben. Die Brötchen ausdrücken und zerzupfen, mit den Eiern, dem Paniermehl, den zerstoßenen Gewürzen, dem Kreuzkümmel und Salz zum Fleisch geben. Alles gut mischen und aus dem Fleischteig mit angefeuchteten Händen 12 Frikadellen formen.

2. Für das Gemüse die Pilze mit einem feuchten Tuch abreiben und die Stielenden abschneiden. Kohlrabi und Möhren putzen, schälen, in Scheiben schneiden und in wenig Salzwasser etwa 10 Minuten garen. Das Gemüse in ein Sieb abgießen. Die Sahne in einem Topf erhitzen, das Gemüse hineingeben und mit Salz und Muskatnuss würzen.

3. Das Olivenöl und die Butter in einer beschichteten Pfanne erhitzen. Die Frikadellen darin mindestens 10 Minuten braten, dabei wenden und mit Bratöl beträufeln. Am Ende der Bratzeit eine Probefrikadelle herausnehmen und aufschneiden. Sie sollte saftig und nicht ganz durchgebraten sein.

4. Das Olivenöl in einer beschichteten Pfanne erhitzen und die Pilze darin unter gelegentlichem Wenden 5 Minuten braten. Mit Salz und Pfeffer würzen. Die Frikadellen mit dem Gemüse und den Pilzen auf Tellern anrichten und mit den Kräutern bestreuen.

TIPP

Wer keinen Mörser hat, gibt die Gewürze in einen Gefrierbeutel und zerstößt sie mit dem Messerrücken – so können sie nicht wegrutschen und werden gut zerkleinert. Ein Mörser ist und bleibt natürlich unübertroffen.

REHROULADEN
mit Couscous

....

ZUTATEN FÜR 4 PERSONEN

Für die Rouladen:

8 Scheiben Rehfleisch (aus der Keule;
5–6 mm dick)
Salz · Pfeffer aus der Mühle
100 g Shiitake-Pilze
100 g Champignons
2 Möhren
2 Stangen Staudensellerie
2 EL Olivenöl · 1 EL Butter
75 ml Rotwein (z. B. Chianti
oder Spätburgunder)
150 ml Fleischbrühe
150 ml Balsamicoessig

Für den Couscous:

1 unbehandelte Zitrone
1 Bund Petersilie
1/2 l Fleischbrühe
250 g Instant-Couscous
1 TL gemahlener Kreuzkümmel
Salz · 2 EL Butter

ZUBEREITUNG

1. Für die Rouladen die Fleischscheiben mit dem Plattiereisen oder mit einem Topf leicht klopfen, so-dass sie gleichmäßig dick sind. Die Scheiben neben-einanderlegen und mit Salz und Pfeffer würzen.

2. Die Shiitake-Pilze und die Champignons mit ei-nem feuchten Tuch abreiben, von den Shiitake-Pil-zen die Stiele entfernen, bei den Champignons die Stielenden abschneiden. Die Möhren schälen, den Staudensellerie putzen und waschen. Pilze, Möh-ren und Sellerie in dünne Scheiben schneiden. In einer beschichteten Pfanne 1 EL Olivenöl erhitzen und die Pilze mit dem Gemüse darin andünsten, mit Salz und Pfeffer würzen. Alles zugedeckt bei schwacher Hitze etwa 3 Minuten garen.

3. Die Gemüsemischung auf den Fleischscheiben verteilen, dabei einen etwa 1/2 cm breiten Rand frei lassen. Die Seiten über der Füllung einschlagen, das Fleisch aufrollen und die Enden mit einem klei-nen Holzspieß fixieren. Das restliche Olivenöl und die Butter in einer hohen, beschichteten Pfanne er-hitzen und die Rouladen darin rundum anbraten. Mit dem Wein, der Brühe und dem Essig ablöschen. Die Rouladen zugedeckt etwa 30 Minuten garen.

4. Für den Couscous die Zitrone heiß waschen und abtrocknen, die Schale dünn abschneiden und fein hacken. Die Petersilie waschen und trocken schüt-teln, nur die groben Stiele entfernen, den Rest fein hacken. Die Brühe in einem Topf zum Kochen brin-gen. Den Couscous unterrühren und die Petersilie, die Zitronenschale, den Kreuzkümmel und etwas Salz dazugeben. Alles einmal aufkochen lassen, dann die Herdplatte ausschalten und den Couscous zugedeckt 10 Minuten ziehen lassen.

5. Den Couscous mit einer Gabel auflockern und die Butter untermischen. Die Rehrouladen mit dem Couscous auf Tellern anrichten und die Sauce darü-ber verteilen.

TIPP

Für Freunde süßsaurer Genüsse: Couscous mit Ro-sinen. Dafür einfach 1 Handvoll Rosinen mit der Fleischbrühe kurz aufkochen lassen und den Couscous wie beschrieben zubereiten. Die Rosi-nen sind ein spannender Kontrast zu der leicht säuerlichen Wildsauce. Eine mediterrane Note erhält der Couscous, wenn Sie ihn mit Pinienker-nen, Knoblauch und etwas Arganöl verfeinern.

WILDGULASCH
mit Gorgonzolabirnen

....

ZUTATEN FÜR 6–8 PERSONEN

Für das Gulasch:

50 g getrocknete Steinpilze
1 1/2 kg Wildfleisch (Keule oder Schulter;
z. B. von Reh, Hirsch, Wildschwein oder
Wildkaninchen)
3 Möhren · 5 Schalotten
3 EL Olivenöl
Salz · Pfeffer aus der Mühle
1 EL Tomatenmark
1/2 l Rotwein (z. B. Chianti)
1 l Fleischbrühe (oder Wildfond)
20 Pfefferkörner · 5 Pimentkörner
10 Wacholderbeeren
4–5 Lorbeerblätter

Für die Nudeln:

500 g Penne rigate · Salz
40 g Butter · 2 EL gehackter Rosmarin
Pfeffer aus der Mühle

Für die Birnen:

3–4 Birnen (z. B. Williams Christ)
Butter für die Form · 100 g Gorgonzola

ZUBEREITUNG

1. Für das Gulasch die Steinpilze in lauwarmem Wasser 1 Stunde einweichen. Das Wildfleisch von Fett, Sehnen und Häuten befreien und in mundgerechte Würfel schneiden. Die Möhren schälen und in Scheiben schneiden. Die Schalotten schälen und vierteln.

2. Das Olivenöl in einem Schmortopf erhitzen und das Fleisch darin portionsweise anbraten. Die Möhren und die Schalotten hinzufügen und kurz mitbraten. Das Fleisch dazugeben und alles mit Salz und Pfeffer würzen. Das Tomatenmark unter Rühren kurz mitrösten, mit dem Wein und der Brühe ablöschen. Die Steinpilze abgießen, dabei 2 EL Einweichflüssigkeit auffangen, und beides hinzufügen.

3. Die Pfeffer- und Pimentkörner sowie die Wacholderbeeren in einen Einweg-Teebeutel geben. Den Beutel verschließen und mit den Lorbeerblättern in den Schmortopf geben. Das Fleisch mit dem Gemüse zugedeckt bei schwacher Hitze etwa 1 1/2 Stunden schmoren.

4. Für die Nudeln die Penne nach Packungsanweisung in Salzwasser bissfest garen.

5. Für die Birnen den Backofen auf 220 °C vorheizen. Die Birnen halbieren, schälen und die Kerngehäuse entfernen. Eine Auflaufform mit Butter einfetten. Die Birnenhälften mit den Schnittflächen nach oben in die Form legen, den Gorgonzola zerzupfen und darauf verteilen. Die Birnen im Ofen auf der mittleren Schiene 10 Minuten überbacken.

6. Die Nudeln in ein Sieb abgießen und abtropfen lassen. Die Butter in einer großen Pfanne erhitzen, den Rosmarin und die Nudeln darin schwenken und mit Salz und Pfeffer würzen. Das Gewürzsäckchen aus dem Gulasch entfernen und die Sauce mit Salz und Pfeffer abschmecken. Das Gulasch mit den Nudeln auf Tellern anrichten und die gratinierten Birnen dazu servieren.

TIPP

Wer kein Fan von Gorgonzola ist, gart die Birnen ohne Käse im Ofen und füllt sie anschließend mit Preiselbeeren (aus dem Glas).

Fleisch

Mein bestes Steak habe ich mit
den Herren Jürgen und Oliver Schmidt
in Bremen gegessen. Es war 30 Tage
abgehangen, daumendick geschnitten,
in Butterschmalz gebraten und
mit Bohnen und Bratkartoffeln umlegt.
Einfach nachmachen – und mit Ihrem
Metzger sprechen.

KALBSSCHNITZEL
mit Tomaten und Schalotten

ZUTATEN FÜR 4 PERSONEN

4 Kalbsschnitzel (aus der Oberschale;
à ca. 150 g)
Salz · Pfeffer aus der Mühle
Cayennepfeffer
10 Schalotten
4 Knoblauchzehen
8 kleine Tomaten
1 unbehandelte Zitrone
3 EL Olivenöl
100 ml Fleischbrühe
3 EL gehackte Kräuter (z. B. Salbei, Thymian,
Rosmarin, Petersilie, Schnittlauch)

ZUBEREITUNG

1. Die Kalbsschnitzel an den Rändern leicht ein-schneiden. Das Fleisch auf beiden Seiten mit Salz, Pfeffer und Cayennepfeffer würzen.

2. Die Schalotten und die Knoblauchzehen schälen und halbieren. Die Tomaten waschen und je nach Größe halbieren oder vierteln, dabei die Stielan-sätze entfernen. Die Zitrone heiß waschen, abtrock-nen und die Schale fein abreiben.

3. Das Olivenöl in zwei beschichteten Pfannen er-hitzen, die Schnitzel, die Schalotten und den Knob-lauch darin braten. Nach 2 Minuten die Schnitzel wenden und mit der Brühe ablöschen. Die Zitronen-schale und die Tomaten dazugeben und alles noch 3 bis 4 Minuten köcheln lassen. Die Schnitzel mit den Kräutern bestreuen und servieren.

CORDON BLEU
mit Weißweinsauce

ZUTATEN FÜR 4 PERSONEN

Für das Fleisch:
4 Kalbsrückensteaks (à 100–120 g)
Salz · Pfeffer aus der Mühle
2 Tomaten · 3 EL Olivenöl · Zucker
2 Frühlingszwiebeln · 1/2 Chilischote
1/2 Kugel Büffelmozzarella (ca. 60 g)
30 g Butter

Für die Sauce:
125 g Crème fraîche
100 ml Weißwein · 3 EL Olivenöl
Salz · Pfeffer aus der Mühle
Zitronensaft

ZUBEREITUNG

1. Für das Fleisch in die Kalbsrückensteaks jeweils eine Tasche schneiden (oder den Metzger darum bitten). Die Steaks mit Salz und Pfeffer würzen.

2. Die Tomaten in kochendes Wasser tauchen, häu-ten, halbieren und entkernen. Das Fruchtfleisch in Würfel schneiden und mit 1 EL Olivenöl, Salz, Pfef-fer und 1 Prise Zucker 20 Minuten marinieren.

3. Die Frühlingszwiebeln putzen, waschen und in feine Ringe schneiden. Die Chilischote entkernen, waschen und fein hacken. Den Mozzarella in klei-ne Würfel schneiden und mit Tomaten, Frühlings-zwiebeln und Chili mischen. Die Steaks damit fül-len und die Öffnungen mit kleinen Holzspießen verschließen.

4. Die Butter und das restliche Olivenöl in einer be-schichteten Pfanne erhitzen und die Steaks darin auf jeder Seite etwa 3 Minuten braten.

5. Für die Sauce Crème fraîche, Wein und Olivenöl in einem Topf erhitzen und leicht sämig einkochen lassen. Die Sauce mit Salz, Pfeffer und Zitronensaft würzen und nach Belieben mit etwas Butter mon-tieren. Die Sauce auf Teller verteilen und die Steaks darauf anrichten. Nach Belieben mit Zitronenspal-ten und Rosmarinzweigen garnieren.

KALBSGULASCH
mit Champignons

ZUTATEN FÜR 6 PERSONEN

1 1/2 kg Kalbfleisch (aus der Oberschale)
20 Champignons
10 kleine Schalotten
3 Stangen Staudensellerie
1 Bund Petersilie
40 g Butterschmalz
Salz · Pfeffer aus der Mühle · Zucker
200 ml Weißwein · 1/2 l Fleischbrühe
1 EL Olivenöl
Chili- oder Paprikapulver
125 g Crème fraîche

ZUBEREITUNG

1. Das Fleisch in mundgerechte Würfel schneiden. Die Champignons mit einem feuchten Tuch abreiben, die Stielenden abschneiden und die Pilze halbieren. Die Schalotten schälen. Den Staudensellerie putzen, waschen und schräg in 2 cm dicke Scheiben schneiden. Die Petersilie waschen und trocken schütteln, die Blätter abzupfen und fein hacken.

2. Den Backofen auf 200 °C vorheizen. Die Hälfte des Butterschmalzes in einem Bräter erhitzen. Die Pilze, die Schalotten und den Sellerie darin rundum anbraten, dabei mit 1 Prise Zucker bestreuen. Das Gemüse aus dem Topf nehmen.

3. Das restliche Butterschmalz im Bräter erhitzen und das Fleisch darin portionsweise rundum braun anbraten. Das Gemüse dazugeben und alles mit Salz und Pfeffer würzen. Mit dem Wein ablöschen und die Brühe angießen. Das Gulasch zugedeckt im Ofen auf der mittleren Schiene 1 Stunde garen. Falls nötig, noch etwas Brühe nachgießen.

4. Das Olivenöl unter das Gulasch mischen und mit Chili- oder Paprikapulver würzen. Das Gulasch in eine Schüssel geben, die Crème fraîche in kleinen Klecksen daraufsetzen und mit der Petersilie bestreuen. Dazu passen Salzkartoffeln oder Brot.

ZÜRCHER GESCHNETZELTES
mit Rösti

ZUTATEN FÜR 4 PERSONEN

Für die Rösti:
4 Kartoffeln · Salz · Pfeffer aus der Mühle
2 EL Butterschmalz
5 Thymianzweige · frisch geriebene Muskatnuss

Für das Geschnetzelte:
500 g Kalbfleisch (aus der Oberschale)
10 Champignons · 2 Schalotten
40 g Butterschmalz · Salz · Pfeffer aus der Mühle
200 ml Fleisch- oder Gemüsebrühe · 250 g Sahne
1/2 Bund Petersilie (sehr fein gehackt)

ZUBEREITUNG

1. Für die Rösti die Kartoffeln schälen, waschen und auf der Rohkostreibe grob raspeln. In ein Küchentuch geben und ausdrücken, mit Salz und Pfeffer würzen. In einer beschichteten Pfanne das Butterschmalz erhitzen, die Kartoffelmasse in die Pfanne geben und flach drücken. Die Rösti zugedeckt bei schwacher Hitze etwa 10 Minuten goldbraun braten. Dann die Rösti wenden und 5 bis 10 Minuten weiterbraten. Den Thymian waschen und trocken schütteln, die Blättchen abzupfen und darüberstreuen. Die Rösti mit Salz, Pfeffer und Muskatnuss würzen.

2. Für das Geschnetzelte das Fleisch in Streifen schneiden. Die Champignons mit einem feuchten Tuch abreiben, die Stielenden abschneiden und die Pilze in Scheiben schneiden. Die Schalotten schälen und in kleine Würfel schneiden. In einer beschichteten Pfanne 30 g Butterschmalz erhitzen und das Fleisch darin kurz anbraten, mit Salz und Pfeffer würzen. Das Fleisch mit dem Bratensaft in eine Schüssel geben. Das restliche Butterschmalz in die Pfanne geben und die Pilze darin anbraten, mit Salz und Pfeffer würzen. Die Schalotten kurz mitbraten und das Fleisch samt Saft dazugeben. Mit Brühe und Sahne ablöschen und alles 4 bis 5 Minuten köcheln.

3. Das Geschnetzelte mit Salz und Pfeffer abschmecken und die Petersilie untermischen. Die Rösti vierteln und mit dem Geschnetzelten anrichten.

KALBSBACKEN
mit Bohnen und Ofentomaten

....

ZUTATEN FÜR 4 PERSONEN

Für die Kalbsbacken:
4 Kalbsbacken
Salz · Pfeffer aus der Mühle
40 g Butterschmalz
1 Rosmarinzweig · 3 Thymianzweige
2 Möhren · 1/4 Sellerieknolle
1 Lauchstange · 1 EL Tomatenmark
2 Lorbeerblätter · 10 Pfefferkörner
1 Knoblauchzehe
1/4 l Rotwein (z. B. Chianti)
1 1/2 l Fleischbrühe
1 EL Balsamicoessig

Für die Bohnen:
250 g grüne Bohnen · Salz
3 Schalotten
30 g Butter
frisch geriebene Muskatnuss

Für die Ofentomaten:
je 1 Rosmarin- und Thymianzweig
8 Tomaten
2 Knoblauchzehen
Meersalz
100 ml Fleisch- oder Gemüsebrühe
3 EL Olivenöl

ZUBEREITUNG

1. Für die Kalbsbacken das Fleisch mit Salz und Pfeffer würzen. In einem kleinen Bräter 30 g Butterschmalz erhitzen und die Kalbsbacken darin anbraten. Die Kräuter waschen und trocken schütteln.

2. Den Backofen auf 180 °C vorheizen. Die Möhren und den Sellerie schälen und in Scheiben bzw. Würfel schneiden. Den Lauch putzen, waschen und in feine Ringe schneiden. Das restliche Butterschmalz in einer beschichteten Pfanne erhitzen, das Gemüse darin anbraten und zu den Kalbsbacken geben. Die Kräuter, das Tomatenmark, die Lorbeerblätter und die Pfefferkörner dazugeben. Den Knoblauch

schälen und durch die Knoblauchpresse dazudrücken. Mit dem Wein ablöschen und die Hälfte der Brühe dazugießen. Die Kalbsbacken zugedeckt im Ofen auf der mittleren Schiene etwa 60 Minuten garen. Jeweils nach 20 Minuten die Hälfte der restliche Brühe dazugießen.

3. Für die Bohnen die Bohnen putzen, waschen und halbieren. In Salzwasser etwa 12 Minuten blanchieren, abgießen, kalt abschrecken und abtropfen lassen. Die Schalotten schälen, halbieren und in feine Streifen schneiden. Die Butter in einer Pfanne erhitzen und die Schalotten darin andünsten. Die Bohnen dazugeben und erwärmen, mit Salz und 1 Prise Muskatnuss würzen.

4. Für die Ofentomaten die Kräuterzweige waschen und trocken schütteln. Die Tomaten waschen und halbieren, dabei die Stielansätze entfernen. Den Knoblauch schälen und in Scheiben schneiden. Eine kleine Auflaufform mit den Kräutern und den Knoblauchscheiben auslegen, die Tomaten daraufgeben und mit Meersalz würzen. Die Brühe und das Olivenöl darüberträufeln.

5. Den Bräter aus dem Ofen nehmen. Die Tomaten im Ofen auf der mittleren Schiene etwa 5 Minuten garen. Die Kalbsbacken aus der Sauce heben. Ein Sieb mit einem Küchentuch auslegen und die Sauce durch das Sieb in einen Topf gießen. Mit dem Essig und Salz würzen. Die Kalbsbacken in die Sauce geben und erwärmen.

6. Die Kalbsbacken mit der Sauce auf Teller verteilen, die Bohnen mit den Tomaten daneben anrichten. Dazu passt Kartoffelpüree (siehe S. 155).

TIPP

Auf die gleiche Weise können Sie auch Rinderbacken schmoren. Da diese etwas größer sind, verlängert sich die Garzeit um 30 bis 45 Minuten.

FILET ROSSINI
mit Champignons

ZUTATEN FÜR 4 PERSONEN

1/2 l Fleischfond
200 ml Balsamicoessig
Pfeffer aus der Mühle
4 Rinderfilets (à 100 g) · Salz
4 Gänselebern
1 EL getrockneter Thymian
200 g Champignons · 70 g Butter
4 dicke Scheiben Weißbrot
2 EL gehackte Petersilie
Zitronensaft
3 EL Sonnenblumenöl

ZUBEREITUNG

1. Den Fond in einem Topf auf die Hälfte einkochen lassen, dann den Essig dazugeben und etwas mitköcheln lassen. Die Sauce mit Pfeffer würzen.

2. Die Rinderfilets mit Salz und Pfeffer würzen. Die Gänselebern waschen und trocken tupfen, mit Pfeffer und Thymian würzen. Die Champignons mit einem feuchten Tuch abreiben und die Stielenden abschneiden, die Pilze in Scheiben schneiden.

3. In einer Pfanne 30 g Butter erhitzen, die Weißbrotscheiben darin goldbraun braten und herausnehmen. 20 g Butter in die Pfanne geben und die Pilze darin unter gelegentlichem Wenden etwa 3 Minuten braten. Die Petersilie untermischen und die Pilze mit Salz, Pfeffer und Zitronensaft würzen.

4. In einer Pfanne 2 EL Öl erhitzen und die Filets darin auf beiden Seiten scharf anbraten. Die restliche Butter dazugeben und die Filets bei schwacher Hitze unter Wenden 3 Minuten fertig braten, dabei immer wieder mit dem Bratfett beträufeln.

5. Die Gänselebern in einer weiteren Pfanne im restlichen Öl etwa 5 Minuten braten und erst zum Schluss salzen. Die Sauce aufkochen. Die Weißbrotscheiben auf Teller verteilen, jeweils 1 Filet und 1 Gänseleber darauflegen und mit Sauce umgießen. Die Pilze daneben anrichten.

FILET IN BLÄTTERTEIG
mit Cumberlandsauce

ZUTATEN FÜR 4 PERSONEN
Für das Filet:
450 g Blätterteig (tiefgekühlt)
400 g Rinderfilet (aus dem Mittelstück)
Salz · Pfeffer aus der Mühle · 2 EL Traubenkernöl
Mehl für die Arbeitsfläche
200 g Leberpastete (oder Gänseleberwurst) · 1 Ei

Für die Sauce:
4 EL Johannisbeergelee · 1 EL Senfpulver
2 EL Meerrettich (aus dem Glas)
abgeriebene Schale von 1 unbehandelten Orange
Saft von 2 Orangen

ZUBEREITUNG

1. Für das Filet die Blätterteigplatten nebeneinander auslegen und auftauen lassen. Das Rinderfilet mit Salz und Pfeffer würzen und in einer Pfanne im Traubenkernöl rundum anbraten. Herausnehmen und abkühlen lassen.

2. Den Backofen auf 200 °C vorheizen. Die Blätterteigplatten aufeinanderlegen und auf der bemehlten Arbeitsfläche zu einem Rechteck ausrollen, in das das Filet eingepackt werden kann. Der Teig sollte in der Mitte des Rechtecks etwas dicker sein als an den Rändern. Das Filet rundum mit der Leberpastete bestreichen und auf die Teigmitte setzen. Den Teig auf allen Seiten über das Filet schlagen, weit überstehenden Teig abschneiden. Das Ei trennen. Die Nahtstellen mit dem verquirlten Eiweiß bestreichen und andrücken. Das Teigpäckchen mit dem Eigelb bestreichen und auf ein mit Backpapier ausgelegtes Backblech setzen. Das Filet im Ofen auf der mittleren Schiene etwa 40 Minuten garen – es ist rosa gegart, wenn die Kerntemperatur 65 °C beträgt.

3. Für die Sauce das Johannisbeergelee über dem heißen Wasserbad glatt rühren. Senfpulver, Meerrettich, Orangenschale und -saft unterrühren. Die Sauce etwas abkühlen lassen. Das Filet 5 Minuten ruhen lassen, dann aufschneiden und mit der Cumberlandsauce servieren.

RUMPSTEAKS
mit Kartoffeln und Knoblauchcreme

ZUTATEN FÜR 4 PERSONEN

Für die Kartoffeln:

2 Knoblauchzehen · 1 Rosmarinzweig
4 festkochende Kartoffeln · 1 EL Olivenöl

Für die Knoblauchcreme:

2 Knoblauchzehen · 2 Schalotten
1 EL Olivenöl · 1 Bund Frühlingszwiebeln
500 g fettarmer Naturjoghurt
3 EL Mayonnaise (60 % Fett)
Salz · Cayennepfeffer · Zitronensaft

Für den Salat:

150 g Salatblätter (z. B. Rucola,
Eichblatt, Endivie, Radicchio)
500 g Tomaten · 4 EL Olivenöl
2 EL weißer Balsamicoessig
Salz · Pfeffer aus der Mühle · Zucker

Für die Steaks:

4 Rumpsteaks (à 220–250 g; mit Fettrand)
50 g Butterschmalz
Salz · Pfeffer aus der Mühle
2 EL Olivenöl
2 EL gehackte Kräuter (z. B. Thymian,
Rosmarin, Salbei, Lorbeer)

Für das Kräuterbaguette:

1 Knoblauchzehe · 30 g weiche Butter
Salz · 1 EL gehackte Petersilie
4 Scheiben Baguette

ZUBEREITUNG

1. Für die Kartoffeln den Knoblauch mit Schale andrücken. Den Rosmarin waschen und trocken schütteln. Die Kartoffeln unter fließendem Wasser gründlich abbürsten und in wenig Wasser mit dem Knoblauch, dem Rosmarin und dem Olivenöl etwa 20 Minuten garen.

2. Für die Knoblauchcreme den Knoblauch und die Schalotten schälen und in möglichst kleine Würfel schneiden. Das Olivenöl in einer Pfanne erhitzen, die Schalotten und den Knoblauch darin 1 Minute andünsten. Die Frühlingszwiebeln putzen, waschen und in feine Ringe schneiden. Die Frühlingszwiebeln, die abgekühlte Schalottenmischung, den Joghurt und die Mayonnaise in einer Schüssel verrühren. Die Knoblauchcreme mit Salz, Cayennepfeffer und Zitronensaft würzen.

3. Für den Salat die Salatblätter putzen, waschen, trocken schleudern, in mundgerechte Stücke zerpflücken und in eine Schüssel geben. Die Tomaten waschen und in Scheiben schneiden, dabei die Stielansätze entfernen. Die Tomaten zu den Salatblättern geben. Das Olivenöl und den Essig mit Salz, Pfeffer und 1 Prise Zucker zu einer Vinaigrette verrühren.

4. Für die Steaks den Backofen auf 120 °C Umluft (140 °C Ober-/Unterhitze) vorheizen. Den Fettrand der Rumpsteaks mehrmals einschneiden. Das Butterschmalz in einer Pfanne erhitzen und die Steaks auf allen Seiten scharf anbraten. Mit Salz und Pfeffer würzen, auf ein mit Alufolie ausgelegtes Backblech legen und das Olivenöl darüberträufeln. Die Steaks mit den Kräutern bestreuen und im Ofen auf der mittleren Schiene 8 bis 10 Minuten garen. Herausnehmen und zugedeckt kurz ruhen lassen.

5. Den Backofengrill einschalten. Für das Kräuterbaguette die Knoblauchzehe schälen und durch die Knoblauchpresse zur Butter drücken. Butter, Knoblauch, etwas Salz und die Petersilie mischen. Die Kräuterbutter auf die Baguettescheiben streichen. Die Brote auf das Ofengitter legen und unter dem Grill auf der oberen Schiene knusprig gratinieren.

6. Den Salat mit der Vinaigrette mischen. Die Rumpsteaks mit den Kartoffeln und der Knoblauchcreme auf Tellern anrichten. Das Kräuterbaguette und den Salat dazu servieren.

MINUTENSTEAKS
mit Knoblauchkartoffeln und Salat

ZUTATEN FÜR 6 PERSONEN

Für das Chili-Knoblauch-Öl:

2 Knoblauchzehen
1 Rosmarinzweig · 1 Chilischote
einige Ingwerscheiben
100 ml Olivenöl

Für die Knoblauchkartoffeln:

6 Knoblauchzehen
12 festkochende Kartoffeln
200 ml Fleisch- oder Gemüsebrühe
2 EL Olivenöl · Meersalz

Für den Salat:

150 g Rucola · 100 g Radicchio
1 Staude Chicorée
250 g Kirschtomaten
3 EL Olivenöl · 2 EL Weißweinessig
Salz · Pfeffer aus der Mühle

Für die Steaks:

12 Minutensteaks (vom Rind, aus der Hüfte;
in Rouladenstärke geschnitten)
Salz · Pfeffer aus der Mühle

ZUBEREITUNG

1. Für das Chili-Knoblauch-Öl den Knoblauch schälen und andrücken. Den Rosmarin waschen und trocken schütteln. Die Chilischote längs halbieren, entkernen und waschen. Den Ingwer schälen. Die vorbereiteten Zutaten mit dem Olivenöl in ein Glas geben und ziehen lassen.

2. Für die Knoblauchkartoffeln die Knoblauchzehen schälen und in feine Scheiben schneiden. Die Kartoffeln schälen, waschen und ebenfalls in Scheiben schneiden. Die Brühe, 200 ml Wasser, das Olivenöl und etwas Meersalz in einen Topf geben. Den Knoblauch und die Kartoffelscheiben hinzufügen und offen 10 bis 15 Minuten garen.

3. Für den Salat den Rucola verlesen und die groben Stiele entfernen. Den Rucola waschen und trocken schleudern. Den Radicchio putzen, waschen, trocken schleudern und in mundgerechte Stücke zupfen. Den Chicorée putzen, waschen, längs halbieren und den Strunk entfernen. Die Chicoréehälften in grobe Stücke schneiden. Die Kirschtomaten waschen und halbieren. Olivenöl, Essig, Salz und Pfeffer zu einer Vinaigrette verrühren.

4. Für die Steaks die Minutensteaks mit Salz und Pfeffer würzen und leicht mit dem Chili-Knoblauch-Öl bestreichen. Die Steaks in einer heißen Grill- oder Eisenpfanne auf jeder Seite 1 Minute braten.

5. Die Knoblauchkartoffeln samt Brühe auf einer Platte anrichten. Den Salat mit der Vinaigrette mischen und dazugeben, die Tomaten darauf verteilen. Die Minutensteaks darauflegen und alles leicht vermengen.

TIPP

Am besten bereiten Sie das Chili-Knoblauch-Öl schon einige Tage im Voraus zu – dann ist es noch aromatischer. Wenn Sie es nicht allzu scharf möchten, sollten Sie die Chilischote im Ganzen einlegen. Die Minutensteaks eignen sich übrigens auch sehr gut für den Holzkohlegrill.

KOTELETT VOM RIND
mit Sauce tartare

....

ZUTATEN FÜR 4 PERSONEN

Für das Kotelett:
1 Rinderkotelett (350–400 g)
je 1 Rosmarin- und Thymianzweig
2 Schalotten
2 Knoblauchzehen
2 EL Traubenkernöl
Salz · Pfeffer aus der Mühle
Olivenöl

Für die Sauce tartare:
je 1/2 rote und gelbe Paprikaschote
2 Frühlingszwiebeln
5 eingelegte Sardellenfilets
3 Eigelb · 1 EL Senf · 1/4 l Olivenöl
1 EL gehackte Petersilie · Zitronensaft
Salz · Pfeffer aus der Mühle

ZUBEREITUNG

1. Für das Kotelett den Backofen auf 120 °C vorheizen. Das Kotelett waschen und trocken tupfen. Den Fettrand mehrmals einschneiden. Die Kräuter waschen und trocken schütteln. Die Schalotten mit Schale halbieren. Den Knoblauch mit Schale andrücken. Das Traubenkernöl in einer beschichteten Pfanne erhitzen und das Kotelett darin auf beiden Seiten anbraten. Die Kräuter, die Schalotten und den Knoblauch dazugeben und kurz mitbraten. Das Kotelett mit Salz und Pfeffer würzen.

2. Ein Backblech mit Alufolie auslegen und das Kotelett mit den Kräutern, den Schalotten und dem Knoblauch darauflegen. Alles mit Olivenöl beträufeln und das Kotelett im Ofen auf der mittleren Schiene 15 Minuten garen. Das Fleisch sollte eine Kerntemperatur von 60 °C haben – es ist dann gerade nicht mehr rosa.

3. Für die Sauce tartare die Paprikaschoten mit dem Sparschäler schälen, entkernen, waschen und in sehr kleine Würfel schneiden. Die Frühlingszwiebeln putzen, waschen und in sehr feine Ringe schneiden. Die Sardellenfilets sehr fein hacken.

4. Die Eigelbe und den Senf in einen Rührbecher geben und mit dem Stabmixer schaumig schlagen. Nach und nach das Olivenöl dazugießen und weiterschlagen, bis die Sauce eine sämige Konsistenz hat. Paprika, Frühlingszwiebeln, Sardellen und Petersilie untermischen und die Sauce mit Zitronensaft, Salz und Pfeffer würzen.

5. Das Fleisch aus dem Ofen nehmen und zugedeckt ein paar Minuten ruhen lassen. Dann das Fleisch vom Knochen und in feine Streifen schneiden. Die Fleischstreifen mit Sauce tartare anrichten und nach Belieben mit Ofenkartoffeln servieren.

TIPP

Rinderkotelett ist auch bei unseren Nachbarn beliebt: In Frankreich nennt man es Côte de bœuf, in Italien Bistecca fiorentina. Puristen schwören auf den reinen Fleischgenuss und verweigern sogar die Sauce tartare dazu. Sie würzen nur mit etwas altem Balsamicoessig oder ein wenig Kräuterbutter.

STEAKS
mit geschmolzenen Tomaten

ZUTATEN FÜR 4 PERSONEN

Für die Tomaten:
40 Kirschtomaten
2 EL Olivenöl
4 EL Balsamicoessig
1 Bund Basilikum
Salz · Pfeffer aus der Mühle

Für die Steaks:
4 Rumpsteaks (à 250 g; mit Fettrand)
Salz · Pfeffer aus der Mühle
je 1 Rosmarin- und Thymianzweig
1 Knoblauchzehe
2 EL Traubenkernöl
20 g Butter

ZUBEREITUNG

1. Für die Tomaten die Kirschtomaten waschen und jeweils am Stielansatz eine dünne Scheibe abschneiden. Das Olivenöl in einer Pfanne erhitzen und die Kirschtomaten darin ganz kurz (maximal 1 Minute) anbraten. Mit dem Essig ablöschen. Das Basilikum waschen und trocken schütteln, die Blätter abzupfen und zu den Tomaten geben. Die Tomaten mit Salz und Pfeffer würzen und bei schwacher Hitze 2 Minuten dünsten, sodass sie nicht zerfallen. Die Tomaten warm halten.

2. Für die Steaks den Fettrand der Steaks mehrmals einschneiden. Die Steaks mit Salz und Pfeffer würzen. Die Kräuter waschen und trocken schütteln. Den Knoblauch schälen und andrücken. Das Traubenkernöl in einer Pfanne erhitzen und die Steaks darin mit Kräutern und Knoblauch auf jeder Seite 3 Minuten braten. Zuletzt die Butter hinzufügen und die Steaks im Bratfett wenden.

3. Die Steaks mit den Tomaten auf Tellern anrichten und nach Belieben mit Baguette servieren.

ZWIEBELROSTBRATEN
mit Petersilienmöhren

ZUTATEN FÜR 4 PERSONEN

Für den Zwiebelrostbraten:
4 Rindersteaks (à 200–250 g, ca. 2 cm dick; aus der Hüfte)
Salz · Pfeffer aus der Mühle
3 EL Öl · 40 g Butter
4 Zwiebeln · Zucker · gemahlener Kümmel
ca. 3/4 l Fleischbrühe · 2 EL gehackte Petersilie

Für das Gemüse:
600 g Möhren · Salz · 20 g Butter · Zucker
2 EL gehackte Petersilie

ZUBEREITUNG

1. Für den Zwiebelrostbraten den Backofen auf 220 °C vorheizen. Die Steaks mit Salz und Pfeffer würzen. Das Öl und 30 g Butter in einer Pfanne erhitzen und die Steaks darin auf beiden Seiten scharf anbraten. Die Steaks in ein tiefes Backblech oder eine große Auflaufform legen.

2. Die Zwiebeln schälen, in feine Ringe schneiden und in der Pfanne im verbliebenen Bratfett andünsten. Mit Salz, 1 Prise Zucker und Kümmel würzen. Mit der Brühe ablöschen und die Zwiebelringe 5 bis 6 Minuten weich köcheln. Die Zwiebeln auf die Steaks geben und so viel Brühe dazugießen, dass die Steaks gut mit Flüssigkeit bedeckt sind. Den Zwiebelrostbraten im Ofen auf der mittleren Schiene 12 bis 15 Minuten garen.

3. Für das Gemüse die Möhren putzen, schälen, in dünne Scheiben schneiden und in Salzwasser 5 bis 10 Minuten garen. In ein Sieb abgießen und abtropfen lassen. Die Butter in einem Topf erhitzen und die Möhren darin schwenken. Mit 1 Prise Zucker bestreuen und die Petersilie untermischen.

4. Den Zwiebelrostbraten mit der Petersilie bestreuen und die restliche Butter unter die Sauce rühren. Den Zwiebelrostbraten mit den Möhren auf Tellern anrichten. Dazu passen Salzkartoffeln.

HACKBRATEN AUS DEM OFEN
mit Tomatensauce

....

ZUTATEN FÜR 4–6 PERSONEN

Für den Hackbraten:
4 große Lauchstangen
Salz · Butter für die Form
1 Tasse Fleischbrühe
2 Brötchen (vom Vortag)
2 Zwiebeln · 2 Knoblauchzehen
1 EL Olivenöl
1/2 Bund Petersilie
2 EL Kapern · 50 g eingelegte Sardellenfilets
1 kg Rinderhackfleisch
2 Eier
Pfeffer aus der Mühle
5 hart gekochte Eier

Für die Tomatensauce:
1 Chilischote · 3 EL Olivenöl
1 große Dose Tomaten (800 g Füllmenge)
Salz · Zucker · Zitronensaft

ZUBEREITUNG

1. Für den Hackbraten den Lauch putzen, längs aufschneiden und waschen. Den Lauch in Salzwasser 2 Minuten blanchieren. Kalt abschrecken und abtropfen lassen, die Blätter auseinanderlösen und trocken tupfen. Eine Kastenform (30 cm Länge) mit Butter einfetten und den Boden mit der Hälfte der Lauchblätter überlappend auslegen.

2. Den Backofen auf 200 °C vorheizen. Die Brühe erhitzen und die Brötchen darin einweichen. Die Zwiebeln und die Knoblauchzehen schälen und in sehr kleine Würfel schneiden. Das Olivenöl in einer Pfanne erhitzen, die Zwiebeln und den Knoblauch darin andünsten. Die Petersilie waschen und trocken schütteln, die Blätter abzupfen und fein hacken. Die Kapern und die Sardellenfilets ebenfalls fein hacken. Die Brötchen mit dem Stabmixer pürieren. Das Hackfleisch in eine Schüssel geben, die Bröt-

chenmasse, die Zwiebel-Knoblauch-Mischung, die Petersilie, die Kapern, die Sardellen und die rohen Eier dazugeben und alles gut verkneten. Die Hackmasse mit Salz und Pfeffer würzen.

3. Die hart gekochten Eier pellen. Etwa die Hälfte der Hackmasse in die Kastenform geben. Die Eier in der Mitte längs hintereinanderlegen. Die restliche Hackmasse daraufgeben und glatt streichen. Den Hackbraten mit den übrigen Lauchblättern überlappend belegen. Einen Bogen Backpapier anfeuchten und darauflegen. Den Hackbraten im Ofen auf der mittleren Schiene etwa 1 Stunde garen.

4. Für die Tomatensauce die Chilischote längs halbieren, entkernen, waschen und fein hacken. Das Olivenöl in einer Pfanne erhitzen, Chili darin andünsten und die Dosentomaten samt Saft dazugeben. Mit dem Kartoffelstampfer zerdrücken und die Sauce etwa 15 Minuten köcheln. Mit Salz, Zucker und Zitronensaft würzen.

5. Den Hackbraten vorsichtig auf eine Platte stürzen und in Scheiben schneiden. Die Tomatensauce und nach Belieben gedünsteten Blumenkohl und kleine Kartoffeln dazu reichen.

TIPP

Statt mit Eiern können Sie den Hackbraten auch mit gedünsteten Möhren füllen. Oder Sie mischen ganz einfach Käsewürfel unter die Fleischmasse. Probieren Sie den Hackbraten auch mal mit einer Mischung aus Lamm- und Rinderhackfleisch, und geben Sie dann Feta-Würfel in die Fleischmasse.

HACKSTEAKS
mit Auberginen

ZUTATEN FÜR 6–8 PERSONEN
Für die Auberginen:
4 Auberginen · 5 Knoblauchzehen
100 ml Olivenöl · Saft von 1 Zitrone
Salz · Pfeffer aus der Mühle · Cayennepfeffer

Für die Hacksteaks:
2 Brötchen (vom Vortag) · 1 kg Rinderhackfleisch
2 Eier · 2 EL Paniermehl · 1 TL Senf
2 EL gehackte Petersilie
Salz · Pfeffer aus der Mühle
2 EL Olivenöl · 30 g Butter

ZUBEREITUNG

1. Für die Auberginen den Backofen auf 200 °C vorheizen. Die Auberginen putzen, waschen und in Würfel schneiden. Die Hälfte der Auberginenwürfel in eine Auflaufform geben. Den Knoblauch schälen, vierteln und mit 5 EL Olivenöl unter die Auberginen mischen. Die Auberginen im Ofen auf der mittleren Schiene 20 bis 25 Minuten garen, dabei zweimal wenden.

2. Für die Hacksteaks die Brötchen in 1 Tasse Wasser einweichen. Das Hackfleisch in eine Schüssel geben. Die Brötchen etwas ausdrücken und zerzupfen, mit den Eiern, Paniermehl, Senf und Kräutern zum Hackfleisch geben und gut verkneten, mit Salz und Pfeffer würzen. Aus der Hackmasse 10 flache Steaks formen. Das Olivenöl und die Butter in einer beschichteten Pfanne erhitzen und die Hacksteaks darin auf beiden Seiten etwa 15 Minuten braten.

3. Die restlichen Auberginen in einer beschichteten Pfanne in 4 EL Olivenöl unter Wenden etwa 10 Minuten braten.

4. Die Auberginen aus dem Ofen mit dem Knoblauch in eine Schüssel geben. Zitronensaft, restliches Olivenöl, Salz, Pfeffer und Cayennepfeffer dazugeben und mit einer Gabel zu einem Püree zerdrücken. Hacksteaks mit dem Püree und den gebratenen Auberginenwürfeln auf Tellern anrichten.

KALBSLEBER
mit Spinatsalat

ZUTATEN FÜR 4 PERSONEN
Für den Salat:
500 g junge Spinatblätter
2 Scheiben Toast- oder Graubrot
30 g Butter
1 Chilischote · 3 EL Olivenöl
1 EL weißer Balsamicoessig
Saft von 1/2 Zitrone
frisch geriebene Muskatnuss
Salz · Pfeffer aus der Mühle · Zucker
50 g geriebener Parmesan

Für die Leber:
4 Scheiben Kalbsleber (à ca. 150 g)
2 EL Mehl · 6 Knoblauchzehen
2 EL Olivenöl · 30 g Butter
Salz · Pfeffer aus der Mühle

ZUBEREITUNG

1. Für den Salat den Spinat verlesen und die groben Stiele entfernen, den Spinat waschen und trocken schleudern. Die Brotscheiben in kleine Würfel schneiden. In einer beschichteten Pfanne die Butter erhitzen und die Brotwürfel darin knusprig braten. Die Chilischote längs halbieren, entkernen, waschen und fein hacken. Das Olivenöl mit Chili, Essig, Zitronensaft, Muskatnuss, Salz, Pfeffer und 1 Prise Zucker verrühren. Kurz vor dem Servieren den Spinat mit der Vinaigrette mischen und mit den Brotwürfeln und dem Parmesan bestreuen.

2. Für die Leber die Leberscheiben waschen, trocken tupfen und im Mehl wenden. Den Knoblauch schälen und in feine Scheiben schneiden. Das Olivenöl und die Butter in einer beschichteten Pfanne erhitzen und die Leberscheiben darin auf jeder Seite etwa 2 Minuten braten. Den Knoblauch kurz mitbraten und mit Salz und Pfeffer würzen. Die Leber mit dem Knoblauch auf Tellern anrichten und den Spinatsalat dazu servieren.

HIMMEL UND ERDE
mit Leberwurst

ZUTATEN FÜR 4 PERSONEN
Für die Äpfel:
1 Zwiebel · 1 Chilischote
4 säuerliche Äpfel (z. B. Boskop) · 30 g Butter
100 ml Weißwein · 100 ml Apfelsaft
1 Scheibe Ingwer · 1 Zimtstange

Für das Kartoffelpüree:
1 kg mehligkochende Kartoffeln · Salz
ca. 1/4 l Milch · 250 g Sahne · 100 g Butter
Pfeffer · frisch geriebene Muskatnuss

Außerdem:
1 große Zwiebel · 8 Leberwürste
Salz · 2 Lorbeerblätter

ZUBEREITUNG

1. Für die Äpfel die Zwiebel schälen, halbieren und in Scheiben schneiden. Die Chilischote längs halbieren, entkernen und waschen. Die Äpfel vierteln, schälen und entkernen, das Fruchtfleisch in mundgerechte Stücke schneiden.

2. Die Butter in einer Pfanne erhitzen, die Äpfel und die Zwiebel darin andünsten. Wein und Saft sowie Chili, Ingwer und Zimtstange hinzufügen. Alles bei schwacher Hitze offen 10 bis 15 Minuten köcheln lassen. Chili, Ingwer und Zimt entfernen.

3. Für das Kartoffelpüree die Kartoffeln schälen, waschen, in Stücke schneiden und in Salzwasser etwa 15 Minuten garen. Die Milch, die Sahne und die Butter in einem Topf erhitzen. Die Kartoffeln abgießen, ausdampfen lassen und durch die Kartoffelpresse drücken. Mit der Sahne-Milch-Mischung zu einem Püree verrühren und mit Salz, Pfeffer und Muskatnuss würzen.

4. Die Zwiebel schälen, halbieren und in Scheiben schneiden. Die Leberwürste in Salzwasser mit den Lorbeerblättern und der Zwiebel etwa 15 Minuten erhitzen (nicht kochen!). Die Leberwürste mit den Äpfeln und dem Kartoffelpüree anrichten.

BEINSCHEIBEN
mit grünen Bohnen

ZUTATEN FÜR 4 PERSONEN
1 Bund Suppengemüse · 2 Zwiebeln
1 Knoblauchzehe
4 Beinscheiben (vom Rind; à ca. 300 g)
3 EL Olivenöl · 1/4 l Weißwein
1 EL Tomatenmark · Salz · Pfeffer aus der Mühle
1 kg grüne Bohnen · 4 kleine Tomaten
4 Zwiebeln · 1 EL Butter · 200 g Ziegenfrischkäse

ZUBEREITUNG

1. Das Suppengemüse putzen, waschen bzw. schälen und in Stücke schneiden. Die Zwiebeln halbieren und in einer Pfanne ohne Fett auf den Schnittflächen schwarz rösten. Den Knoblauch mit Schale andrücken. Das Fleisch waschen und trocken tupfen, die Fettränder mehrmals einschneiden. Das Olivenöl in einer hohen Pfanne erhitzen und die Beinscheiben darin auf beiden Seiten kräftig anbraten. Das Suppengemüse dazugeben und mitbraten. Zwiebeln, Knoblauch und Tomatenmark hinzufügen, alles mit Salz und Pfeffer würzen und 1 l Wasser sowie den Wein angießen. Die Beinscheiben zugedeckt bei mittlerer Hitze 1 1/2 Stunden köcheln.

2. Die Bohnen putzen, waschen und in Salzwasser 5 Minuten garen. Abgießen, kalt abschrecken und abtropfen lassen. Die Tomaten waschen, vierteln und entkernen. Die Zwiebeln schälen und in kleine Würfel schneiden. Die Butter in einem Topf erhitzen und die Zwiebeln darin goldgelb andünsten. Die Bohnen und die Tomaten dazugeben.

3. Die Beinscheiben aus dem Sud nehmen und das Fett entfernen. Nach Belieben das Fleisch von den Knochen lösen und in mundgerechte Stücke schneiden. Die Beinscheiben zu den Bohnen geben. Den Sud durch ein Sieb in einen Topf gießen. Die Hälfte des Fleischsuds zu den Bohnen geben und mit Salz und Pfeffer würzen.

4. Das Fleisch und die Bohnen auf Tellern anrichten, den Frischkäse in Flöckchen daraufsetzen. Dazu passt Kartoffelstampf (siehe S. 83) oder Landbrot.

GEKOCHTES RINDFLEISCH
mit Aioli und Petersiliensauce

ZUTATEN FÜR 4–6 PERSONEN

Für das Fleisch:
5 Möhren · 2 Lauchstangen
1/2 Sellerieknolle (mit Grün)
1 Zwiebel
1 kg Rinderknochen
2 kg Rindfleisch (Tafelspitz, Bürgermeister-
stück oder Semmerrolle)
1 Lorbeerblatt · 6 Pfefferkörner
Salz · Pfeffer aus der Mühle

Für die Aioli:
5 Knoblauchzehen
2 Eigelb · 5 EL Olivenöl
Zitronensaft
Salz · Pfeffer aus der Mühle

Für die Petersiliensauce:
1 großes Bund Petersilie
20 Pinienkerne
4 EL Olivenöl
Salz · Pfeffer aus der Mühle · Zucker

ZUBEREITUNG

1. Für das Fleisch die Möhren schälen und halbieren. Den Lauch putzen, waschen und in fingerlange Stücke schneiden. Von der Sellerieknolle das Grün abschneiden und waschen. Die Knolle schälen, vierteln und das Grün mit Küchengarn an ein Selleriestück binden. Die Zwiebel mit Schale halbieren und in einer Pfanne ohne Fett rösten, bis die Schnittflächen schwarz sind.

2. Die Knochen waschen. Das Gemüse, die Knochen, das Rindfleisch, die Zwiebel, das Lorbeerblatt und die Pfefferkörner in einen großen Topf geben und so viel kaltes Wasser angießen, dass alle Zutaten gut bedeckt sind. Mit Salz würzen und die Flüssigkeit zum Kochen bringen. Den entstehenden Schaum mit dem Schaumlöffel abschöpfen und das Rindfleisch zugedeckt bei schwacher Hitze mindestens 2 Stunden garen.

3. Für die Aioli den Knoblauch schälen und in Scheiben schneiden. Mit den Eigelben in den Mörser geben und zu einer homogenen Masse verarbeiten, dabei nach und nach das Olivenöl dazugeben. Die Aioli mit Zitronensaft, Salz und Pfeffer würzen.

4. Für die Petersiliensauce die Petersilie waschen, trocken schütteln und samt Stielen grob hacken. Die Pinienkerne in einer beschichteten Pfanne ohne Fett goldbraun rösten und mit der Petersilie in einen Rührbecher geben. Alles mit dem Stabmixer fein pürieren, dabei nach und nach das Olivenöl hinzufügen und weiterschlagen, bis eine cremige Sauce entstanden ist. Die Sauce mit Salz, Pfeffer und 1 Prise Zucker würzen.

5. Das Fleisch herausheben (es ist gar, wenn man eine eingestochene Gabel leicht herausziehen kann). Das Gemüse in ein Sieb abgießen, die Brühe dabei in einem Topf auffangen. Das Gemüse aus dem Sieb nehmen, in mundgerechte Stücke schneiden und in der Brühe warm halten. Das Fleisch in Scheiben schneiden und mit dem Gemüse auf Teller verteilen. Etwas Brühe darübergeben und mit den Saucen servieren. Dazu passen Salzkartoffeln.

TIPP

Die klassische Aioli besteht nur aus Knoblauch, Olivenöl und etwas Salz. Sie hat den Vorteil, dass sie länger haltbar ist, da sie keine Eigelbe enthält. Allerdings braucht man für ihre Herstellung etwas mehr Geduld und Übung: Eine größere Menge Knoblauch wird gehackt und im Mörser fein zerrieben, dann kommt nach und nach etwas Olivenöl dazu, das jeweils in die Knoblauchmasse eingearbeitet wird, bis zum Schluss eine cremige Aioli entstanden ist.

RINDERSCHMORBRATEN
mit Zuckermöhren

ZUTATEN FÜR 10 PERSONEN

Für den Braten:
5 Rinder- oder Kalbsknochen
1 Bund Suppengemüse
2 1/2 kg Rinderbraten (aus der Oberschale)
Salz · Pfeffer aus der Mühle
4 EL Sonnenblumenöl
1 Tomate
1 EL Tomatenmark
1 1/2 l Fleischbrühe
1/2 l Rotwein (z. B. Chianti)
2 Petersilienstiele
3 frische Lorbeerblätter · 10 Pfefferkörner
2 EL weiche Butter · 1 EL Mehl

Für das Gemüse:
2 kg Möhren · Salz
1 Bund Petersilie
100 g Butter · 2 EL Zucker

ZUBEREITUNG

1. Für den Braten den Backofen auf 180 °C Umluft (200 °C Ober-/Unterhitze) vorheizen. Die Knochen waschen und trocken tupfen. Das Suppengemüse putzen, waschen bzw. schälen und in kleine Stücke schneiden. Den Braten mit Salz und Pfeffer würzen. In einem Bräter 3 EL Öl erhitzen und das Fleisch darin rundum kräftig anbraten.

2. Das Fleisch aus dem Bräter nehmen. Das restliche Öl hineingeben und die Knochen und das Gemüse darin anbraten. Die Tomate waschen und in Stücke schneiden, dabei den Stielansatz entfernen. Das Tomatenmark und die Tomatenstücke in den Bräter geben und kurz mitdünsten. Mit 1/2 l Wasser ablöschen und den Bratensatz vom Boden lösen. Den Braten auf die Knochen legen und die Brühe mit dem Wein hinzufügen – das Fleisch sollte etwa zu zwei Dritteln mit Flüssigkeit bedeckt sein. Die Petersilie waschen und trocken schütteln, mit den Lorbeerblättern und Pfefferkörnern in den Bräter geben. Das Fleisch zugedeckt im Ofen auf der mittleren Schiene etwa 2 1/2 Stunden schmoren, dabei mindestens zweimal wenden.

3. Für das Gemüse die Möhre putzen, schälen, in dicke Scheiben schneiden und in Salzwasser etwa 10 Minuten garen. In ein Sieb abgießen und kalt abschrecken. Die Petersilie waschen und trocken schütteln, die Blätter abzupfen und fein hacken. In einer beschichteten Pfanne die Butter erhitzen, den Zucker, die Petersilie und die Möhren dazugeben und leicht karamellisieren. Die Möhren mit Salz abschmecken und warm halten.

4. Den Braten herausnehmen und in Alufolie wickeln. Die Sauce durch ein Sieb in einen Topf gießen, Knochen und Gemüse entfernen. Die Sauce etwas einkochen lassen. Die Butter mit dem Mehl verkneten und nach und nach unter die köchelnde Sauce rühren, bis sie eine sämige Konsistenz hat. Mit Salz und Pfeffer abschmecken. Den Braten aus der Folie nehmen und kurz in der Sauce ziehen lassen. Herausnehmen und in Scheiben schneiden. Mit den Möhren, der Sauce und nach Belieben mit Salzkartoffeln servieren.

TIPP

Machen Sie nach etwa 2 Stunden eine Garprobe: Stechen Sie einen Fleischspieß in den Braten und ziehen Sie ihn wieder heraus. Geht das ganz leicht, ist das Fleisch gar. Gibt es dabei Widerstand, lassen Sie es einfach noch länger schmoren. Voraussetzung für einen zarten, saftigen Schmorbraten ist gut abgehangenes Rindfleisch. Am besten bestellen Sie es bei Ihrem Metzger vor.

ROASTBEEF
mit Bratkartoffeln und Kräuterremoulade

....

ZUTATEN FÜR 4–6 PERSONEN

Für die Bratkartoffeln:
1 kg festkochende Kartoffeln · Salz
1 TL Kümmelsamen
30 g Butterschmalz
1/2 Bund Petersilie
Pfeffer aus der Mühle
30 g Butter

Für das Roastbeef:
2 kg Roastbeef (mit Fettschicht)
Meersalz · Pfeffer aus der Mühle
2 EL Öl · 20 g Butterschmalz
1 Bund Kräuter (z. B. Rosmarin, Thymian
und frischer Lorbeer)
2 Schalotten · 2 Tomaten

Für die Remoulade:
3 Eigelb · 1 EL scharfer Senf
200 ml Olivenöl · 2 Schalotten
1 Knoblauchzehe
2 Gewürzgurken · 1 EL Kapern
je 1/2 Bund Petersilie und Thymian
Salz · Pfeffer aus der Mühle · Zitronensaft

ZUBEREITUNG

1. Am Vortag für die Bratkartoffeln die Kartoffeln unter fließendem Wasser gründlich abbürsten. Die Kartoffeln in Salzwasser mit dem Kümmel etwa 20 Minuten garen, abgießen und über Nacht auskühlen lassen.

2. Für das Roastbeef den Backofen auf 180 °C vorheizen. Das Fleisch mit Meersalz und grob gemahlenem Pfeffer einreiben. Das Öl und das Butterschmalz in einer Pfanne erhitzen und das Roastbeef darin rundum anbraten. Das Roastbeef auf ein mit Alufolie ausgelegtes Backblech setzen.

3. Die Kräuter waschen, trocken schütteln und grob zerzupfen. Die Schalotten schälen und vierteln. Die Tomaten waschen und vierteln, dabei die Stielansätze entfernen. Die Kräuter über das Fleisch streu-

en, die Schalotten und die Tomaten daneben verteilen. Das Roastbeef im Ofen auf der mittleren Schiene 35 bis 40 Minuten rosa garen. Die Kerntemperatur sollte zwischen 55 und 65 °C liegen.

4. Für die Remoulade die Eigelbe und den Senf in einem Rührbecher mit dem Stabmixer aufschlagen. Das Olivenöl nach und nach dazugießen und weiterschlagen, bis eine cremige Mayonnaise entstanden ist. Die Schalotten und den Knoblauch schälen und in sehr kleine Würfel schneiden. Die Gurken und die Kapern fein hacken. Die Kräuter waschen und trocken schütteln, die Blätter abzupfen und fein hacken. Die Mayonnaise mit Zitronensaft, Salz und Pfeffer würzen. Alle klein geschnittenen Zutaten untermischen. Nach Belieben noch etwas Joghurt oder Sahne unter die Kräuterremoulade mischen. Die Remoulade bis zum Servieren kühl stellen.

5. Die Kartoffeln pellen und in Scheiben schneiden. In zwei beschichteten Pfannen das Butterschmalz erhitzen und die Kartoffeln darin etwa 5 Minuten anbraten. Dann unter wiederholtem Wenden 10 bis 15 Minuten weiterbraten.

6. Die Petersilie waschen und trocken schütteln, die Blätter abzupfen und fein hacken. Die Bratkartoffeln mit Salz und Pfeffer würzen. Nach Belieben Zwiebel- und Speckwürfel dazugeben und ein paar Minuten mitbraten. Zum Schluss die Butter dazugeben und die Kartoffeln darin schwenken. Die Petersilie darüberstreuen.

7. Das Roastbeef nach dem Garen ein paar Minuten ruhen lassen. Dann in dünne Scheiben schneiden und mit den Bratkartoffeln und der Kräuterremoulade anrichten.

TIPP

Für Remoulade sollten Sie immer ganz frische Eigelbe verwenden. Sollte etwas Roastbeef übrig bleiben, können Sie die Reste am übernächsten (!) Tag in Olivenöl scharf anbraten und auf Brot servieren.

RAHMSCHNITZEL
mit Brokkoli und Champignons

ZUTATEN FÜR 4 PERSONEN

Für die Sauce:
1 Schalotte
3 große Champignons
1 EL Olivenöl
300 g Sahne
Salz · Pfeffer aus der Mühle

Für das Gemüse:
500 g Brokkoli · Salz
200 g Champignons
2 EL Olivenöl
Salz · Pfeffer aus der Mühle
30 g Butter

Für die Schnitzel:
4 Schweinemedaillons (à 120 g)
Salz · Pfeffer aus der Mühle
4 Thymianzweige
4 Knoblauchzehen
2 EL Olivenöl · 20 g Butter

ZUBEREITUNG

1. Für die Sauce die Schalotte schälen und in kleine Würfel schneiden. Die Champignons mit einem feuchten Tuch abreiben, die Stielenden abschneiden und die Pilze in sehr feine Scheiben schneiden. Das Olivenöl in einer Pfanne erhitzen und die Schalotte darin andünsten. Die Champignons dazugeben und anbraten. Mit 3 EL Wasser ablöschen und 3 bis 4 Minuten köcheln lassen.

2. Die Pilze durch ein grobes Sieb in einen Topf streichen. Die Sahne hinzufügen und bei schwacher Hitze etwa 5 Minuten köcheln. Die Sauce durch ein feines Sieb in einen Topf streichen und nach Belieben mit Mehlbutter binden. Dafür 50 g weiche Butter mit 30 g Mehl verkneten, nach und nach unter die Sauce rühren und die Sauce köcheln lassen, bis sie die gewünschte Konsistenz hat. Die Rahmsauce mit Salz und Pfeffer abschmecken.

3. Für das Gemüse den Brokkoli putzen, waschen, in die einzelnen Röschen teilen und in Salzwasser etwa 10 Minuten garen. Die Champignons mit einem feuchten Tuch abreiben, die Stielenden abschneiden und die Pilze in feine Scheiben schneiden. Das Olivenöl in einer Pfanne erhitzen und die Pilze darin 5 Minuten braten. Mit Salz und Pfeffer würzen.

4. Für die Schnitzel die Schweinemedaillons mit dem Plattiereisen oder einem Topf flach klopfen. Das Fleisch mit Salz und Pfeffer würzen.

5. Den Thymian waschen und trocken schütteln. Den Knoblauch schälen und andrücken. Das Olivenöl und die Butter in einer Pfanne erhitzen, die Schnitzel mit dem Thymian und dem Knoblauch darin auf beiden Seiten etwa 5 Minuten braten.

6. Den Brokkoli in ein Sieb abgießen und abtropfen lassen. Die Butter in einem Topf erhitzen und den Brokkoli darin schwenken. Die Schnitzel mit der Rahmsauce auf Tellern anrichten, den Brokkoli und die Champignons dazu servieren.

TIPP

Wer eine zusätzliche Beilage möchte, serviert dazu noch Spätzle (siehe S. 127) oder Rösti (siehe S. 190). Die feine Rahmsauce mit Champignons schmeckt auch vorzüglich zu gegrilltem Fisch.

ANANAS-SCHNITZEL
mit Chili und Knoblauch

ZUTATEN FÜR 4 PERSONEN

1 Ananas
2 Chilischoten
3 Knoblauchzehen
4 Schweineschnitzel (aus der Oberschale)
Salz · Pfeffer aus der Mühle
1 EL getrockneter Thymian
5 EL Öl · Zucker

ZUBEREITUNG

1. Die Ananas putzen, schälen, vierteln und den harten Strunk entfernen. Das Fruchtfleisch in Würfel schneiden. Die Chilischoten längs halbieren, entkernen, waschen und fein hacken. Den Knoblauch schälen und in kleine Würfel schneiden.

2. Die Schnitzel mit Salz und Pfeffer würzen, jeweils auf einer Seite mit Thymian bestreuen und den Thymian etwas andrücken. In einer Pfanne (möglichst in einer Eisenpfanne) 3 EL Öl erhitzen und die Schnitzel darin auf beiden Seiten scharf anbraten. Die Hitze reduzieren und die Schnitzel auf beiden Seiten je 3 Minuten braten, dabei immer wieder mit dem Bratfett beträufeln. Nach Belieben zum Schluss 1 EL Butter dazugeben.

3. Das restliche Öl in einer Pfanne erhitzen und die Ananas mit Chili, Knoblauch und 1 Prise Zucker darin ein paar Minuten braten. Die Schnitzel mit den Ananasstücken auf Tellern anrichten. Nach Belieben Reis oder Baguette dazu servieren.

SCHWEINEKOTELETT
mit Apfeltatar

ZUTATEN FÜR 4 PERSONEN

Für das Tatar:
2 Äpfel (z. B. Holsteiner Cox oder Cox Orange)
1 rote Zwiebel · 100 g Feta-Käse
5 Rosmarinzweige

Für die Marinade:
2 Knoblauchzehen
Saft von 1 Zitrone
je 1 EL Oliven- und Walnussöl
1 EL Honig · Pfeffer aus der Mühle

Für die Koteletts:
4 Schweinekoteletts (à ca. 200 g)
Salz · Pfeffer aus der Mühle
4 Thymianzweige · 1 Rosmarinzweig
3 EL Olivenöl

ZUBEREITUNG

1. Für das Tatar die Äpfel vierteln, schälen und die Kerngehäuse entfernen. Das Fruchtfleisch in kleine Stücke schneiden. Die Zwiebel schälen und in kleine Würfel schneiden. Den Feta-Käse ebenfalls in kleine Würfel schneiden. Den Rosmarin waschen, trocken schütteln und die Nadeln abzupfen. Die vorbereiteten Zutaten mischen.

2. Für die Marinade den Knoblauch schälen und in sehr kleine Würfel schneiden. Den Zitronensaft, beide Ölsorten, den Knoblauch, den Honig und Pfeffer verrühren und unter das Apfeltatar mischen.

3. Für die Koteletts die Schweinekoteletts waschen und trocken tupfen, mit Salz und Pfeffer würzen. Die Kräuter waschen und trocken schütteln. Das Olivenöl in einer Pfanne erhitzen und die Koteletts darin auf jeder Seite 5 bis 7 Minuten braten, dabei die Kräuterzweige dazugeben. Die Koteletts mit dem Apfeltatar auf Tellern anrichten.

DICKE RIPPE
mit Tomatensalat

ZUTATEN FÜR 4 PERSONEN

Für das Fleisch:

8 Portionsstücke dicke Rippe
(vom Schwein) · Salz

Für die Marinade:

4 EL Sojasauce · 2 EL Honig
Saft von 1 Zitrone · Pfeffer aus der Mühle

Für den Salat:

30 Kirschtomaten · 3 rote Zwiebeln
3 EL Weißweinessig · 1 EL Olivenöl
Salz · Pfeffer aus der Mühle · 1 EL Zucker
1 Bund Basilikum

ZUBEREITUNG

1. Für das Fleisch die Rippen in Salzwasser etwa 30 Minuten garen. Herausnehmen, abtropfen und etwas abkühlen lassen.

2. Für die Marinade alle Zutaten in einer großen Schüssel verrühren. Nach Belieben noch 2 Knoblauchzehen schälen, durch die Knoblauchpresse dazudrücken und unterrühren.

3. Den Backofengrill vorheizen. Die lauwarmen Rippen in die Marinade geben und darin wenden. Herausnehmen, abtropfen lassen und auf das Backofengitter legen. Das Gitter auf die mittlere Schiene in den Ofen schieben und ein Backblech darunterschieben. Die Rippchen etwa 20 Minuten grillen, dabei gelegentlich wenden.

4. Für den Salat die Kirschtomaten waschen und halbieren. Die Zwiebeln schälen, halbieren und in Scheiben schneiden. Den Essig, das Olivenöl, Salz, Pfeffer und Zucker zu einer Vinaigrette verrühren. Die Tomaten und Zwiebeln dazugeben und alles gut mischen. Das Basilikum waschen und trocken schütteln, die Blätter abzupfen und kurz vor dem Servieren unter den Salat mischen. Die gegrillten Rippen mit dem Tomatensalat servieren.

SPANFERKELKOTELETTS
mit Möhrensalat

ZUTATEN FÜR 4 PERSONEN

Für den Salat:

1 kg Möhren · Salz
2 Bund Frühlingszwiebeln
1 Bund Petersilie · 20 Pimentkörner
3 EL Olivenöl · 1 EL Balsamicoessig
1 TL gemahlener Kreuzkümmel

Für die Koteletts:

2 Knoblauchzehen · 1 Rosmarinzweig
5 EL Olivenöl
12 Spanferkelkoteletts (mit Schwarte)
Meersalz · Pfeffer aus der Mühle
Honig · Zitronensaft

ZUBEREITUNG

1. Für den Salat die Möhren putzen, schälen, in dünne Scheiben schneiden und in Salzwasser etwa 5 Minuten bissfest garen.

2. Die Frühlingszwiebeln putzen, waschen und in feine Ringe schneiden. Die Petersilie waschen und trocken schütteln, die Blätter abzupfen und grob hacken. Die Möhren abgießen und in einer Schüssel mit den Frühlingszwiebeln und der Petersilie mischen. Die Pimentkörner im Mörser fein zerstoßen. Das Olivenöl mit Essig, Salz, Piment und Kreuzkümmel verrühren und mit dem Möhrensalat mischen.

3. Für die Koteletts den Knoblauch schälen und andrücken. Den Rosmarinzweig waschen und trocken schütteln. Knoblauch und Rosmarin mit dem Olivenöl mischen. Die Koteletts waschen, trocken tupfen und die Schwarte mehrmals einschneiden. Die Koteletts mit Meersalz und Pfeffer würzen.

4. Die Koteletts mit dem Würzöl bestreichen und in einer heißen Grillpfanne auf jeder Seite etwa 2 Minuten braten. Die Koteletts mit etwas Honig bestreichen, mit Zitronensaft beträufeln und mit dem Möhrensalat servieren.

SCHÄUFELE
mit zweierlei Rosenkohl

....

ZUTATEN FÜR 4 PERSONEN

Für das Schäufele:
1 Zwiebel
2 Knoblauchzehen
je 1 Rosmarin- und Thymianzweig
1 walnussgroßes Stück Ingwer
1 kg Kasseler Nacken

Für das Rosenkohlmus:
500 g Rosenkohl
1 Kartoffel · Salz
100 g Sahne
ca. 1/2 l Fleisch- oder Gemüsebrühe
Pfeffer aus der Mühle · Cayennepfeffer
frisch geriebene Muskatnuss
Olivenöl

Für das Rosenkohlgemüse:
500 g Rosenkohl · Salz
je 1 unbehandelte Zitrone und Orange
30 g Butter · 200 g Sahne
Pfeffer aus der Mühle · Olivenöl

ZUBEREITUNG

1. Für das Schäufele den Backofen auf 200 °C vorheizen. Die Zwiebel schälen, halbieren und in Scheiben schneiden. Den Knoblauch mit Schale andrücken. Die Kräuter waschen und trocken schütteln. Den Ingwer schälen und in Scheiben schneiden. Den Kassler Nacken mit Zwiebel, Knoblauch, Kräuterzweigen und Ingwer in einen Bräter legen. Etwa 600 ml Wasser dazugießen und das Fleisch im Ofen auf der mittleren Schiene mindestens 1 Stunde garen. Dabei zwischendurch immer wieder etwas Bratensaft mit Gewürzen über das Fleisch träufeln, falls nötig, noch etwas Wasser hinzufügen.

2. Für das Rosenkohlmus den Rosenkohl putzen, waschen und halbieren. Die Kartoffel schälen, waschen und in Würfel schneiden. Den Rosenkohl und die Kartoffel in Salzwasser etwa 15 Minuten garen. Dann in ein Sieb abgießen und wieder in den Topf geben. Die Sahne und die Brühe erhitzen und hinzufügen. Den Rosenkohl mit dem Stabmixer zu einem groben Mus pürieren – es sollte eine ähnliche Konsistenz wie Kartoffelstampf haben. Das Mus mit Salz, Pfeffer, Cayennepfeffer, Muskatnuss sowie etwas Olivenöl würzen und warm halten.

3. Für das Rosenkohlgemüse den Rosenkohl putzen und waschen. Die einzelnen Blätter ablösen und in Salzwasser 2 bis 3 Minuten garen. Die Zitrone und die Orange heiß waschen und abtrocknen. Die Schalen fein abreiben und den Saft auspressen. Die Rosenkohlblätter in ein Sieb abgießen, kalt abschrecken und abtropfen lassen. Die Butter erhitzen und die Rosenkohlblätter darin schwenken. Die Zitrusschalen und die -säfte mit der Sahne angießen. Das Gemüse mit Salz und Pfeffer würzen und die Flüssigkeit bei schwacher Hitze 10 Minuten einkochen lassen. Falls nötig, noch etwas Sahne oder Zitronen- und Orangensaft dazugeben. Das Rosenkohlgemüse mit Olivenöl abschmecken.

4. Das Fleisch aus dem Bräter nehmen, nach Belieben mit Pfeffer würzen und kurz ruhen lassen. Die Sauce durch ein Sieb in einen Topf gießen und etwas einköcheln lassen. Das Fleisch in Scheiben schneiden und mit der Sauce, dem Rosenkohlmus und -gemüse servieren.

SCHWEINEBRATEN
mit Brezenknödel

....

ZUTATEN FÜR 4–6 PERSONEN

Für den Schweinebraten:
2 Möhren · 1/2 Sellerieknolle
2 Lauchstangen · 2 Zwiebeln
1 junge Knoblauchknolle
1 1/2–2 kg Schweineschulter (mit Schwarte und
ausgelösten, klein gehackten Knochen)
je 1 EL Kümmelsamen und Pfefferkörner
1 EL grobes Meersalz
1 EL Butterschmalz
1/2 l dunkles Bier · 1 EL Tomatenmark
1 Bund Majoran · 30 g flüssige Butter
Salz · Pfeffer aus der Mühle

Für den Brezenknödel:
250 g Laugengebäck (ohne Salz; vom Vortag)
1/4 l Milch · 1 große Schalotte
1/2 Bund Petersilie · 1 EL Butter · 2 Eier
Salz · frisch geriebene Muskatnuss

ZUBEREITUNG

1. Für den Schweinebraten den Backofen auf 200 °C vorheizen. Die Möhren und den Sellerie schälen und in grobe Würfel schneiden. Den Lauch putzen, waschen und in Stücke schneiden. Die Zwiebeln schälen und ebenso wie die Knoblauchknolle vierteln. Das Gemüse in einen Bräter oder ein tiefes Backblech geben. Die Knochen waschen, abtropfen lassen und auf dem Gemüse verteilen.

2. Den Kümmel mit dem Pfeffer und dem Meersalz im Mörser fein zerreiben. Die Schwarte der Schulter mit einem scharfen Messer oder einem Tapeziermesser rautenförmig einritzen. In einer großen Pfanne das Butterschmalz erhitzen und das Fleisch darin rundum anbraten. Herausnehmen, mit der Gewürzmischung einreiben und mit der Schwarte nach oben auf das Gemüsebett setzen. Die Hälfte des Biers und 1/4 l Wasser dazugießen und das Fleisch im Ofen auf der mittleren Schiene 2 Stunden garen. Nach 1 Stunde die Backofentemperatur auf 160 °C reduzieren und das Tomatenmark unter

den Saucenansatz rühren. Während der Bratzeit immer wieder etwas Bier und ingesamt noch etwa 1/4 l Wasser nachgießen.

3. Für den Brezenknödel das Laugengebäck in etwa 1 cm große Würfel schneiden. Die Milch in einem Topf erwärmen. Die Schalotte schälen und in kleine Würfel schneiden. Die Petersilie waschen und trocken schütteln, die Blätter abzupfen und fein hacken. Die Butter in einer Pfanne erhitzen, die Schalotte darin andünsten. Die Brezenstücke in eine Schüssel geben und die Milch darübergießen. Schalotten, Petersilie und Eier dazugeben und alles mischen, dabei aber die Brezenwürfel nicht zerdrücken. Die Knödelmasse 30 Minuten ruhen lassen.

4. Die Knödelmasse mit Salz und Muskatnuss würzen. Einen Bogen Alufolie auf die Arbeitsfläche legen und einen Bogen Frischhaltefolie daraufgeben. Die Knödelmasse in einem Strang darauf verteilen, dabei an den Enden etwas Platz lassen. Die Masse mithilfe der Folie fest aufrollen und die Enden zudrehen. Die Knödelrolle in einem großen Topf in reichlich Wasser 20 bis 25 Minuten garen.

5. Den Majoran waschen und trocken schütteln, die Blätter abzupfen und fein hacken. Den Schweinebraten kurz vor Ende der Garzeit mit der Butter bestreichen und mit dem Majoran bestreuen. Den Braten aus der Sauce nehmen und im Ofen bei geöffneter Tür ein paar Minuten ruhen lassen. Die Sauce durch ein Sieb in einen Topf gießen, mit Salz und Pfeffer abschmecken und warm halten.

6. Den Brezenknödel aus der Folie wickeln und in Scheiben schneiden. Den Schweinebraten in Scheiben schneiden und mit den Knödelscheiben und der Sauce auf Tellern anrichten.

TIPP

So machen Sie die Garprobe: Stechen Sie an der dicksten Stelle des Bratens mit einem Schaschlikspieß in das Fleisch. Tritt heller und kein blutiger Saft aus, ist das Fleisch gar.

ITALIENISCHE FRIKADELLEN
mit Tomatensauce

....

ZUTATEN FÜR 6–8 PERSONEN

Für die Frikadellen:
2 Scheiben Toastbrot
1 Tasse Fleisch- oder Gemüsebrühe
2 Zwiebeln
3 Knoblauchzehen
1 Bund Petersilie
1 unbehandelte Zitrone
1 kg Lammhackfleisch · 3 Eier
100 g geriebener Parmesan
100 g Paniermehl
1/2 TL Cayennepfeffer
Salz · Pfeffer aus der Mühle
4 EL Olivenöl

Für die Sauce:
1 große Dose Tomaten (800 g Füllmenge)
700 ml Tomatensaft
3 EL Olivenöl
Salz · Pfeffer aus der Mühle · Zucker

Außerdem:
1/2 unbehandelte Zitrone
50 g geriebener Parmesan

ZUBEREITUNG

1. Für die Frikadellen das Toastbrot in der Brühe einweichen. Die Zwiebeln und den Knoblauch schälen und in kleine Würfel schneiden. Die Petersilie waschen und trocken schütteln, die Blätter abzupfen und fein hacken. Die Zitrone heiß waschen und abtrocknen, die Schale mit dem Zestenreißer abziehen und fein hacken.

2. Das Hackfleisch in eine Schüssel geben. Das leicht ausgedrückte und zerzupfte Toastbrot, die Zwiebeln, den Knoblauch, die Petersilie, die Zitronenschale, die Eier, den Parmesan und 2 EL Paniermehl dazugeben und alles gut verkneten. Die Hackmasse mit Cayennepfeffer, Salz und Pfeffer würzen.

3. Für die Sauce die Dosentomaten samt Saft, den Tomatensaft und das Olivenöl in einen Topf geben. Die Tomaten mit dem Kartoffelstampfer zerdrücken und mit Salz, Pfeffer und 1 Prise Zucker würzen. Die Tomatensauce aufkochen und bei schwacher Hitze köcheln lassen.

4. Inzwischen aus der Hackmasse mit angefeuchteten Händen 12 bis 14 Frikadellen formen und im restlichen Paniermehl wenden. Das Olivenöl in einer beschichteten Pfanne erhitzen und die Frikadellen darin auf beiden Seiten stark anbraten. Die Frikadellen in die Tomatensauce geben und bei schwacher Hitze etwa 20 Minuten garen.

5. Die Zitronenhälfte heiß waschen, abtrocknen und die Schale fein abreiben. Die Zitronenschale mit dem Parmesan mischen. Die Frikadellen mit der Tomatensauce servieren und mit der Parmesan-Zitronen-Mischung bestreuen. Dazu passt Ciabatta oder Fladenbrot.

TIPP

Wichtig für den Geschmack und die Konsistenz der Frikadellen ist gutes Paniermehl. Kaufen Sie es deshalb möglichst frisch beim Bäcker – da weiß man, was drin ist!

HACKBÄLLCHEN
in Tomatensauce mit Penne

ZUTATEN FÜR 4 PERSONEN

Für die Hackbällchen:
1 Brötchen (vom Vortag)
2 Zwiebeln
3 EL Olivenöl
500 g Lammhackfleisch
2 Eier · 2 EL Paniermehl
Salz · Pfeffer aus der Mühle
1 Kugel Büffelmozzarella (125 g)
je 1 Rosmarin- und Thymianzweig

Für die Sauce:
10 Kirschtomaten · 1 Zwiebel
2 EL Olivenöl
1/4 l Fleisch- oder Gemüsebrühe
1 EL Tomatenmark
je 1 EL gehackter Rosmarin und Thymian
Salz · Pfeffer aus der Mühle · 1 TL Zucker
2 Knoblauchzehen

Außerdem:
300 g Penne rigate · Salz
2 EL Olivenöl
100 g geriebener Parmesan

ZUBEREITUNG

1. Für die Hackbällchen das Brötchen in Wasser einweichen. Die Zwiebeln schälen und in sehr kleine Würfel schneiden. In einer Pfanne 1 EL Olivenöl erhitzen und die Zwiebeln darin andünsten. Das Hackfleisch in eine Schüssel geben, das ausgedrückte Brötchen, die Zwiebeln, die Eier und das Paniermehl dazugeben und alles gut verkneten. Die Hackmasse mit Salz und Pfeffer würzen.

2. Den Mozzarella in 12 Würfel schneiden. Aus der Hackmasse mit angefeuchteten Händen 12 Bällchen formen, dabei je 1 Mozzarellawürfel in die Mitte geben. In einer beschichteten Pfanne das restliche Olivenöl erhitzen und die Fleischbällchen darin rundum 10 bis 15 Minuten braun braten. Die Kräuterzweige waschen, trocken schütteln und nach der Hälfte der Garzeit dazugeben.

3. Für die Sauce die Kirschtomaten waschen und in Viertel schneiden. Die Zwiebel schälen und in kleine Würfel schneiden. Das Olivenöl in einer Pfanne erhitzen und die Zwiebel darin andünsten. Die Tomaten dazugeben und mitdünsten. Die Brühe angießen, das Tomatenmark, die Kräuter, Salz, Pfeffer und Zucker dazugeben. Den Knoblauch schälen, durch die Knoblauchpresse dazudrücken und unterrühren. Die Tomatensauce 5 bis 10 Minuten köcheln lassen, mit Salz und Pfeffer abschmecken.

4. Die Nudeln nach Packungsanweisung in Salzwasser bissfest garen. In ein Sieb abgießen, abtropfen lassen und unter die Sauce mischen. Die Nudeln mit der Sauce auf Teller verteilen und die Hackbällchen darauf verteilen. Mit Olivenöl beträufeln und mit dem Parmesan servieren.

TIPP

Sie können die Lammbällchen nach dem Braten auch in die Sauce geben und diese dann auf den Nudeln verteilen. Ich mag es jedoch gern, wenn die Nudeln rundum mit Sauce bedeckt sind und die Hackbällchen erst zum Schluss daraufkommen – so bleiben sie schön kross.

CURRYWURST
mit Pommes frites

ZUTATEN FÜR 8 PERSONEN
Für die Sauce:
1 Zwiebel · 1 Knoblauchzehe · 2 Chilischoten
1 Zitronengrasstange · 20 Pfefferkörner
1 große Dose Tomaten (800 g Füllmenge)
1 große Scheibe Ingwer
1 Bund Petersilie (fein gehackt)
4 EL Olivenöl · 1 EL Tomatenmark
1/2 TL Currypulver · 1 TL Salz · 1 TL Zucker

Für die Pommes frites:
1 1/2 kg festkochende Kartoffeln
40 g flüssige geklärte Butter · Meersalz

Außerdem:
8 weiße oder rote Bratwürste
3 EL Pflanzen- oder Traubenkernöl
Currypulver zum Bestäuben

ZUBEREITUNG

1. Für die Sauce die Zwiebel und den Knoblauch schälen und in kleine Würfel schneiden. Die Chilischoten längs halbieren, entkernen, waschen und fein hacken. Das Zitronengras putzen und andrücken. Den Pfeffer im Mörser zerstoßen. Alle Saucenzutaten − bis auf Salz und Zucker − in einen Topf geben und zugedeckt bei schwacher Hitze 30 Minuten köcheln lassen. Durch ein Sieb streichen, mit Salz und Zucker abschmecken und warm halten.

2. Für die Pommes frites den Backofen auf 200 °C vorheizen. Die Kartoffeln schälen und waschen, längs in Stifte schneiden und auf ein Backblech geben. Butter und Salz darübergeben und alles mischen. Die Kartoffeln im Ofen auf der mittleren Schiene 20 Minuten garen, dabei gelegentlich wenden.

3. Die Würste mehrmals schräg einschneiden. Das Öl in einer Pfanne erhitzen und die Würste darin unter Wenden etwa 10 Minuten braten. Die Würste mit der Sauce anrichten und mit etwas Currypulver bestäuben. Mit den Pommes frites servieren und nach Belieben fein geschnittene Zwiebeln dazu reichen.

EDEL-DÖNER
mit Lamm und Tsatsiki

ZUTATEN FÜR 4 PERSONEN
Für das Tsatsiki:
1/2 Salatgurke · 4 Knoblauchzehen
500 g Naturjoghurt
1 EL Senf · 1 EL Olivenöl · Salz

Für den Salat:
150 g Salatblätter (z. B. Rucola,
Radicchio, Eisbergsalat) · 1 Beet Gartenkresse
3 EL Olivenöl · 1 EL weißer Balsamicoessig
Saft von 1/2 Orange · Salz · Pfeffer aus der Mühle

Außerdem:
1 Fladenbrot · 2 Tomaten · 250 g Lammlachse
2 EL Olivenöl · 1 TL gemahlener Kreuzkümmel
1/2 TL Cayennepfeffer
Salz · Pfeffer aus der Mühle

ZUBEREITUNG

1. Für das Tsatsiki die Gurke schälen, längs halbieren und mit einem Löffel die Kerne entfernen. Die Gurkenhälften in möglichst kleine Würfel schneiden. Den Knoblauch schälen und ebenfalls in kleine Würfel schneiden. Joghurt, Gurkenwürfel, Knoblauch, Senf und Olivenöl verrühren. mit Salz würzen. Den Backofen auf 180 °C vorheizen.

2. Für den Salat die Salatblätter putzen, waschen, trocken schleudern und zerzupfen. Die Kresse vom Beet schneiden. Das Olivenöl, den Essig und den Orangensaft mit Salz und Pfeffer verrühren. Die Vinaigrette mit der Kresse und dem Salat mischen.

3. Das Fladenbrot im Ofen auf der mittleren Schiene etwa 5 Minuten knusprig aufbacken. Die Tomaten waschen und in Scheiben schneiden, dabei die Stielansätze entfernen. Die Lammlachse quer in feine Streifen schneiden und in einer beschichteten Pfanne im Olivenöl rundum scharf anbraten. Mit Kreuzkümmel, Cayennepfeffer, Salz und Pfeffer würzen und 1 bis 2 Minuten weiterbraten. Das Fladenbrot vierteln. Jedes Viertel aufschneiden und mit Salat, Fleisch, Tomaten und Tsatsiki füllen.

LAMM-SCHASCHLIK
mit Kräuter-Tomaten-Sauce

ZUTATEN FÜR 4 PERSONEN

4 Lammlachse (à ca. 150 g)
8 Schalotten
Salz · Pfeffer aus der Mühle
4 Tomaten
3 EL Olivenöl
200 ml Weißwein (z. B. Riesling)
200 ml Fleischbrühe
1 EL Tomatenmark
je 1 EL gehackter Rosmarin und Thymian
2 Knoblauchzehen · Zucker

ZUBEREITUNG

1. Den Backofen auf 180 °C vorheizen. Die Lamm-lachse jeweils in 4 mundgerechte Stücke schneiden. Die Schalotten schälen. Jeweils 2 Lammstücke mit 1 Schalotte dazwischen auf einen kleinen Holz-spieß stecken und mit Salz und Pfeffer würzen. Die Tomaten kreuzweise einritzen, in kochendes Was-ser tauchen, häuten, halbieren, entkernen und das Fruchtfleisch in Würfel schneiden. Das Olivenöl in einer beschichteten Pfanne erhitzen, die Lamm-spieße darin rundum anbraten und herausnehmen.

2. Den Bratensatz mit dem Wein ablöschen und die Brühe angießen. Die Tomatenwürfel, das Tomaten-mark und die Kräuter dazugeben. Den Knoblauch schälen und durch die Knoblauchpresse dazudrü-cken. Alles gut verrühren und mit Salz, Pfeffer und 1 Prise Zucker würzen.

3. Die Sauce mit den Lammspießen in eine große Auflaufform geben. Die Spieße im Ofen auf der mitt-leren Schiene etwa 20 Minuten garen, dabei wen-den und nach Belieben mit etwas Olivenöl beträu-feln. Die Lammspieße mit der Käuter-Tomaten-Sauce servieren. Dazu passt Reis oder Fladenbrot.

LAMM-CURRY
mit Weißkohl

ZUTATEN FÜR 4 PERSONEN

4 Lammstelzen (à ca. 350 g)
15 Pimentkörner · Salz
6 Kartoffeln · 1/2 Kopf Weißkohl
4 Zwiebeln · 4 Knoblauchzehen
4 EL Rapsöl
1 geh. EL Currypulver (z. B. Jaipur)
1 l Fleischbrühe
2 Scheiben Ingwer
abgeriebene Schale von
1/2 unbehandelten Zitrone
Pfeffer aus der Mühle · Zitronensaft
1 Bund Petersilie

ZUBEREITUNG

1. Die Lammstelzen waschen, trocken tupfen und das grobe Fett entfernen. Die Pimentkörner im Mör-ser grob zerstoßen. Die Stelzen mit Salz und Piment würzen. Die Kartoffeln schälen, waschen und in mundgerechte Stücke schneiden. Den Weißkohl putzen und in grobe Streifen schneiden. Die Zwie-beln und den Knoblauch schälen und in kleine Würfel schneiden.

2. Das Öl in einem Schmortopf erhitzen, die Zwie-beln und den Knoblauch darin andünsten. Das Cur-rypulver darüberstäuben und kurz mitdünsten. Die Lammstelzen dazugeben und anbraten. Die Kartof-feln und den Weißkohl hinzufügen und mitbraten. Mit der Brühe ablöschen, den Ingwer und die Zitro-nenschale dazugeben. Die Lammstelzen zugedeckt etwa 1 Stunde garen.

3. Die Lammstelzen herausnehmen, das Fleisch von den Knochen lösen und mundgerecht zerzupfen oder zerschneiden. Die Ingwerscheiben entfernen. Das Fleisch wieder in den Topf geben und noch kurz erhitzen. Das Curry mit Salz, Pfeffer und Zitronen-saft würzen. Die Petersilie waschen und trocken schütteln, die Blätter abzupfen und fein hacken. Das Curry mit Petersilie bestreuen und nach Belieben mit Reis oder Salzkartoffeln servieren.

GESCHMORTE LAMMKEULE
in Spätburgunder

ZUTATEN FÜR 4 PERSONEN

je 5 Schalotten und Knoblauchzehen
1 kleine Dose Tomaten (400 g Füllmenge)
je 1 Rosmarin- und Thymianzweig
1 Lammkeule (ca. 1 1/2 kg, mit Knochen;
vom Metzger in 8 Stücke zerteilen lassen)
Salz · Pfeffer aus der Mühle
3 EL Olivenöl
20 entsteinte schwarze Oliven
1/2 l Spätburgunder
1/2 l Fleischbrühe

ZUBEREITUNG

1. Die Schalotten und den Knoblauch schälen und vierteln. Die Dosentomaten in ein Sieb abgießen, abtropfen lassen und grob zerkleinern. Die Kräuterzweige waschen und trocken schütteln.

2. Die Lammstücke waschen und trocken tupfen, mit Salz und Pfeffer würzen. Das Olivenöl in einem Bräter erhitzen und die Lammstücke darin rundum anbraten.

3. Die Schalotten, den Knoblauch, die Tomaten, die Oliven und die Kräuterzweige zum Fleisch geben. Den Wein angießen und um ein Drittel einkochen lassen. Die Brühe dazugießen und das Fleisch zugedeckt bei mittlerer Hitze etwa 1 Stunde schmoren.

4. Das Lammfleisch nach Belieben noch mal mit Salz und Pfeffer würzen und z.B. mit Ofenkartoffeln (siehe S. 143) servieren.

TIPP

Spätburgunder ist die in Deutschland übliche Bezeichnung für den Pinot Noir, auch Blauer Spätburgunder oder Blauburgunder genannt.

LAMMSTELZEN
auf Gemüsebett

ZUTATEN FÜR 4 PERSONEN

8 Lammstelzen (à ca. 300 g)
Salz · Pfeffer aus der Mühle
2 Paprikaschoten · 2 Möhren
250 g Staudensellerie
5 Schalotten · 1 Knoblauchzehe
1 l Fleischbrühe
200 ml Balsamicoessig
5 EL Olivenöl
3 Rosmarinzweige
2 EL Tomatenmark

ZUBEREITUNG

1. Den Backofen auf 220 °C vorheizen. Die Lammstelzen waschen und trocken tupfen. Das grobe Fett entfernen und die Lammstelzen mit Salz und Pfeffer würzen.

2. Die Paprikaschoten mit dem Sparschäler schälen, längs halbieren, entkernen und waschen. Die Paprikahälften in mundgerechte Würfel schneiden. Die Möhren schälen und in Scheiben schneiden. Den Sellerie putzen, waschen und in mundgerechte Stücke schneiden. Die Schalotten schälen und vierteln. Den Knoblauch mit Schale halbieren.

3. Das vorbereitete Gemüse in einen Bräter oder eine tiefe ofenfeste Pfanne geben, mit Salz und Pfeffer würzen und die Lammstelzen darauflegen. Die Brühe, den Essig und das Olivenöl dazugeben. Den Rosmarin waschen und trocken schütteln, die Nadeln abzupfen, grob hacken und darüberstreuen. Die Lammstelzen im Ofen auf der mittleren Schiene 30 Minuten braten und zwischendurch wenden.

4. Das Tomatenmark unter die Brühe mischen und die Backofentemperatur auf 180 °C reduzieren. Die Stelzen 1 Stunde weitergaren, dabei öfter mit etwas Brühe begießen. Die Lammstelzen mit dem Gemüse auf Tellern anrichten und nach Belieben mit Baguette oder Kartoffelpüree (siehe S. 155) servieren.

LAMMKARREE
mit Kräuterkruste und gebratenem Spargel

ZUTATEN FÜR 4 PERSONEN

Für das Fleisch:
3 Lammkarrees · 3 EL Olivenöl
Salz · Pfeffer aus der Mühle

Für die Kruste:
1 Rosmarinzweig · 1/2 Bund Thymian
3 Petersilienstiele · 5 Salbeiblätter
1 EL geriebener Parmesan · 2 EL Paniermehl
1 EL weiche Butter · 3 Knoblauchzehen
Salz · Pfeffer aus der Mühle

Für den Spargel:
500 g violetter Spargel
3 Tomaten
1 Bund Basilikum
2 EL Olivenöl · 1 EL Butter
Salz · Pfeffer aus der Mühle · Zucker
Zitronensaft (oder Balsamicoessig)

ZUBEREITUNG

1. Für das Fleisch die Lammkarrees waschen und trocken tupfen. In einer Pfanne portionsweise Olivenöl erhitzen und die Karrees darin nacheinander rundum kräftig anbraten. Aus der Pfanne nehmen, mit Salz und Pfeffer würzen und abkühlen lassen. Den Backofen auf 140 °C vorheizen.

2. Für die Kruste die Kräuter waschen und trocken schütteln, die Nadeln bzw. Blätter abzupfen und mit den Salbeiblättern sehr fein hacken. Die Kräuter mit dem Parmesan, dem Paniermehl und der Butter in eine Schüssel geben. Den Knoblauch schälen und durch die Knoblauchpresse dazudrücken. Alles zu einer geschmeidigen Masse verkneten und mit 1 Prise Salz und Pfeffer würzen. Die Masse dünn auf die angebratenen Lammkarrees streichen.

3. Für den Spargel die Stangen schälen und die Enden abschneiden. Die Spargelstangen schräg in etwa 1/2 cm dicke Scheiben schneiden. Die Tomaten waschen, vierteln und entkernen. Die Tomatenviertel in Streifen schneiden. Das Basilikum waschen, trocken schütteln und die Blätter abzupfen.

4. Die Lammkarrees auf ein Backblech legen und im Ofen auf der mittleren Schiene 10 bis 12 Minuten rosa braten – das Fleisch hat dann eine Kerntemperatur von 60 °C.

5. Das Olivenöl und die Butter in einer beschichteten Pfanne erhitzen und die Spargelscheiben darin 2 bis 3 Minuten bissfest braten. Mit Salz, Pfeffer und 1 Prise Zucker würzen. Die Tomatenstreifen hinzufügen und kurz mitbraten. Mit Zitronensaft abschmecken und mit dem Basilikum bestreuen.

6. Die Lammkarrees je in 3 bis 4 Stücke schneiden und mit dem Spargel anrichten. Nach Belieben mit Baguette servieren.

TIPP

Violetter Spargel hat einen feinen, aber würzigeren Geschmack als weißer Spargel. Gestochen wird er erst, wenn die Spitzen aus der Erde ragen. Durch den Kontakt mit Tageslicht färben sich die Spargelköpfe dann violett-grünlich. Violetter Spargel wird vor allem in Frankreich angebaut.

LAMMKEULE
mit Kartoffelgratin und Bohnen

....

ZUTATEN FÜR 4 PERSONEN

Für das Fleisch:
1 Lammkeule (mit Knochen; 1,2–1,4 kg)
Salz · Pfeffer aus der Mühle
3 Rosmarin- und Thymianzweige
1 Knoblauchzehe
3 EL Olivenöl

Für die Sauce:
1 kg Fleischknochen (klein gehackt)
1 Bund Suppengemüse
300 ml Rotwein
1 EL Tomatenmark

Für das Gratin:
5 festkochende Kartoffeln
Olivenöl für die Form
3 Knoblauchzehen
je 1 EL gehackter Rosmarin und Thymian
Salz · frisch geriebene Muskatnuss
250 g Sahne

Für die Bohnen:
500 g Kenia-Bohnen · Salz
3 Schalotten
1 Bund Dill · 2 EL Butter
Pfeffer aus der Mühle
frisch geriebene Muskatnuss

ZUBEREITUNG

1. Den Backofen auf 200 °C vorheizen. Für das Fleisch die Lammkeule waschen und trocken tupfen. Das grobe Fett entfernen und die Keule mit Salz und Pfeffer würzen. Die Kräuter waschen und trocken schütteln. Den Knoblauch mit Schale andrücken. Das Olivenöl in einem Bräter erhitzen und die Lammkeule mit den Kräutern und dem Knoblauch darin rundum anbraten.

2. Für die Sauce die Knochen waschen, trocken tupfen und in einem tiefen Backblech verteilen. Das Suppengemüse putzen, waschen bzw. schälen, in kleine Würfel schneiden und zu den Knochen geben. Den Wein mit 1/2 l Wasser und dem Tomatenmark verrühren und zu den Knochen gießen. Das Backblech auf der unteren Schiene in den Ofen schieben. Die Lammkeule auf das Backofengitter legen und auf der mittleren Schiene etwa 1 Stunde garen. Zwischendurch die Knochen wenden und, falls nötig, etwas Wasser angießen.

3. Für das Gratin die Kartoffeln schälen und waschen, in dünne Scheiben schneiden und dachziegelartig in eine mit Olivenöl eingefettete Gratinform legen. Den Knoblauch schälen und in kleine Würfel schneiden. Die Kräuter und den Knoblauch zwischen den Kartoffelscheiben verteilen. Die Kartoffeln mit Salz und Muskatnuss würzen und die Sahne darübergießen. Das Kartoffelgratin im Ofen auf der oberen Schiene 40 Minuten goldbraun garen.

4. Für die Bohnen die Kenia-Bohnen putzen, waschen und in Salzwasser etwa 8 Minuten blanchieren. Abgießen, kalt abschrecken und abtropfen lassen. Die Schalotten schälen und in kleine Würfel schneiden. Den Dill waschen und trocken schütteln, die Spitzen abzupfen und fein hacken. Die Butter in einem Topf erhitzen und die Schalotten darin andünsten. Die Bohnen dazugeben und kurz mitdünsten. Den Dill untermischen, die Bohnen mit Salz, Pfeffer und 1 Prise Muskatnuss würzen.

5. Die Lammkeule aus dem Ofen nehmen und ein paar Minuten ruhen lassen. Die Knochen mit der Sauce durch ein Sieb in einen Topf gießen, die Sauce leicht einkochen lassen, mit Salz und Pfeffer würzen. Das Lammfleisch in Scheiben vom Knochen schneiden und mit der Sauce, den Bohnen und dem Kartoffelgratin servieren.

Süßes & Desserts

Sterne-Koch und Freund Johannes King
hat mir einmal einen herrlichen
Dessertteller mit mehreren Schoko-
variationen kredenzt – das war unver-
gesslich. Genauso wie der Apfelstrudel
mit Vanillesauce von Freundin
Sarah Wiener. Von beiden habe ich
Ruhe und Genauigkeit beim
Dessertkochen gelernt.

ZABAIONE
mit Erdbeeren

ZUTATEN FÜR 4 PERSONEN

Für die Erdbeeren:
500 g Erdbeeren
200 ml Orangensaft
12 Cantuccini (ital. Mandelkekse)

Für die Zabaione:
4 Eigelb · 4 EL Zucker
200 ml Vin Santo (ital. Süßwein)

Außerdem:
4 Kugeln Vanilleeis
50 g gehackte Pistazien

ZUBEREITUNG

1. Für die Erdbeeren die Früchte waschen, putzen, je nach Größe halbieren oder vierteln und in dem Orangensaft marinieren. Die Cantuccini in einen Gefrierbeutel geben und mit dem Nudelholz leicht zerbröseln.

2. Für die Zabaione die Eigelbe und den Zucker in einer Metallschüssel verrühren. Dann über dem heißen Wasserbad mit den Quirlen des Handrührgeräts so lange schlagen, bis die Masse dickschaumig ist. Den Vin Santo nach und nach dazugießen und weiterrühren, bis die Zabaione die gewünschte Konsistenz hat.

3. Den Backofengrill vorheizen. Die Erdbeeren auf ofenfeste Teller verteilen und die Cantuccini darüberstreuen. Die Zabaione gleichmäßig darauf verteilen und unter dem Grill leicht gratinieren. Aus dem Ofen nehmen, jeweils 1 Kugel Vanilleeis dazugeben und mit den Pistazien bestreuen.

TIPP

Die Zabaione passt auch wunderbar als Begleiter zu einem Fruchtsalat aus Mango, Ananas, Papaya und Erdbeeren.

CAMILLAS CUP
mit Erdbeeren

ZUTATEN FÜR 4 PERSONEN

1 große unbehandelte Orange
4 EL Zucker
2 cl Orangenlikör (z. B. Grand Marnier)
500 g Erdbeeren
250 g Mascarpone · 200 g Sahne
Mark von 1 Vanilleschote
8 Orangenbiskuits
(z. B. Duchy Originals Organic Orange Biscuits)

ZUBEREITUNG

1. Die Orange heiß waschen, abtrocknen und mit einem scharfen Messer von der Schale Streifen abschneiden. Die Orange auspressen. In einem kleinen Topf 2 EL Zucker karamellisieren. 100 ml frisch gepressten Orangensaft und den -likör dazugeben und den Karamell unter Rühren auflösen. Die Orangenstreifen hinzufügen und den Orangensirup auf etwa 4 EL einkochen lassen. Den Topf vom Herd nehmen und den Sirup abkühlen lassen.

2. Die Erdbeeren waschen, putzen und je nach Größe halbieren oder vierteln, 4 schöne Früchte zum Garnieren beiseitelegen. Die Erdbeeren mit dem Orangensirup mischen und zugedeckt 20 Minuten ziehen lassen. Die Orangenzesten entfernen.

3. Den Mascarpone, die Sahne und das Vanillemark mit dem restlichen Zucker in einer Schüssel cremig rühren. Die Biskuits in einen Gefrierbeutel geben und mit dem Nudelholz zerbröseln.

4. Die Hälfte der Mascarponecreme auf Dessertgläser verteilen. Die Hälfte der Brösel darüberstreuen und die marinierten Erdbeeren darauf verteilen. Die restliche Creme auf die Früchte geben und mit den übrigen Bröseln bestreuen. Jeweils mit 1 Erdbeere garnieren.

FEIGEN
mit Mascarponecreme

ZUTATEN FÜR 6 PERSONEN

Für die Feigen:
6 Feigen
1 Vanilleschote
4 EL Zucker
200 ml Weißwein (z. B. Riesling)
4 EL Honig
1 Zimtstange · 2 Sternanis
2 Scheiben Ingwer

Für die Creme:
15 Pfefferkörner
500 g Mascarpone
Saft von 1 Orange
1 EL Zucker
1 TL gehackter Rosmarin

ZUBEREITUNG

1. Für die Feigen die Früchte schälen. Die Vanilleschote längs aufschneiden und das Mark herauskratzen.

2. Den Zucker in einem Topf karamellisieren. Mit dem Wein ablöschen und den Karamell unter Rühren auflösen. Den Honig, die Vanilleschote und das -mark, die Zimtstange, den Sternanis, den Ingwer und die geschälten Feigen hinzufügen. Alles bei schwacher Hitze etwa 10 Minuten köcheln lassen, dabei die Feigen mindestens zweimal wenden. Die Feigen im Sud auskühlen lassen.

3. Für die Creme die Pfefferkörner im Mörser fein zerstoßen. Den Mascarpone mit dem Orangensaft, dem Zucker und dem Pfeffer in eine Schüssel geben und mit dem Schneebesen cremig rühren. Zuletzt den Rosmarin unterrühren. Die Mascarponecreme auf Gläser verteilen und die Feigen und etwas Sud darauf anrichten.

RHABARBER
mit Vanilleschaum

ZUTATEN FÜR 6 PERSONEN

Für den Rhabarber:
5 Stangen Rhabarber · 1 EL Zucker
2 Scheiben Ingwer · 1 Zimtstange
1/2 l heller Traubensaft

Für den Vanilleschaum:
200 g Sahne · Mark von 1 Vanilleschote
3 Eigelb · 50 g Zucker

Außerdem:
100 g Sahne · 3 EL Mandelblättchen

ZUBEREITUNG

1. Für den Rhabarber die Rhabarberstangen putzen, waschen und schälen. Die Stangen in kleine Würfel schneiden und beiseitelegen.

2. Rhabarberschalen und -abschnitte, den Zucker den Ingwer, die Zimtstange, 200 ml Wasser und den Traubensaft in einen Topf geben und bei schwacher Hitze etwa 30 Minuten köcheln lassen. Den Sud durch ein Sieb in einen breiten Topf gießen. Die Rhabarberwürfel dazugeben und alles nur 2 bis 3 Minuten köcheln lassen – der Rhabarber zerfällt leicht. Nach Belieben noch etwas Zucker dazugeben und vorsichtig untermischen.

3. Für den Vanilleschaum die Sahne mit dem Vanillemark in einen Topf geben und 5 Minuten bei schwacher Hitze köcheln lassen. Die Eigelbe und den Zucker in eine Metallschüssel geben und über dem heißen Wasserbad mit den Quirlen des Handrührgeräts dickschaumig schlagen. Nach und nach die Vanillesahne dazugießen und weiterschlagen, bis die Masse schön cremig ist.

4. Die Sahne leicht anschlagen. Die Mandeln in einer beschichteten Pfanne ohne Fett goldbraun rösten. Den gedünsteten Rhabarber, den Vanilleschaum und die leicht geschlagene Sahne in Gläser schichten. Mit den gerösteten Mandeln bestreuen.

PFIRSICH MELBA
mit Himbeeren

ZUTATEN FÜR 6 PERSONEN

6 reife Pfirsiche
(bevorzugt Weinbergpfirsiche)
1 Vanilleschote · 50 g Zucker
1/4 l Weißwein (z. B. Riesling)
2 EL Honig · 2 Sternanis
1 Zimtstange
250 g Himbeeren
250 g Sahne · 20 g Zucker
500 g Vanilleeis · 50 g gehackte Pistazien
50 g geraspelte Bitterschokolade
(mind. 60 % Kakaoanteil)

ZUBEREITUNG

1. Die Pfirsiche halbieren, entsteinen und mit einem scharfen Messer die Haut abziehen (die Pfirsiche eventuell kurz in kochendes Wasser tauchen, dann kann man die Haut leichter entfernen). Die Vanilleschote längs aufschneiden und das Mark herauskratzen. Den Zucker in einem Topf karamellisieren. Mit dem Wein ablöschen und den Karamell unter Rühren auflösen. Honig, Sternanis, Zimtstange, Vanilleschote und -mark hinzufügen. Die Pfirsiche in den Sud geben, bei schwacher Hitze 6 bis 7 Minuten ziehen und dann leicht abkühlen lassen.

2. Die Himbeeren verlesen, kurz abbrausen und abtropfen lassen. Mit dem Stabmixer pürieren und durch ein Sieb passieren. Die Sahne in einen Rührbecher geben und mit den Quirlen des Handrührgeräts steif schlagen, den Zucker unterschlagen.

3. Das Vanilleeis auf Gläser verteilen, jeweils 1 Pfirsich mit Sud daraufgeben und mit dem Himbeermark begießen. Mit der Sahne, den Pistazien und einigen Schokoraspeln anrichten.

KIRSCHDESSERT
im Glas

ZUTATEN FÜR 4 PERSONEN

Für den Sud:
1 Glas Sauerkirschen (680 g Füllmenge)
200 ml Balsamicoessig · 200 ml Portwein
200 ml Rotwein (z. B. Chianti)
1 Zimtstange · 2 Sternanis
1 ausgekratzte Vanilleschote

Für die Creme:
250 g Mascarpone · Mark von 1 Vanilleschote
1 EL Honig · 200 g Sahne · Saft von 1/2 Zitrone
abgeriebene Schale von 1 unbehandelten Zitrone

Außerdem:
20 Amarettini (ital. Mandelkekse)
50 g Bitterschokolade (mind. 60 % Kakaoanteil)
1 heller oder dunkler Biskuitboden
(vom Konditor; 24 cm Durchmesser)

ZUBEREITUNG

1. Für den Sud die Kirschen in ein Sieb abgießen und abtropfen lassen, dabei den Saft auffangen. Den Kirschsaft, den Essig, den Portwein, den Rotwein und die Gewürze in einen Topf geben und um zwei Drittel einkochen lassen. Zimtstange, Sternanis und Vanilleschote entfernen. Den Topf vom Herd nehmen, die Kirschen in den Sud geben und mindestens 30 Minuten ziehen lassen.

2. Für die Creme den Mascarpone mit dem Vanillemark, dem Honig, der Sahne sowie Zitronensaft und -schale in eine Schüssel geben und mit dem Schneebesen verrühren, sodass eine glatte Creme entsteht. Die Amarettini zerbröseln und die Schokolade raspeln.

3. Den Biskuitboden so zerpflücken, dass er in die Dessertgläser (à 200 ml Inhalt) passt. Nun kann das Schichten beginnen: Zuerst 1 Schicht Biskuit in die Gläser füllen, dann etwas Creme und Amarettinibrösel darübergeben. So fortfahren. Zum Schluss die Kirschen mit dem Sud auf die Gläser verteilen und die geraspelte Schokolade darübergeben.

BIRNE HELENE
mit zweierlei Schokolade

ZUTATEN FÜR 6 PERSONEN
Für die Birnen:
6 große reife Birnen (z. B. Abate)
2 Zitronen
1/2 l lieblicher Weißwein (z. B. Spätlese)
2 Sternanis · 2 Zimtstangen
2 Scheiben Ingwer
80 g Zucker

Außerdem:
200 g Sahne
Mark von 1 Vanilleschote
100 g Bitterschokolade
(mind. 60 % Kakaoanteil)
100 g weiße Schokolade
50 g gehackte Pistazien · Chilipulver

ZUBEREITUNG

1. Für die Birnen die Früchte schälen und die Kerngehäuse mit einem Apfelausstecher entfernen. Die Zitronen auspressen. Den Zitronensaft mit 1 l Wasser in eine Schüssel gießen und die Birnen hineinlegen, damit sie sich nicht bräunlich verfärben.

2. Den Wein mit 1/2 l Wasser, Sternanis, Zimtstangen, Ingwer und Zucker aufkochen, bis sich der Zucker aufgelöst hat. 2 Tassen vom Zitronenwasser hinzufügen. Die Birnen in den Sud geben und bei schwacher Hitze 5 bis 8 Minuten köcheln lassen. Die Birnen mit dem Schaumlöffel aus dem Sud heben und abtropfen lassen.

3. Die Sahne mit dem Vanillemark steif schlagen. Die beiden Schokoladensorten getrennt hacken und jeweils über dem heißen Wasserbad schmelzen.

4. Die Birnen auf Teller setzen, jeweils 1 Klecks Sahne, weiße und dunkle Schokolade dazugeben. Mit den Pistazien und etwas Chilipulver garnieren.

SCHOKOTRAUM
mit Kardamom

ZUTATEN FÜR 4 PERSONEN
Für die Schokoladencreme:
100 g Sahne · 100 ml Milch
150 g Zartbitterkuvertüre
(60 % Kakaoanteil)
1 TL gemahlener Kardamom

Für die gekochte Sahne:
1 Vanilleschote
200 g Sahne
2 cl Amaretto (ital. Mandellikör)

ZUBEREITUNG

1. Für die Schokoladencreme die Sahne und die Milch in einen Topf geben und erwärmen. Die Kuvertüre hacken und über dem heißen Wasserbad schmelzen. Nach und nach die warme Milch-Sahne-Mischung unterrühren. Die Schokoladencreme mit Kardamom würzen und in Tassen oder Gläser (à 200 ml Inhalt) füllen.

2. Für die gekochte Sahne die Vanilleschote längs aufschneiden und das Mark herauskratzen. Sahne, Vanilleschote und -mark und den Amaretto in einen Topf geben und um ein Drittel einkochen lassen.

3. Die Vanilleschote entfernen und die Vanillesahne über die Schokocreme geben.

TIPP
Würzen Sie die Schokoladencreme zur Abwechslung einmal mit etwas Chilipulver oder abgeriebener unbehandelter Orangenschale. Wenn Kinder mitessen, sollten Sie den Amaretto durch 1 EL Mandel- oder Karamellsirup ersetzen.

JOGHURTMOUSSE
mit gebratener Ananas

ZUTATEN FÜR 4 PERSONEN

Für die Mousse:
3 Blatt Gelatine
150 g Naturjoghurt
150 g Crème fraîche
Saft von 1 Limette
50 g Puderzucker · 20 g Zucker
2 Eiweiß · 150 g Sahne

Für die gebratene Ananas:
1 Ananas · 40 g Butter
ca. 75 ml Kokosmilch
2 EL Kokosflocken

ZUBEREITUNG

1. Für die Mousse die Gelatine in kaltem Wasser einweichen. Den Joghurt und die Crème fraîche mit dem Limettensaft, dem Puderzucker und dem Zucker in einer Schüssel verrühren. Die Gelatine etwas ausdrücken und tropfnass in einem kleinen Topf unter Rühren auflösen. 2 EL Joghurtmasse unterrühren und diese Mischung unter die restliche Joghurtmasse rühren. Die Creme abkühlen lassen.

2. Die Eiweiße und die Sahne getrennt steif schlagen. Sobald die Joghurtcreme abgekühlt ist, den Eischnee und die steif geschlagene Sahne unterheben. Die Joghurtmousse mindestens 3 Stunden im Kühlschrank fest werden lassen.

3. Für die gebratene Ananas die Ananas putzen, schälen, vierteln und den harten Strunk herausschneiden. Das Fruchtfleisch in mundgerechte Stücke schneiden. Die Butter in einer beschichteten Pfanne erhitzen und die Ananasstücke darin kurz anbraten.

4. Von der Joghurtmousse mit zwei Esslöffeln Nocken abstechen und diese mit den gebratenen Ananasstücken anrichten. Jeweils mit etwas Kokosmilch beträufeln und mit Kokosflocken bestreuen.

HIMBEERMOUSSE
mit Karamell

ZUTATEN FÜR 6–8 PERSONEN

Für die Mousse:
500 g tiefgekühlte Himbeeren
5 Blatt Gelatine
50 g Zucker · 2 EL Weißwein
500 g Sahne

Für den Karamell:
4 EL Zucker

ZUBEREITUNG

1. Für die Mousse die Himbeeren in eine Schüssel geben und auftauen lassen. 50 g schöne Himbeeren zum Garnieren beiseitelegen. 300 g aufgetaute Himbeeren durch ein Sieb passieren und in eine Schüssel geben. Die restlichen 150 g mit dem Stabmixer fein pürieren und kühl stellen (das Püree wird später für den Saucenspiegel verwendet).

2. Die Gelatine in kaltem Wasser einweichen. Den Zucker unter die passierten Himbeeren rühren. Den Wein in einem kleinen Topf erwärmen. Die Gelatine gut ausdrücken und darin unter Rühren auflösen. 2 EL passierte Himbeeren dazugeben und unterrühren. Dann die Mischung unter die passierten Himbeeren in der Schüssel rühren und kühl stellen. Die Sahne mit den Quirlen des Handrührgeräts steif schlagen. Sobald die Masse zu gelieren beginnt, die steif geschlagene Sahne unterheben. Die Himbeermousse etwa 5 Stunden kühl stellen.

3. Für den Karamell den Zucker mit 1 EL Wasser in einem kleinen Topf goldbraun karamellisieren. Auf 1 Bogen Backpapier gießen, glatt streichen und erstarren lassen.

4. Das Himbeerpüree mit einem Esslöffel als Saucenspiegel auf Teller verteilen. Aus der Himbeermousse mit zwei Esslöffeln Nocken abstechen und auf dem Saucenspiegel anrichten. Den Karamell in Stücke brechen. Die Mousse mit den beiseitegelegten Himbeeren und dem in Stücke gebrochenen Karamell garnieren.

MANDEL-PANNA-COTTA
mit Kumquat-Kompott

ZUTATEN FÜR 4–6 PERSONEN

Für die Panna cotta:
20 g Butter · 250 g Mandelblättchen
1 kg Sahne · 150 g Zucker
2 cl Amaretto (ital. Mandellikör) · 6 Blatt Gelatine

Für das Kompott:
20 Kumquats (Mini-Orangen)
50 g Zucker · 200 ml Orangensaft
2 cl Orangenlikör (z. B. Grand Marnier)
Schalenstreifen von 1 unbehandelten Orange
1 Chilischote · 2 Sternanis · 1 Stück Zimtstange

ZUBEREITUNG

1. Für die Panna cotta die Butter in einer beschichteten Pfanne erhitzen und die Mandelblättchen darin unter Rühren anrösten. Die Sahne dazugießen, alles bei schwacher Hitze 1 Stunde köcheln lassen und durch ein feines Sieb gießen. Zucker und Amaretto unterrühren und die Sahne abkühlen lassen.

2. Die Gelatine in kaltem Wasser einweichen. Leicht ausdrücken, tropfnass in einen Topf geben und unter Rühren bei schwacher Hitze auflösen. Von der Mandelsahne 2 bis 3 EL abnehmen und unter die Gelatine rühren. Diese Mischung unter die restliche Mandelsahne rühren. Die Panna cotta auf Förmchen (à etwa 200 ml Inhalt) verteilen und im Kühlschrank 4 Stunden fest werden lassen.

3. Für das Kompott die Kumquats waschen und trocken tupfen. Den Zucker in einem Topf goldgelb karamellisieren, mit dem Orangensaft und -likör unter Rühren ablöschen. Kumquats, Orangenschale, Chilischote und Gewürze dazugeben und alles 5 Minuten leicht köcheln lassen. Dann die Chilischote und die Gewürze entfernen.

4. Zum Servieren die Förmchen kurz in warmes Wasser tauchen. Die Panna cotta mit einem Messer am Förmchenrand lösen und auf Teller stürzen. Mit dem Kumquat-Kompott anrichten.

SCHNEE-EIER
mit Vanillesauce

ZUTATEN FÜR 4 PERSONEN

Für die Vanillesauce:
1 Vanilleschote
500 g Sahne
5 Eigelb · 5 EL Zucker

Für die Schnee-Eier:
5 Eiweiß · Salz
125 Zucker

ZUBEREITUNG

1. Für die Vanillesauce die Vanilleschote längs aufschneiden und das Mark herauskratzen. In einem Topf die Sahne mit Vanilleschote und -mark aufkochen. Die Eigelbe und den Zucker in eine Metallschüssel geben und über dem heißen Wasserbad mit den Quirlen des Handrührgeräts schaumig rühren. Die Vanilleschote entfernen und die Vanillesahne nach und nach unter die Eigelbmasse rühren, bis die Sauce cremig ist. Die Vanillesauce nach Belieben in einen Topf umfüllen und einmal aufkochen – so wird sie schön dickflüssig.

2. Für die Schnee-Eier die Eiweiße mit 1 Prise Salz am besten in der Küchenmaschine sehr steif schlagen. Den Zucker einrieseln lassen und vorsichtig unterrühren.

3. In einem flachen Topf Wasser erhitzen und leicht köcheln lassen. Aus dem Eischnee mit zwei Esslöffeln Nocken abstechen und diese vorsichtig in das köchelnde Wasser setzen. Die Nocken nach 2 Minuten wenden und weitere 2 Minuten ziehen lassen. Die Schnee-Eier mit dem Schaumlöffel herausheben und auf Küchenpapier abtropfen lassen.

4. Die Schnee-Eier mit der Vanillesauce anrichten und nach Belieben mit gerösteten, gehackten Mandeln bestreuen.

WINTERTRAUM
mit Kirschkompott

....

ZUTATEN FÜR 6 PERSONEN

Für das Kompott:
200 ml Kirschsaft · 200 ml Portwein
200 ml Balsamicoessig · 1 Vanilleschote
2 Sternanis · 1 Zimtstange
1 Scheibe Ingwer
30 Süßkirschen (aus dem Glas)

Für den Baiser:
5 Eiweiß · 30 g Zucker · Salz

Außerdem:
1 Biskuitboden (vom Konditor;
28 cm Durchmesser)
6 Kugeln Vanilleeis · 50 g Schokoladenraspel

ZUBEREITUNG

1. Für das Kompott den Kirschsaft, den Portwein und den Essig in einen Topf geben. Die Vanilleschote längs aufschneiden und das Mark herauskratzen. Vanilleschote und -mark mit Sternanis, Zimt und Ingwer in den Topf geben und die Flüssigkeit auf die Hälfte einkochen lassen. Den Sud durch ein Sieb in einen Topf gießen, die Gewürze entfernen und die Vanilleschote zum Garnieren beiseitelegen. Die Kirschen in den Sud geben und alles aufkochen.

2. Für den Baiser den Backofengrill vorheizen. Die Eiweiße, den Zucker und 1 Prise Salz steif schlagen. Aus dem Biskuitboden mit einem Ausstecher oder einem Glas 6 Kreise (à 8 cm Durchmesser) ausstechen und auf ein mit Backpapier ausgelegtes Backblech legen. Jeweils 1 Kugel Vanilleeis daraufgeben, den Boden und das Eis mit dem Eischnee komplett umhüllen. Unter dem Grill 3 bis 4 Minuten gratinieren, bis der Baiser leicht gebräunt ist.

3. Die Kirschen mit dem Sud auf Teller verteilen, die Törtchen daraufsetzen und großzügig mit Schokoraspeln bestreuen. Die beiseitegelegte Vanilleschote in 6 Stücke schneiden und zum Garnieren jeweils durch 1 Kirsche stecken.

GRATINIERTE PFLAUMEN
mit Butterstreuseln

....

ZUTATEN FÜR 4 PERSONEN

1 kg Pflaumen (möglichst je 1 helle und dunkle
Sorte, z. B. Zwetschgen und Reineclauden)
1 Vanilleschote
2 Sternanis · 2 Zimtstangen
200 ml Weißwein (z. B. Riesling)
100 ml Orangensaft
Saft von 1/2 Zitrone
abgeriebene Schale von
je 1 unbehandelten Orange und Zitrone
150 g Mehl · 100 g flüssige Butter
70 g Zucker · Salz

ZUBEREITUNG

1. Den Backofen auf 180 °C vorheizen. Die Pflaumen waschen, halbieren, entsteinen und in einen Topf geben. Die Vanilleschote längs aufschneiden und das Mark herauskratzen. Beides mit Sternanis und Zimtstangen hinzufügen. Den Wein, den Orangen- und den Zitronensaft dazugießen. Die Orangen- und Zitronenschale untermischen und alles einmal aufkochen lassen. Die Gewürze entfernen und die Pflaumen mit dem Sud in eine große Auflaufform geben.

2. Das Mehl, die flüssige Butter, den Zucker und 1 Prise Salz in eine Schüssel geben und mit den Händen verreiben. Die Streusel über die Pflaumen geben und die Pflaumen im Ofen auf der mittleren Schiene 10 bis 15 Minuten überbacken, bis die Streusel goldbraun sind. Dazu passt selbst gemachtes Vanilleeis (siehe S. 238).

SCHOKOSOUFFLÉ
mit Vanillesauce

....

ZUTATEN FÜR 4 PERSONEN

Für das Schokosoufflé:
6 Eier · 40 g Zucker
100 g Bitterschokolade
(mind. 60 % Kakaoanteil)
50 g flüssige Butter
Butter und Zucker für die Förmchen
1 EL Puderzucker

Für die Vanillesauce:
1 Vanilleschote · 250 g Sahne
3 Eigelb · 50 g Zucker

ZUBEREITUNG

1. Für das Schokosoufflé die Eier trennen. Die Eiweiße und den Zucker steif schlagen. Die Schokolade grob hacken, in eine Metallschüssel geben und über dem heißen Wasserbad schmelzen. Die Butter unterrühren, dann die Schüssel vom Wasserbad nehmen. Die Eigelbe unter die Schokoladen-Butter-Masse rühren und den Eischnee unterheben.

2. Den Backofen auf 200 °C vorheizen, ein tiefes Backblech auf die untere Schiene schieben. Vier Souffléförmchen (à 150 ml Inhalt) mit Butter einfetten und mit Zucker ausstreuen. Die Förmchen jeweils zu einem Drittel mit der Soufflémasse füllen. Die Förmchen auf das Blech stellen und so viel heißes Wasser angießen, dass die Förmchen zu zwei Dritteln im Wasser stehen. Die Soufflés im Wasserbad etwa 25 Minuten stocken lassen.

3. Für die Vanillesauce die Vanilleschote längs aufschneiden und das Mark herauskratzen. Die Sahne mit der Vanilleschote und dem -mark aufkochen und etwa 5 Minuten köcheln lassen. Die Vanilleschote entfernen. Die Eigelbe mit dem Zucker verrühren und die kochende Vanillesahne unter Rühren dazugießen. Im kalten Wasserbad kalt rühren.

4. Die Soufflés aus dem Ofen nehmen und vorsichtig auf Teller stürzen. Dünn mit Puderzucker bestäuben und mit der Vanillesauce anrichten.

SALZBURGER NOCKERL
mit Vanillesahne

....

ZUTATEN FÜR 4 PERSONEN

Für die Vanillesahne:
500 g Sahne · Mark von 1 Vanilleschote
5 Eigelb · 50 g Zucker

Für die Nockerln:
10 Eiweiß · 60 g Zucker
6 Eigelb
2 Päckchen Bourbon-Vanillezucker
abgeriebene Schale von
1 unbehandelten Zitrone
30 g Mehl
20 g Speisestärke
2–3 EL Puderzucker

ZUBEREITUNG

1. Für die Vanillesahne die Sahne mit dem Vanillemark in einen kleinen Topf geben und 5 bis 6 Minuten köcheln lassen. Die Eigelbe und den Zucker in eine Metallschüssel geben und über dem heißen Wasserbad mit den Quirlen des Handrührgeräts hellschaumig schlagen. Nach und nach die Vanillesahne dazugießen und so lange weiterschlagen, bis die Masse dickschaumig ist. Die Vanillesahne in eine große Auflaufform geben.

2. Den Backofen auf 220 °C vorheizen. Für die Nockerln die Eiweiße mit dem Zucker am besten in der Küchenmaschine sehr steif schlagen. Die Eigelbe, den Vanillezucker und die Zitronenschale verrühren. Etwas Eischnee unter die Eigelbmasse rühren, Mehl und Stärke mischen und kurz unterheben. Dann den restlichen Eischnee vorsichtig unterziehen. Die Eischneemasse in luftigen Nockerln auf die Vanillesahne setzen.

3. Die Salzburger Nockerl im Ofen auf der mittleren Schiene etwa 10 Minuten goldbraun backen; sie sollten innen noch cremig sein. Herausnehmen und mit dem Puderzucker bestäuben. Nach Belieben mit Fruchtpüree (z. B. Himbeerpüree) anrichten.

POLENTA
mit Obstsalat

ZUTATEN FÜR 4 PERSONEN

Für die Polenta:

3/4 l Milch · 200 g Polentagrieß

40 g Zucker · 4 EL Olivenöl

Für den Obstsalat:

ca. 500 g gemischtes Obst nach Wahl
(z. B. Ananas, Kiwi, Litschis, Physalis,
Orangen, Grapefruits, Bananen,
Kumquats, Mango, Papaya)

5 EL Limettensaft

3 EL Ahornsirup

Mark von 1 Vanilleschote

3 EL Pinienkerne

ZUBEREITUNG

1. Für die Polenta die Milch und 3/4 l Wasser aufkochen. Den Polentagrieß nach und nach einrieseln lassen und unterrühren. Den Zucker hinzufügen und die Polenta unter häufigem Rühren bei schwacher Hitze etwa 45 Minuten quellen lassen. Ein Backblech oder eine große flache Auflaufform mit Frischhaltefolie auslegen. Die Polenta darauf verteilen, glatt streichen und gut auskühlen lassen.

2. Für den Obstsalat die Früchte putzen, waschen bzw. schälen und in kleine Stücke schneiden oder filetieren. Den Limettensaft, den Ahornsirup und das Vanillemark verrühren, über das Obst geben und alles gut mischen.

3. Die Polenta aus der Form stürzen. Die Folie abziehen und die Polenta in etwa 10 x 7 cm große Stücke schneiden. In einer beschichteten Pfanne die Pinienkerne ohne Fett goldbraun rösten und auf einen Teller geben. Das Olivenöl portionsweise in der Pfanne erhitzen und die Polentaschnitten darin nach und nach auf beiden Seiten goldbraun braten. Die Polentaschnitten mit dem Obstsalat anrichten und mit den Pinienkernen bestreuen.

KIRSCHPFANNKUCHEN
mit Weinschaum

ZUTATEN FÜR 4 PERSONEN

Für die Pfannkuchen:

125 g Mehl · 3 Eigelb

1/4 l Milch

Mark von 1 Vanilleschote

2 cl Amaretto (ital. Mandellikör)

3 Eiweiß · 40 g Butter

2 EL Mandelblättchen

15 große entsteinte Süßkirschen

3 EL Puderzucker

Für den Weinschaum:

4 Eigelb · 50 g Zucker

200 ml lieblicher Weißwein (z. B. Spätlese)

ZUBEREITUNG

1. Für die Pfannkuchen das Mehl, die Eigelbe, die Milch, das Vanillemark und den Amaretto in eine Schüssel geben und mit den Quirlen des Handrührgeräts zu einem glatten Teig verrühren. Die Eiweiße steif schlagen und unterheben.

2. Den Backofen auf 200 °C vorheizen. In einer beschichteten ofenfesten Pfanne 30 g Butter erhitzen. 1 EL Mandeln und den Pfannkuchenteig hineingeben. Die Pfanne kurz von der Herdplatte nehmen und die Kirschen auf dem Teig verteilen. Die Pfanne wieder auf die Herdplatte stellen und alles leicht anbraten. Dann den Pfannkuchen im Ofen auf der mittleren Schiene etwa 10 Minuten backen. Aus dem Ofen nehmen, wenden, die restlichen Mandeln und die übrige Butter daraufgeben und den Pfannkuchen im Ofen mindestens 5 Minuten weiterbacken.

3. Für den Weinschaum Eigelbe und Zucker über dem heißen Wasserbad mit den Quirlen des Handrührgeräts hellschaumig schlagen. Nach und nach den Wein dazugießen und weiterschlagen, bis die Creme eine feste Konsistenz hat.

4. Den Kirschpfannkuchen auf eine Platte geben, mit dem Puderzucker bestäuben und den aufgeschlagenen Weinschaum dazu servieren.

CRÊPES
mit Birnenkompott

· ·

ZUTATEN FÜR 4–6 PERSONEN
Für das Kompott:
4 Birnen · 1 Vanilleschote
1 walnussgroßes Stück Ingwer
200 ml Birnensaft · 1 EL Butter

Für die Crêpes:
150 g Mehl · 3 Eier
1/4 l lauwarme Milch
je 1 Msp. Salz und Backpulver
30 g Butterschmalz
3 EL gemahlene Mandeln
3 EL Schokoladenplättchen
4–6 EL Puderzucker · 3 cl Stroh-Rum

ZUBEREITUNG

1. Für das Kompott die Birnen vierteln, schälen und die Kerngehäuse entfernen. Die Birnenviertel in kleine Würfel schneiden. Die Vanilleschote längs aufschneiden und das Mark herauskratzen. Den Ingwer schälen und fein reiben. Den Birnensaft in einen Topf geben und auf die Hälfte einkochen lassen. Die Birnenwürfel, Vanilleschote und -mark, den Ingwer und die Butter dazugeben. Alles 5 bis 6 Minuten köcheln und dann abkühlen lassen.

2. Für die Crêpes Mehl, Eier, Milch, Salz und Backpulver in einer Schüssel mit dem Schneebesen verrühren. Den Teig etwa 15 Minuten ruhen lassen.

3. Aus dem Teig in einer großen beschichteten Pfanne (28 cm Durchmesser) dünne Crêpes ausbacken. Dafür jeweils etwas Butterschmalz erhitzen, 1 Kelle Teig hineingeben, durch Schwenken hauchdünn in der Pfanne verteilen und etwas gemahlene Mandeln darüberstreuen. Die Crêpe 1 Minute goldbraun backen, dann wenden. Mit einigen Schokoplättchen bestreuen und 1 Minute weiterbacken. Mit 1 EL Puderzucker bestäuben, mit etwas Rum begießen und in der Pfanne flambieren. Die Crêpes mit dem Birnenkompott servieren.

CRÊPES
mit Zitrusfrüchten

· ·

ZUTATEN FÜR 4–6 PERSONEN
Für die Zitrusfrüchte:
je 2 Orangen, Grapefruits und Zitronen
Saft von 1 Limette
2 cl Orangenlikör (z. B. Grand Marnier)

Für die Crêpes:
150 g Mehl · 3 Eier
1/4 l lauwarme Milch
je 1 Msp. Salz und Backpulver
30 g Butterschmalz
3 cl Cognac
Puderzucker zum Bestäuben

ZUBEREITUNG

1. Die Orangen, Grapefruits und Zitronen so großzügig schälen, dass auch die weiße Haut mit entfernt wird. Die Fruchtfilets zwischen den Trennhäuten herausschneiden und in eine Schüssel geben. Den Limettensaft und den Likör darübergießen und die Zitrusfilets etwa 25 Minuten marinieren.

2. Für die Crêpes Mehl, Eier, Milch, Salz und Backpulver in einer Schüssel mit dem Schneebesen verrühren. Den Teig etwa 15 Minuten ruhen lassen.

3. Aus dem Teig in einer großen beschichteten Pfanne (28 cm Durchmesser) dünne Crêpes ausbacken. Dafür jeweils etwas Butterschmalz erhitzen, 1 Kelle Teig hineingeben und durch Schwenken hauchdünn in der Pfanne verteilen. Die Crêpe auf der Unterseite 1 Minute goldbraun backen, wenden und 1 Minute weiterbacken. In der Pfanne mit etwas Cognac begießen und unter Schwenken in der Pfanne flambieren.

4. Die flambierten Crêpes mit Puderzucker bestäuben und mit den marinierten Zitrusfilets anrichten. Nach Belieben Vanilleeis dazu servieren.

KAISERSCHMARREN
mit marinierten Zwetschgen

....

ZUTATEN FÜR 4 PERSONEN

Für die marinierten Zwetschgen:

20 Zwetschgen
1 Vanilleschote
2 Scheiben Ingwer
Saft von 2 Orangen
2 cl Zwetschgenschnaps
1 Zimtstange · abgeriebene Schale von
1 unbehandelten Orange

Für den Kaiserschmarren:

50 g Rosinen · 120 g Mehl
200 ml Milch · 4 Eigelb
Mark von 1 Vanilleschote · Salz
4 Eiweiß · 50 g Zucker
20 g Butterschmalz
50 g Butter · 5 EL Puderzucker

ZUBEREITUNG

1. Für die marinierten Zwetschgen die Früchte waschen, halbieren und entsteinen. Die Vanilleschote längs aufschneiden und das Mark herauskratzen. Die Zwetschgen, den Ingwer, Vanilleschote und -mark sowie die restlichen Zutaten in eine beschichtete Pfanne geben. Den Orangensaft bei mittlerer Hitze 3 bis 5 Minuten einkochen lassen, bis die Zwetschgen gar sind. Die Gewürze entfernen, die Zwetschgen nach Belieben mit etwas Zucker süßen und abkühlen lassen.

2. Den Backofen auf 200 °C vorheizen. Für den Kaiserschmarren die Rosinen in einem kleinen Schälchen in 2 EL Wasser einweichen.

3. Das Mehl, die Milch, die Eigelbe, Vanillemark und 1 Prise Salz in eine Schüssel geben und mit dem Schneebesen gut verrühren. Die Eiweiße mit dem Zucker steif schlagen und unter den Teig heben.

4. Das Butterschmalz in einer beschichteten Pfanne erhitzen. Den Teig hineingeben und im Ofen auf der mittleren Schiene etwa 15 Minuten backen. Den Kaiserschmarren herausnehmen und mit zwei Gabeln zerrupfen. Den Backofengrill einschalten.

5. Die Rosinen abtropfen lassen und über den Schmarren streuen. Die Butter in Flöckchen darauf verteilen. Den Kaiserschmarren mit 3 EL Puderzucker bestäuben und unter dem Grill kurz karamellisieren.

6. Den Kaiserschmarren aus dem Ofen nehmen, mit dem restlichen Puderzucker bestäuben und mit den marinierten Zwetschgen servieren.

TIPP

So, wie im Rezept beschrieben, können Sie auch Aprikosen statt Zwetschgen marinieren. Den Zwetschgenschnaps dann entsprechend durch Marillenschnaps ersetzen. Idealer Begleiter zum Kaiserschmarren ist ein Süßwein – wenn möglich ein leicht gekühlter Tokajer aus Ungarn.

RICOTTAPLÄTZCHEN
mit Calvadosäpfeln

ZUTATEN FÜR 4 PERSONEN

Für die Ricottaplätzchen:

500 g Ricotta
2 EL geriebener Parmesan
2 EL Paniermehl
1 EL Mehl · 1 Ei
Salz · Pfeffer aus der Mühle
20 g Butterschmalz
1 EL Olivenöl

Für die Calvadosäpfel:

4 Äpfel
20 g Butterschmalz
2 cl Calvados (franz. Apfelbranntwein)
200 ml Apfelsaft

ZUBEREITUNG

1. Für die Ricottaplätzchen den Ricotta, den Parmesan, das Paniermehl, das Mehl und das Ei in eine Schüssel geben und mit den Quirlen des Handrührgeräts verrühren. Mit Salz und Pfeffer würzen. Etwas Butterschmalz und Olivenöl in einer beschichteten Pfanne erhitzen. Die Ricottamasse portionsweise in die Pfanne setzen, zu Küchlein flach drücken und auf beiden Seiten bei mittlerer Hitze goldbraun backen. Auf diese Weise 8 Ricottaplätzchen backen.

2. Die Äpfel schälen und die Kerngehäuse mit einem Apfelausstecher entfernen. Die Äpfel in Ringe schneiden. Das Butterschmalz in einer beschichteten Pfanne erhitzen und die Apfelringe darin andünsten. Mit dem Calvados ablöschen, flambieren und den Apfelsaft dazugeben. Die Calvadosäpfel 2 bis 3 Minuten köcheln lassen.

3. Die Ricottaplätzchen mit den Calvadosäpfeln anrichten. Nach Belieben mit Zitronensaft und etwas grob gemahlenem Pfeffer würzen.

MILCHREIS
mit geschmorten Früchten

ZUTATEN FÜR 4–6 PERSONEN

Für den Milchreis:

1 EL Butter · 250 g Milchreis
1/2 l Milch · 50 g Zucker
Mark von 1 Vanilleschote
500 g Sahne · abgeriebene Schale von
1 unbehandelten Zitrone
Zimtpulver

Für die geschmorten Früchte:

2 reife Pfirsiche (oder Nektarinen)
2 Bananen · 2 EL Zucker
1/4 l Orangensaft · 1 EL Honig

ZUBEREITUNG

1. Für den Milchreis die Butter in einem Topf erhitzen und den Reis darin glasig dünsten. Milch, Zucker und Vanillemark hinzufügen und alles aufkochen. Den Reis bei schwacher Hitze köcheln lassen, bis er die Flüssigkeit fast vollständig aufgenommen hat. Dabei immer wieder umrühren, damit der Reis nicht anbrennt.

2. Dann die Sahne und die abgeriebene Zitronenschale dazugeben und den Reis unter ständigem Rühren weiterköcheln lassen, bis er die Flüssigkeit ganz aufgesogen hat und gar ist, aber noch Biss hat.

3. Für die geschmorten Früchte die Pfirsiche halbieren, entsteinen und mit einem scharfen Messer die Haut abziehen (die Pfirsiche eventuell kurz in kochendes Wasser tauchen, dann kann man die Haut leichter entfernen). Die Pfirsiche in mundgerechte Stücke schneiden. Die Bananen schälen und in Scheiben schneiden. Den Zucker in einem Topf karamellisieren. Mit dem Orangensaft ablöschen und den Karamell unter Rühren auflösen.

4. Pfirsiche, Bananen und Honig dazugeben und alles einmal aufkochen. Dann bei schwacher Hitze einige Minuten ziehen lassen. Den Milchreis mit Zimtpulver bestäuben und mit den geschmorten Früchten servieren.

HIMBEERSCHNITTEN
mit Vanillepudding

....

ZUTATEN FÜR 1 BACKBLECH

Für den Rührteig:
3 Eier · 250 g Zucker
200 ml Milch · 300 g Mehl
1 TL Backpulver · Salz
abgeriebene Schale von
1 unbehandelten Zitrone

Für den Pudding:
1/4 l Milch · 250 g Sahne
1 Vanilleschote
5 Eigelb · 100 g Zucker · 2 TL Speisestärke

Außerdem:
2 kg tiefgekühlte Himbeeren

ZUBEREITUNG

1. Den Backofen auf 200 °C vorheizen. Für den Rührteig die Eier und den Zucker in eine Schüssel geben und mit den Quirlen des Handrührgeräts schaumig rühren. Die Milch unterrühren. Das Mehl, das Backpulver und 1 Prise Salz mischen und durchsieben. Das Mehlgemisch und die Zitronenschale zu der Eiermasse geben und unterheben.

2. Den Teig auf ein mit Backpapier ausgelegtes Backblech geben und glatt streichen. Im Ofen auf der mittleren Schiene etwa 15 Minuten backen. Herausnehmen und auskühlen lassen.

3. Für den Pudding die Milch (1 EL abnehmen) und die Sahne in einen kleinen Topf geben. Die Vanilleschote längs aufschneiden und das Mark herauskratzen. Vanilleschote und -mark in die Sahnemischung geben und bei schwacher Hitze etwa 5 Minuten köcheln lassen. Die Vanilleschote entfernen.

4. Die Eigelbe und den Zucker in eine Metallschüssel geben und über dem heißen Wasserbad mit den Quirlen des Handrührgeräts hellschaumig schlagen. Die Milch-Sahne-Mischung nach und nach dazugießen und so lange weiterrühren, bis eine dickliche Masse entsteht.

5. Die Masse in einen Topf geben. Die Stärke und die restliche Milch (1 EL) verrühren. Unter ständigem Rühren in die Sahnemischung geben und einmal aufkochen lassen. Den Vanillepudding in eine Schüssel geben und abkühlen lassen. Dann mindestens 2 Stunden im Kühlschrank auskühlen lassen.

6. Ein großes Tablett oder eine Platte mit mehreren Lagen Küchenpapier auslegen, die Himbeeren daraufgeben und auftauen lassen. Den Vanillepudding gleichmäßig auf den gebackenen Rührteigboden streichen und die Himbeeren darauf verteilen.

TIPP

Natürlich kann man die Himbeerschnitten im Sommer mit frischen Früchten zubereiten. Wer mag, kann einen Teil der aufgetauten Himbeeren zurückbehalten, mit dem Stabmixer fein pürieren und dann zuletzt über die belegten Himbeerschnitten träufeln.

APFELTARTE
mit Vanilleeis

ZUTATEN FÜR 1 TARTEFORM (20 CM Ø)

Für das Eis:
1 Vanilleschote · 500 g Sahne
5 Eigelb · 5 EL Zucker

Für die Tarte:
1/2 Packung tiefgekühlter Blätterteig (225 g)
4 mittelgroße Äpfel (2 Sorten;
z. B. Boskop und Elstar)
Butter für die Form
2 EL Orangenmarmelade · 20 g Butter
4 EL Puderzucker · 2 EL gehackte Pistazien

ZUBEREITUNG

1. Für das Eis die Vanilleschote längs aufschneiden und das Mark herauskratzen. Vanilleschote und -mark mit der Sahne in einem kleinen Topf erhitzen und kurz ziehen lassen. Die Vanilleschote entfernen. Die Eigelbe und den Zucker in einer Metallschüssel über dem heißen Wasserbad mit dem Schneebesen schaumig rühren. Die warme Vanillesahne hinzufügen und unter ständigem Rühren dickcremig schlagen. Die Vanillemasse in einem Topf unter Rühren kurz erhitzen. Dann die Creme in die Eismaschine füllen und gefrieren lassen.

2. Für die Tarte die Blätterteigplatten nebeneinanderlegen und auftauen lassen. Die Äpfel vierteln, schälen, entkernen und in Scheiben schneiden.

3. Den Backofen auf 200 °C (Umluft) oder 220 °C (Ober-/Unterhitze) vorheizen. Die Blätterteigplatten aufeinanderlegen und rund (etwa 24 cm Durchmesser) ausrollen. Die Tarteform mit Butter einfetten und mit dem Teig auslegen, dabei einen Rand formen. Den Teigboden mit der Marmelade bestreichen und dicht an dicht mit den Apfelscheiben belegen. Die Butter in Flocken darauf verteilen und 2 EL Puderzucker darübersieben. Die Tarte im Ofen auf der mittleren Schiene 20 bis 25 Minuten backen. Die Apfeltarte aus dem Ofen nehmen, mit dem restlichen Puderzucker bestäuben und mit den Pistazien bestreuen. Mit dem Vanilleeis servieren.

OLIVENÖLKUCHEN
mit Zitronen

**ZUTATEN FÜR 1 RECHTECKIGE FORM
(CA. 24 X 38 CM)**

Für den Kuchen:
3 unbehandelte Zitronen
3 Eier · 250 g feinster Zucker
200 ml Milch
400 ml gutes Olivenöl (extra vergine)
300 g Mehl (Type 505)
1 TL Backpulver · Salz

Für den Belag:
3 unbehandelte Zitronen
50 g Puderzucker
Saft von 1 Zitrone · 5 Thymianzweige

ZUBEREITUNG

1. Den Backofen auf 180 °C vorheizen. Für den Kuchen die Zitronen heiß waschen, abtrocknen und die Schale mit dem Zestenreißer fein abziehen. Die Eier und den Zucker mit den Quirlen des Handrührgeräts hellschaumig schlagen. Die Zitronenschale mit der Milch und dem Olivenöl zur Eiermasse geben und gut unterrühren.

2. Mehl, Backpulver und 1 Prise Salz mischen und unter die Masse heben. Die Backform (oder ein mittelgroßes Backblech) mit Backpapier auslegen und den Teig gleichmäßig darauf verteilen. Den Kuchen im Ofen auf der mittleren Schiene 35 Minuten goldbraun backen.

3. Für den Belag die Zitronen heiß waschen, abtrocknen und in dünne Scheiben schneiden. Den Puderzucker mit dem Zitronensaft verrühren. Den Thymian waschen, trocken schütteln und die Blättchen abzupfen.

4. Den Kuchen aus dem Ofen nehmen und leicht abkühlen lassen. Den Zuckerguss auf dem Kuchen verteilen und die Zitronenscheiben darauflegen. Zuletzt mit den Thymianblättchen bestreuen.

SCHARFE ERDBEERTORTE
mit Chili und Mandeln

ZUTATEN FÜR 1 TORTE
Für die Puddingcreme:
1 Vanilleschote · 250 g Sahne · ¼ l Milch
5 Eigelb · 5 EL Zucker · 40 g Mehl

Für den Belag:
500 g Erdbeeren · 2 EL Zucker
1 Chilischote
200 g Apfelgelee
2 EL geröstete Mandelblättchen

Außerdem:
1 Biskuitboden (vom Konditor;
24 cm Durchmesser)

ZUBEREITUNG

1. Für die Puddingcreme die Vanilleschote längs aufschneiden und das Mark herauskratzen. Die Hälfte der Sahne und die Milch mit der Vanilleschote und dem -mark in einen Topf geben. Alles aufkochen und 3 bis 4 Minuten köcheln lassen. Dann die Vanilleschote entfernen.

2. Eigelbe, Zucker und Mehl in einem Topf bei schwacher Hitze mit dem Schneebesen schaumig rühren (die Eigelbe dürfen dabei nicht stocken!). Die Milch-Sahne-Mischung nach und nach unter ständigem Rühren dazugeben, bis die Masse fest wird. Dann in einen Topf füllen, nochmals unter Rühren aufkochen und abkühlen lassen. Die restliche Sahne steif schlagen und unter die abgekühlte Puddingcreme heben. Mit Frischhaltefolie abdecken und im Kühlschrank auskühlen lassen.

3. Für den Belag die Erdbeeren waschen, putzen und je nach Größe halbieren oder vierteln. Mit dem Zucker mischen. Die Chilischote längs halbieren, entkernen, waschen und fein hacken. Das Gelee in einem kleinen Topf unter Rühren 1 bis 2 Minuten erwärmen, Chili untermischen. Die Puddingcreme auf dem Biskuitboden glatt streichen. Die Erdbeeren darauf verteilen, mit dem Gelee bestreichen und die Mandeln darüberstreuen.

HALBGEFRORENES
von Pinienkernen

ZUTATEN FÜR 4 PERSONEN
Für das Halbgefrorene:
170 g Zucker
50 g Pinienkerne
3 Eier · 500 g Sahne

Außerdem:
12 Clementinen (davon 1 unbehandelt)
2–3 cl Mandarinenlikör

ZUBEREITUNG

1. Für das Halbgefrorene 120 g Zucker in einer beschichteten Pfanne karamellisieren und die Pinienkerne unterrühren. Die Masse auf 1 Bogen Backpapier gießen, glatt streichen und erkalten lassen. Den Karamell in Stücke brechen und anschließend im Blitzhacker fein mahlen.

2. Die Eier trennen. Die Eiweiße und die Sahne getrennt mit den Quirlen des Handrührgeräts steif schlagen. Die Eigelbe und den restlichen Zucker in einer Schüssel mit dem Schneebesen schaumig rühren. Zuerst den Eischnee, dann die Sahne und zuletzt die Pinienkernbrösel unterheben. Die Masse in eine Auflaufform geben, mit Alufolie bedecken und mindestens 4 Stunden im Tiefkühlfach gefrieren lassen.

3. In der Zwischenzeit die unbehandelte Clementine heiß waschen, abtrocknen und die Schale fein abreiben. Alle Clementinen filetieren. Dafür die Schale mit einem Messer bis auf das Fruchtfleisch abschneiden und die Clementinenfilets zwischen den Trennhäuten herausschneiden, dabei den Saft auffangen. Clementinenfilets und -saft sowie die abgeriebene Schale und den Likör mischen.

4. Etwa 15 Minuten vor dem Servieren das Halbgefrorene aus dem Gefrierfach nehmen und antauen lassen. Mit einem Eiskugelportionierer Kugeln abstechen und mit den marinierten Clementinen auf Desserttellern oder in Schälchen anrichten.

MOZZARELLA
mit Erdbeeren

ZUTATEN FÜR 4 PERSONEN
500 g Erdbeeren
1 walnussgroßes Stück Ingwer
Mark von 1 Vanilleschote
1 EL Ahornsirup
10 Thymianzweige
150 g Naturjoghurt
abgeriebene Schale und Saft von
1/2 unbehandelten Orange
Pfeffer aus der Mühle
4 Kugeln Büffel-Mozzarella (à 125 g)

ZUBEREITUNG

1. Die Erdbeeren waschen, putzen, klein schneiden und in eine Schüssel geben. Den Ingwer schälen und fein reiben. Mit dem Vanillemark und dem Ahornsirup zu den Erdbeeren geben und untermischen. Die Beeren etwa 20 Minuten marinieren.

2. Den Thymian waschen und trocken schütteln, die Blättchen abzupfen und grob hacken. Den Joghurt mit Orangenschale und -saft verrühren. Den Thymian und grob gemahlenen Pfeffer unterrühren.

3. Den Mozzarella mit zwei Esslöffeln in Stücke reißen und auf Teller verteilen. Zuerst etwas Joghurtsauce darübergeben, dann die Erdbeeren darauf verteilen. Zuletzt die restliche Sauce darübergeben und nach Belieben mit Thymian garnieren.

TIPP

Zugegeben, diese Kombination ist etwas ungewöhnlich, aber Sie werden überrascht sein, wie perfekt Mozzarella und Erdbeeren harmonieren. Dazu passt z. B. eine Riesling-Auslese aus dem Rheingau.

GEBRATENE BIRNE
mit Gorgonzola

ZUTATEN FÜR 4 PERSONEN
2 Birnen (z. B. Williams Christ)
1 EL Butter
1 EL Honig
200 g Gorgonzola

ZUBEREITUNG

1. Den Backofen auf 200 °C vorheizen. Die Birnen halbieren, schälen und die Kerngehäuse entfernen. Die Butter in einer Pfanne erhitzen und die Birnenhälften darin leicht anbraten. Den Honig dazugeben und die Pfanne schwenken, damit der Honig die Birnen überzieht.

2. Die Birnen auf ein mit Backpapier ausgelegtes Backblech setzen. Die Birnenhälften im Ofen auf der mittleren Schiene 8 bis 10 Minuten garen, bis sie glänzen und nach Honig duften.

3. Den Gorgonzola in Würfel schneiden und zu den Birnen servieren.

TIPP

Dazu passt ein edelsüßer Wein aus Italien oder Frankreich. Die gebratenen Birnen schmecken nicht nur als Dessert, sondern sind auch eine wunderbare Beilage zu Wildgerichten. Statt mit Gorgonzola können Sie die gebratenen Birnen auch mit Ziegenkäse (von der Rolle oder eine andere Sorte) servieren.

Aal grün mit Dill und Frühlingszwiebeln 136
Aal, gekochter, mit Gurkenwürfeln 136

Ananas
Ananas-Schnitzel mit Chili und
Knoblauch 207
Ananas-Tomaten-Salat mit Basili-
kum und Parmesan 36
Curry-Huhn mit Ananas 167
Exotische Mango-Gemüse-Suppe
mit Ananas-Scampi-Spießen 74
Joghurtmousse mit gebratener
Ananas 228
Putenroulade mit Ananas-Chili-
Mus 164
Schaschlik mit Hähnchen und
Ananas 24
Wachteleiersalat mit Spargel
und Ananas 50

Apfel
Apfeltarte mit Vanilleeis 238
Calvados-Huhn mit Äpfeln und
Rosinen 160
Himmel und Erde mit Leber-
wurst 200
Ricottaplätzchen mit Calvados-
äpfeln 236
Schweinekotelett mit
Apfeltatar 207
Artischocken mit zweierlei Dips 12

Aubergine
Auberginenröllchen mit dreierlei
Käse 17
Gefüllte Auberginen in Tomaten-
sauce 88
Hacksteaks mit Auberginen 199
Pappardelle mit Lammhack und
Auberginen 119
Austern mit Cheddar-Doppel-
deckern 33
Austern, überbackene, mit
Frühlingszwiebeln 33

Bäckerinkartoffeln mit Blattsalat 95
Backfisch mit Remouladensauce 142
Backhuhn mit Kopfsalat 170

Banane
Gefüllte Kartoffeln mit Matjes und
Bananensauce 30
Mangocreme mit gebratenen
Bananen 13
Milchreis mit geschmorten
Früchten 236

Bärlauch
Blumenkohl mit Rote Bete und
Bärlauch-Pesto 93
Grüner Spargel mit Bärlauch-
Mayonnaise 98
Penne mit Bärlauch 112
Saibling mit Bärlauchsauce 143
Beinscheiben mit grünen
Bohnen 200

Birne
Birne Helene mit zweierlei
Schokolade 226
Gebratene Birne mit
Gorgonzola 241
Crêpes mit Birnenkompott 234
Gemüsesalat mit Birne und
Orange 43
Wildgulasch mit Gorgonzola-
birnen 185
Winterkäse mit gratinierten
Birnen 28

Biskuit
Kirschdessert im Glas 225
Scharfe Erdbeertorte mit Chili
und Mandeln 240
Wintertraum mit Kirsch-
kompott 230

Blumenkohl
Blumenkohl mit Currysauce 92
Blumenkohl mit Rote Bete und
Bärlauch-Pesto 93
Gratinierter Blumenkohl mit
Safransauce 92

Bohnen
Bohnensalat mit Wachteleiern 50
Kalbsbacken mit Bohnen und
Ofentomaten 191

Bohnen, grüne
Beinscheiben mit grünen
Bohnen 200
Bohnengemüse mit Rindfleisch 103
Garnelen mit Bohnen und
Fladenbrot 22
Lachssalat mit Bohnen und
Tomaten 53
Lammkeule mit Kartoffelgratin
und Bohnen 219
Nudelsalat mit Bohnen und
Paprika 47

Bohnen, weiße, getrocknet
Gegrillte Stubenküken mit
Bohnenragout 166
Tagliatelle mit Pfifferlingen und
weißen Bohnen 115

Borschtsch mit Weißkohl und
Pastinaken 68

Bratwurst
Penne mit Bratwurst 116
Sauerkraut-Baguette mit
Bratwurst 27

Brokkoli
Brokkolirahmsuppe mit
Tomaten 58
Farfalle mit Brokkoli 113
Rahmschnitzel mit Brokkoli und
Champignons 206
Safranierter Nudelsalat mit
Brokkoli und Sellerie 46

Caesar Salad mit Sardellen und
Parmesan 48
Calvados-Huhn mit Äpfeln und
Rosinen 160
Camillas Cup mit Erdbeeren 222
Cannelloni mit Krevetten-Ricotta-
Füllung 120
Cannelloni mit Schichtkäse-
füllung 121
Capellini mit Radicchio 113

Champignons
Filet Rossini mit
Champignons 192
Gefüllte Champignons mit
Büffelmozzarella 87
Huhn aus dem Ofen mit
Champignons 167
Kalbsgulasch mit
Champignons 190
Nudelauflauf mit schneller
Tomatensauce 122
Rahmschnitzel mit Brokkoli
und Champignons 206

Chicorée
Chicoréeschiffchen mit
Lachstatar 21
Karamellisierter Chicorée mit
Pastinakenpüree 81
Chili-Huhn mit Knoblauch 164
Conchiglioni mit Kartoffel-
füllung 123
Cordon bleu mit Weißwein-
sauce 188
Crêpes mit Birnenkompott 234
Crêpes mit Zitrusfrüchten 234

Curry
Blumenkohl mit Currysauce 92
Curry-Huhn mit Ananas 167
Currywurst mit Pommes frites 214

Datteln, gefüllte, im Speckmantel 17
Dicke Rippe mit Tomatensalat 208
Dorade in der Folie 154
Dorschkoteletts mit Senfsauce 137

Edel-Döner mit Lamm und
Tsatsiki 214
Ei
Crêpes mit Birnenkompott 234
Crêpes mit Zitrusfrüchten 234
Kaiserschmarren mit marinierten
Zwetschgen 235
Kartoffelsalat mit Räucheraal und
Spiegelei 42
Kirschpfannkuchen mit Wein-
schaum 232
Kräutercrêpes mit Spargel 78
Linsensuppe mit pochiertem
Ei 66
Rinderbrühe mit Klößchen und
Eierstich 57
Salzburger Nockerl mit
Vanillesahne 231
Schnee-Eier mit Vanillesauce 229
Spargelcremesuppe mit
Rhabarber 65
Spiegeleier mit Sellerie und
Tomaten 29
Spinat-Bandnudeln mit pochier-
tem Ei 116
Tomatenbrot mit Kräuter-
rührei 14
Eingelegte Heringe mit roten Zwie-
beln und Möhren 23
Ente
Ente aus dem Backofen mit Oran-
gensauce und Knödeln 174
Entenbrust mit Granatapfel-
sauce 173
Erbsen
Erbsenpüree mit Graved Lachs
und Rösti 21
Erbsensuppe mit Würstchen und
Speck 64
Risotto mit Melonen und
Erbsen 128
Erdbeeren
Camillas Cup mit Erdbeeren 222
Mozzarella mit Erdbeeren 241
Scharfe Erdbeertorte mit Chili
und Mandeln 240
Zabaione mit Erdbeeren 222
Exotische Mango-Gemüse-Suppe mit
Ananas-Scampi-Spießen 74

Farfalle mit Brokkoli 113
Feigen
Herbstlicher Salat mit Feigen und
Trauben 39
Feigen mit Mascarponecreme 224
Feldsalatsuppe mit Räucherlachs 70
Fenchel
Gegrillte Rotbarben mit Fenchel-
Orangen-Salat 148
Pulpo-Salat mit Fenchel und
Kartoffeln 51
Rotbarsch-Nudeln mit Fenchel
und Zucchini 126
Zander auf Fenchelgemüse 140
Feta
Gebackener Feta mit Ofenkartof-
feln und Salat 29
Griechischer Salat mit Feta und
Oliven 48
Filet in Blätterteig mit Cumberland-
sauce 192
Filet Rossini mit Champignons 192
Finkenwerder Scholle mit
Kartoffelsalat 144
Fischklöße in Weißweinsauce 137
Fleischbrühe, selbst gemacht 56
Forelle blau mit Meerrettich-
creme 134
Forelle Müllerin mit Orangen-
aroma 134
Frikadellen, italienische, mit Toma-
tensauce 212
Frühlingsnudeln mit Hähnchen-
brust 118
Frühlingsrollen mit Hähnchen 24
Frühlingszwiebel
Aal grün mit Dill und Frühlings-
zwiebeln 136
Frühlingszwiebeln in Orangen-
sauce 82
Überbackene Austern mit Früh-
lingszwiebeln 33

Gans, gebratene, mit Rotweinsauce
und Riesling-Sauerkraut 178
Garnelen
Garnelen mit Bohnen und
Fladenbrot 22
Garnelen-Sandwich mit
Mango 10
Gemüse-Spaghetti mit Tandoori-
Garnelen 110
Hähnchenbrust mit Garnelen und
Pfirsich 161

Knusperpäckchen mit Hähnchen
und Garnelen 25
Spaghetti mit Garnelen 123
Gebackener Feta mit Ofenkartoffeln
und Salat 29
Gebeizter Lachs mit gedünstetem
Gemüse 18
Gebratene Birne mit
Gorgonzola 241
Gebratene Gans mit Rotweinsauce
und Riesling-Sauerkraut 178
Gebratene Gemüse mit Meerrettich-
sauce 90
Gebratene Pute mit Rotweinsauce
und Gemüse 172
Gebratene Spaghetti-Nester mit
zwei schnellen Saucen 108
Gebratener Sellerie mit geschmolze-
nen Tomaten 90
Gebratener Zander mit Rhabarber-
gemüse 146
Geflügelleber
Geflügellebermus mit
Pumpernickel 13
Gefüllte Tomaten mit Geflügel-
lebern 86
Gefüllte Auberginen in Tomaten-
sauce 88
Gefüllte Champignons mit Büffel-
mozzarella 87
Gefüllte Datteln im Speck-
mantel 17
Gefüllte Kartoffeln mit Grünkohl
und Speck 94
Gefüllte Kartoffeln mit Matjes und
Bananensauce 30
Gefüllte Kartoffeln mit
Sauerkraut 26
Gefüllte Kohlrabi mit Nordsee-
krabben 86
Gefüllte Paprika mit Thunfisch und
Basmatireis 84
Gefüllte Tomaten mit Geflügel-
lebern 86
Gefüllte Weinblätter mit Lamm-
fleisch 87
Gegrillte Rotbarben mit Fenchel-
Orangen-Salat 148
Gegrillte Stubenküken mit Bohnen-
ragout 166
Gegrillter Thunfisch mit
Kräutersalat 148
Gekochter Aal mit Gurken-
würfeln 136

Gekochtes Rindfleisch mit Aioli und Petersiliensauce 202

Gemischter Spargel mit Hähnchenfilet 80

Gemüse-Spaghetti mit Tandoori-Garnelen 110

Gemüsebrühe, selbst gemacht 56

Gemüsepuffer mit Meerrettichsauce 102

Gemüsesalat mit Birne und Orange 43

Geschichteter Wirsing mit Hackfleisch 89

Geschmorte Lammkeule in Spätburgunder 216

Geschmortes Kaninchen mit Tomaten und Oliven 176

Gnocchi mit Kirschtomaten 127

Gorgonzola
  Gebratene Birne mit Gorgonzola 241
  Wildgulasch mit Gorgonzolabirnen 185

Gratinierte Pflaumen mit Butterstreuseln 230

Gratinierter Blumenkohl mit Safransauce 92

Graupensuppe mit Spinat 57

Griechischer Salat mit Feta und Oliven 48

Grüner Spargel mit Bärlauch-Mayonnaise 98

Grünkohl
  Gefüllte Kartoffeln mit Grünkohl und Speck 94
  Grünkohlsuppe mit frittierten Kartoffeln 62

Gulaschsuppe auf klassische Art 69

Gurke
  Gekochter Aal mit Gurkenwürfeln 136
  Lachs mit Tagliatelle und Gurken 138
  Schmorgurken mit Kartoffelstampf 83
  Schmorgurken mit Rinderhack 83

Hackbällchen in Tomatensauce mit Penne 213

Hackbraten aus dem Ofen mit Tomatensauce 198

Hacksteaks mit Auberginen 199

Hähnchen
  Backhuhn mit Kopfsalat 170

Calvados-Huhn mit Äpfeln und Rosinen 160

Chili-Huhn mit Knoblauch 164

Curry-Huhn mit Ananas 167

Frühlingsnudeln mit Hähnchenbrust 118

Frühlingsrollen mit Hähnchen 24

Gemischter Spargel mit Hähnchenfilet 80

Hähnchen in Estragonsauce mit gefüllten Tomaten 158

Hähnchen in Mangold mit Mango und Pinienkernen 160

Hähnchen mit Morchel-Walnuss-Sauce 162

Hähnchen mit Tomatensalat 170

Hähnchen-Curry mit Tomaten und Joghurt 162

Hähnchenbrust mit Garnelen und Pfirsich 161

Hähnchenbrust mit Pinienkernen und Kapern 161

Huhn aus dem Ofen mit Champignons 167

Kleine Wirsingrouladen mit Hähnchen und Shrimps 169

Knusperpäckchen mit Hähnchen und Garnelen 25

Kohlrouladen mit Hähnchen in Sahnesauce 168

Paella mit Hähnchen und Scampi 129

Rucola im Glas mit Hähnchen 15

Schaschlik mit Hähnchen und Ananas 24

Halbgefrorenes von Pinienkernen 240

Herbstlicher Salat mit Feigen und Trauben 39

Hering
  Eingelegte Heringe mit roten Zwiebeln und Möhren 23
  Heringssalat mit Rote Bete 52

Herzoginkartoffeln mit Kürbisgemüse 101

Himbeeren
  Himbeermousse mit Karamell 228
  Himbeerschnitten mit Vanillepudding 237
  Pfirsich Melba mit Himbeeren 225

Himmel und Erde mit Leberwurst 200

Huhn aus dem Ofen mit Champignons 167

Italienische Frikadellen mit Tomatensauce 212

Joghurtmousse mit gebratener Ananas 228

Kabeljau
  Fischklöße in Weißweinsauce 137
  Kabeljau auf Kartoffeln und Paprika 155

Kaiserschmarren mit marinierten Zwetschgen 235

Kalb
  Cordon bleu mit Weißweinsauce 188
  Kalbsbacken mit Bohnen und Ofentomaten 191
  Kalbsgulasch mit Champignons 190
  Kalbsleber mit Spinatsalat 199
  Kalbsschnitzel mit Tomaten und Schalotten 188
  Vitello tonnato mit Kapern und Sardellen 32
  Zürcher Geschnetzeltes mit Rösti 190

Kaninchen
  Geschmortes Kaninchen mit Tomaten und Oliven 176
  Kaninchenkeulen mit Bandnudeln 176

Karamellisierter Chicorée mit Pastinakenpüree 81

Kartoffeln
  Bäckerinkartoffeln mit Blattsalat 95
  Conchiglioni mit Kartoffelfüllung 123
  Currywurst mit Pommes frites 214
  Ente aus dem Backofen mit Orangensauce und Knödeln 174
  Erbsenpüree mit Graved Lachs und Rösti 21
  Finkenwerder Scholle mit Kartoffelsalat 144
  Gebackener Feta mit Ofenkartoffeln und Salat 29
  Gefüllte Kartoffeln mit Grünkohl und Speck 94
  Gefüllte Kartoffeln mit Matjes und Bananensauce 30
  Gefüllte Kartoffeln mit Sauerkraut 26
  Gnocchi mit Kirschtomaten 127

Grünkohlsuppe mit frittierten Kartoffeln 62

Herzoginkartoffeln mit Kürbis 101

Himmel und Erde mit Leberwurst 200

Kabeljau auf Kartoffeln und Paprika 155

Kartoffelgulasch mit Ziegenkäsecreme 70

Kartoffelkuchen mit Lauchpüree 96

Kartoffelkuchen mit Wurstsalat 97

Kartoffelküchlein mit Forellenfilets und Linsen 20

Kartoffelpüree 155

Kartoffelpüree mit Kräutern und Tomaten 95

Kartoffelsalat in verschiedenen Variationen 40

Kartoffelsalat mit Räucheraal und Spiegelei 42

Kartoffelsalat mit Tomaten und Rucola 42

Kartoffelstampf 83

Lammkeule mit Kartoffelgratin und Bohnen 219

Linsen-Pilz-Ragout mit Kartoffeln 103

Matjes-Snack mit Rotweinzwiebeln 30

Minutensteaks mit Knoblauchkartoffeln und Salat 194

Olivenölsuppe mit Kartoffeln 62

Perlhuhnbrust mit Gnocchi und Orangen-Morchel-Sauce 165

Pulpo-Salat mit Fenchel und Kartoffeln 51

Rehkeule mit Möhren und Kartoffel-Sellerie-Püree 181

Rehkeule mit Schupfnudeln 182

Roastbeef mit Bratkartoffeln und Kräuterremoulade 204

Rotbarsch mit Ofenkartoffeln und Salat 143

Rumpsteaks mit Kartoffeln und Knoblauchcreme 193

Sahnekohlrabi mit Kartoffeln im Kräutersud 82

Schmorgurken mit Kartoffelstampf 83

Schollenfilets mit Krabben 155

Seelachs mit Kartoffelkruste 144

Zürcher Geschnetzeltes mit Rösti 190

Käse

Auberginenröllchen mit dreierlei Käse 17

Winterkäse mit gratinierten Birnen 28

Zweierlei gebackene Käse mit exotischem Fruchtsalat 28

Kichererbsensalat mit Paprika 44

Kirschen

Kirschdessert im Glas 225

Kirschpfannkuchen mit Weinschaum 232

Wintertraum mit Kirschkompott 230

Kleine Wirsingrouladen mit Hähnchen und Shrimps 169

Knoblauch-Spaghetti mit Prosecco 107

Knurrhahn mit Knoblauch und Oliven 147

Knusperpäckchen mit Hähnchen und Garnelen 25

Kochfisch mit Joghurt-Senf-Sauce 140

Kohlrabi

Gefüllte Kohlrabi mit Nordseekrabben 86

Rehfrikadellen mit Kohlrabi-Wurzelgemüse 183

Sahnekohlrabi mit Kartoffeln im Kräutersud 82

Kohlrouladen mit Hähnchen in Sahnesauce 168

Kotelett vom Rind mit Sauce tartare 196

Kräutercrêpes mit Spargel 78

Krevetten

Cannelloni mit Krevetten-Ricotta-Füllung 120

Misosuppe mit Krevetten 72

Rainers Fischsuppe mit Kräuterbaguette 75

Kürbis

Herzoginkartoffeln mit Kürbisgemüse 101

Kürbis-Pizza mit Kümmel 129

Kürbissuppe mit Lachstatar 73

Lachs

Chicoréeschiffchen mit Lachstatar 21

Feldsalatsuppe mit Räucherlachs 70

Gebeizter Lachs mit gedünstetem Gemüse 18

Kürbissuppe mit Lachstatar 73

Lachs in Rotweinsauce 138

Lachs mit Tagliatelle und Gurken 138

Erbsenpüree mit Graved Lachs und Rösti 21

Lachsforelle aus dem Ofen 154

Lachssalat mit Bohnen und Tomaten 53

Lachssuppe mit Weißwein und Safran 72

Lachstatar mit Berglinsen 18

Linguine in Folie mit Lachsfilet 126

Schollenröllchen mit Lachs und Salbei 139

Lamm

Edel-Döner mit Lamm und Tsatsiki 214

Gefüllte Auberginen in Tomatensauce 88

Gefüllte Weinblätter mit Lammfleisch 87

Geschmorte Lammkeule in Spätburgunder 216

Hackbällchen in Tomatensauce mit Penne 213

Italienische Frikadellen mit Tomatensauce 212

Lamm-Curry mit Weißkohl 215

Lammkarree mit Kräuterkruste und gebratenem Spargel 218

Lammkeule mit Kartoffelgratin und Bohnen 219

Lamm-Schaschlik mit Kräuter-Tomaten-Sauce 215

Lammstelzen auf Gemüsebett 216

Österlicher Salat mit gebratenen Lammlachsen 38

Pappardelle mit Lammhack und Auberginen 119

Rote Linsensuppe mit Lamm 66

Winternudeln mit Lammfilet 118

Lauch

Kartoffelkuchen mit Lauchpüree 96

Linguine mit Lauch-Pesto 111

Lauwarmer Spargelsalat mit gebratenen Scampi 53

Linguine
Linguine in Folie mit
Lachsfilet 126
Linguine mit Lauch-Pesto 111
Linguine mit Venusmuscheln 124

Linsen
Kartoffelküchlein mit Forellen-
filets und Linsen 20
Lachstatar mit Berglinsen 18
Linsen-Pilz-Ragout mit
Kartoffeln 103
Linsensuppe mit
pochiertem Ei 66
Mangold-Linsen-Suppe mit
Safran 65
Rote Linsensuppe mit Lamm 66
Spätzle mit Linsen 127
Loup de mer aus dem Ofen 152

Mandel-Panna-cotta mit Kumquat-
Kompott 229
Mango
Exotische Mango-Gemüse-Suppe
mit Ananas-Scampi-Spießen 74
Garnelen-Sandwich mit
Mango 10
Hähnchen in Mangold mit Mango
und Pinienkernen 160
Mangocreme mit gebratenen
Bananen 13
Rehkoteletts mit Mango 180
Spaghetti mit Mango und
Tomate 111
Mangold
Hähnchen in Mangold mit Mango
und Pinienkernen 160
Mangold-Linsen-Suppe mit
Safran 65
Mascarpone
Camillas Cup mit Erdbeeren 222
Feigen mit Mascarpone-
creme 224
Kirschdessert im Glas 225
Matjes
Gefüllte Kartoffeln mit Matjes und
Bananensauce 30
Matjessalat mit Möhren und
Paprika 52
Matjes-Snack mit Rotwein-
zwiebeln 30
Meeräsche mit Paprikaschaum 150
Meerrettich
Forelle blau mit Meerrettich-
creme 134

Gebratene Gemüse mit
Meerrettichsauce 90
Gemüsepuffer mit Meerrettich-
sauce 102
Milchreis mit geschmorten
Früchten 236
Minutensteaks mit Knoblauch-
kartoffeln und Salat 194
Misosuppe mit Krevetten 72
Möhre
Eingelegte Heringe mit roten
Zwiebeln und Möhren 23
Matjessalat mit Möhren und
Paprika 52
Möhren in Estragonsauce 81
Rehfrikadellen mit Kohlrabi-
Wurzelgemüse 183
Rehkeule mit Möhren und Kartof-
fel-Sellerie-Püree 181
Rinderschmorbraten mit Zucker-
möhren 203
Spanferkelkoteletts mit Möhren-
salat 208
Zwiebelrostbraten mit Petersilien-
möhren 197
Morcheln, getrocknete
Hähnchen mit Morchel-Walnuss-
Sauce 162
Perlhuhnbrust mit Gnocchi und
Orangen-Morchel-Sauce 165
Mozzarella
Cordon bleu mit Weißwein-
sauce 188
Gefüllte Champignons mit Büffel-
mozzarella 87
Mozzarella mit Erdbeeren 241
Mozzarella-Burger mit Zucchini
und Rucola 15
Mozzarella-Toast mit Tomaten 14
Spitzkohl-Pizza mit Tomaten und
Mozzarella 130

Nordseekrabben
Gefüllte Kohlrabi mit Nordsee-
krabben 86
Schollenfilets mit Krabben 155
Nudelauflauf mit schneller Tomaten-
sauce 122
Nudelsalat mit Bohnen und
Paprika 47
Nudelsalat mit Tomaten und
Schinken 46
Nudelsalat, safranierter, mit Brokkoli
und Sellerie 46

Obatzda mit Blauschimmelkäse 12
Offene Ravioli mit Pfifferlingen und
Spinat 114
Olivenölkuchen mit Zitronen 238
Olivenölsuppe mit Kartoffeln 62
Orange
Ente aus dem Backofen mit Oran-
gensauce und Knödeln 174
Filet in Blätterteig mit Cumber-
landsauce 192
Forelle Müllerin mit Orangen-
aroma 134
Frühlingszwiebeln in Orangen-
sauce 82
Gegrillte Rotbarben mit Fenchel-
Orangen-Salat 148
Gemüsesalat mit Birne und
Orange 43
Parmaschinken mit Orangen und
roten Zwiebeln 16
Perlhuhnbrust mit Gnocchi und
Orangen-Morchel-Sauce 165
Rotbarbenfilets mit Orangen-
scheiben 147
Weißer Spargel mit Hummer und
Orangensauce 100
Weißer Spargel mit Orangensauce
und Rucola 78
Österlicher Salat mit gebratenen
Lammlachsen 38

Paella mit Hähnchen und
Scampi 129
Pappardelle mit Lammhack und
Auberginen 119
Paprikaschote
Gefüllte Paprikaschote mit Thun-
fisch und Basmatireis 84
Kabeljau auf Kartoffeln und
Paprika 155
Kichererbsensalat mit
Paprika 44
Matjessalat mit Möhren und
Paprika 52
Meeräsche mit Paprika-
schaum 150
Nudelsalat mit Bohnen und
Paprika 47
Ratatouille-Gemüse mit Pinien-
kernen 101
Spaghetti mit Paprikasauce 107
Thunfisch-Toast mit Paprika 10
Tilsiter-Salat mit Paprika und
Rucola 43

Parmaschinken mit Orangen und
roten Zwiebeln 16
Parmaschinken mit Salat und
Pinienkernen 16

Pastinake
Borschtsch mit Weißkohl und
Pastinaken 68
Karamellisierter Chicorée mit
Pastinakenpüree 81

Penne
Hackbällchen in Tomatenauce
mit Penne 213
Nudelauflauf mit schneller Toma-
tensauce 122
Penne mit Bärlauch 112
Penne mit Bratwurst 116
Penne mit grünem Pesto 112
Perlhuhnbrust mit Gnocchi und
Orangen-Morchel-Sauce 165

Petersilie
Gekochtes Rindfleisch mit Aioli
und Petersiliensauce 202
Petersiliensalat mit Bulgur und
Minze 44
Sardinen-Snack mit Petersilien-
Pesto 23

Pfifferlinge
Offene Ravioli mit Pfifferlingen
und Spinat 114
Rehkoteletts mit Mango 180
Risotto mit Pfifferlingen 128
Tagliatelle mit Pfifferlingen und
weißen Bohnen 115

Pfirsich
Hähnchenbrust mit Garnelen und
Pfirsich 161
Milchreis mit geschmorten
Früchten 236
Pfirsich Melba mit Himbeeren 225
Pflaumen, gratinierte, mit Butter-
streuseln 230

Pinienkerne
Dorade in der Folie 154
Hähnchenbrust mit Pinienkernen
und Kapern 161
Hähnchen in Mangold mit Mango
und Pinienkernen 160
Halbgefrorenes von Pinien-
kernen 240
Linguine mit Lauch-Pesto 111
Parmaschinken mit Salat und
Pinienkernen 16
Ratatouille-Gemüse mit Pinien-
kernen 101

Red Snapper mit gerösteten
Pinienkernen 146
Spinatsalat mit Pinienkernen 36

Pizza
Kürbis-Pizza mit Kümmel 129
Spitzkohl-Pizza mit Tomaten und
Mozzarella 130
Polenta mit Obstsalat 232
Pulpo-Salat mit Fenchel und
Kartoffeln 51

Pute
Gebratene Pute mit Rotweinsauce
und Gemüse 172
Putenbraten in Milch 173
Putenroulade mit Ananas-Chili-
Mus 164

Rahmschnitzel mit Brokkoli und
Champignons 206
Rainers Fischsuppe mit Kräuter-
baguette 75
Ratatouille-Gemüse mit Pinien-
kernen 101
Ravioli, offene, mit Pfifferlingen
und Spinat 114
Red Snapper im Salzteig 152
Red Snapper mit gerösteten Pinien-
kernen 146

Reh
Rehfilets mit Mirabellen 180
Rehfrikadellen mit Kohlrabi-
Wurzelgemüse 183
Rehkeule mit Möhren und Kartof-
fel-Sellerie-Püree 181
Rehkeule mit Schupfnudeln 182
Rehkoteletts mit Mango 180
Rehrouladen mit Couscous 184

Remoulade
Backfisch mit Remouladen-
sauce 142
Roastbeef mit Bratkartoffeln und
Kräuterremoulade 204

Rhabarber
Gebratener Zander mit Rhabarber-
gemüse 146
Rhabarber mit Vanille-
schaum 224
Spargelcremesuppe mit
Rhabarber 65
Ricottaplätzchen mit
Calvadosäpfeln 236

Rind
Beinscheiben mit grünen
Bohnen 200

Bohnengemüse mit Rind-
fleisch 103
Filet in Blätterteig mit Cumber-
landsauce 192
Filet Rossini mit
Champignons 192
Fleischbrühe, selbst
gemacht 56
Gekochtes Rindfleisch mit Aioli
und Petersiliensauce 202
Geschichteter Wirsing mit Hack-
fleisch 89
Gulaschsuppe auf klassische
Art 69
Hackbraten aus dem Ofen mit
Tomatensauce 198
Hacksteaks mit Auberginen 199
Kotelett vom Rind mit Sauce
tartare 196
Minutensteaks mit Knoblauch-
kartoffeln und Salat 194
Rinderbrühe mit Klößchen und
Eierstich 57
Rinderschmorbraten mit Zucker-
möhren 203
Roastbeef mit Bratkartoffeln und
Kräuterremoulade 204
Rumpsteaks mit Kartoffeln und
Knoblauchcreme 193
Rundstücke mit Steaks und
Austernpilzen 27
Schmorgurken mit Rinder-
hack 83
Steaks mit geschmolzenen
Tomaten 197
Zwiebelrostbraten mit Petersilien-
möhren 197
Risotto mit Melonen und
Erbsen 128
Risotto mit Pfifferlingen 128
Roastbeef mit Bratkartoffeln und
Kräuterremoulade 204

Rotbarbe
Gegrillte Rotbarben mit Fenchel-
Orangen-Salat 148
Rotbarbenfilets mit Orangen-
scheiben 147

Rotbarsch
Backfisch mit Remouladen-
sauce 142
Rotbarsch mit Ofenkartoffeln und
Salat 143
Rotbarsch-Nudeln mit Fenchel
und Zucchini 126

Rotbarschfilets mit
zwei Saucen 142

Rote Bete

Blumenkohl mit Rote Bete und
Bärlauch-Pesto 93

Borschtsch mit Weißkohl und
Pastinaken 68

Heringssalat mit Rote Bete 52

Rote Linsensuppe mit Lamm 66

Rucola

Kartoffelsalat mit Tomaten und
Rucola 42

Mozzarella-Burger mit Zucchini
und Rucola 15

Rucola im Glas mit Hähnchen 15

Tilsiter-Salat mit Paprika und
Rucola 43

Weißer Spargel mit Orangensauce
und Rucola 78

Rumpsteaks mit Kartoffeln und
Knoblauchcreme 193

Rundstücke mit Steaks und
Austernpilzen 27

Safran

Gratinierter Blumenkohl mit
Safransauce 92

Lachssuppe mit Weißwein und
Safran 72

Mangold-Linsen-Suppe mit
Safran 65

Safranierter Nudelsalat mit
Brokkoli und Sellerie 46

Sahne-Kohlrabi mit Kartoffeln
im Kräutersud 82

Saibling

Saibling im Blätterteig-
mantel 151

Saibling mit Bärlauchsauce 143

Salat, griechischer, mit Feta und
Oliven 48

Salat, herbstlicher, mit Feigen und
Trauben 39

Salzburger Nockerl mit
Vanillesahne 231

Sardinen-Snack mit Petersilien-
Pesto 23

Sauerkraut

Gebratene Gans mit Rotweinsauce
und Riesling-Sauerkraut 178

Gefüllte Kartoffeln mit
Sauerkraut 26

Sauerkraut-Baguette mit Bratwurst 27

Scampi

Exotische Mango-Gemüse-Suppe
mit Ananas-Scampi-Spießen 74

Lauwarmer Spargelsalat mit
gebratenen Scampi 53

Paella mit Hähnchen und
Scampi 129

Scharfe Erdbeertorte mit Chili und
Mandeln 240

Scharfer Tomatenreis mit Sellerie 94

Schaschlik mit Hähnchen und
Ananas 24

Schäufele mit zweierlei
Rosenkohl 209

Schmorgurken mit Kartoffelstampf 83

Schmorgurken mit Rinderhack 83

Schnee-Eier mit Vanillesauce 229

Schokolade

Birne Helene mit zweierlei
Schokolade 226

Schokosoufflé mit Vanillesauce 231

Schokotraum mit Kardamom 226

Scholle

Finkenwerder Scholle mit
Kartoffelsalat 144

Scholle mit Radieschen 139

Schollenfilets mit Krabben 155

Schollenröllchen mit Lachs und
Salbei 139

Schwarzwurzelsuppe mit
gebratener Gänseleber 61

Schwein

Ananas-Schnitzel mit Chili und
Knoblauch 207

Dicke Rippe mit Tomaten-
salat 208

Rahmschnitzel mit Brokkoli und
Champignons 206

Schäufele mit zweierlei
Rosenkohl 209

Schweinebraten mit Kruste und
Brezenknödel 210

Schweinekotelett mit
Apfeltatar 207

Spanferkelkoteletts mit
Möhrensalat 208

Seelachs mit Kartoffelkruste 144

Sellerie

Gebratener Sellerie mit geschmolzenen Tomaten 90

Rehkeule mit Möhren und
Kartoffel-Sellerie-Püree 181

Safranierter Nudelsalat mit
Brokkoli und Sellerie 46

Scharfer Tomatenreis mit
Sellerie 94

Spiegeleier mit Sellerie und
Tomaten 29

Sommersalat mit Gemüse 39

Spaghetti

Frühlingsnudeln mit Hähnchenbrust 118

Gebratene Spaghetti-Nester mit
zwei schnellen Saucen 108

Gemüse-Spaghetti mit Tandoori-
Garnelen 110

Knoblauch-Spaghetti mit
Prosecco 107

Rotbarsch-Nudeln mit Fenchel
und Zucchini 126

Spaghetti all' arrabiata 106

Spaghetti alla carbonara 106

Spaghetti mit Garnelen 123

Spaghetti mit Mango und
Tomate 111

Spaghetti mit Miesmuscheln 124

Spaghetti mit Paprikasauce 107

Spanferkelkoteletts mit
Möhrensalat 208

Spargel

Gemischter Spargel mit Hähnchenfilet 80

Grüner Spargel mit Bärlauch-
Mayonnaise 98

Kräutercrêpes mit Spargel 78

Lammkarree mit Kräuterkruste
und gebratenem Spargel 218

Lauwarmer Spargelsalat mit
gebratenen Scampi 53

Spargel rot-weiß-grün 80

Spargelcremesuppe mit
Rhabarber 65

Wachteleiersalat mit Spargel und
Ananas 50

Weißer Spargel mit Hummer
und Orangensauce 100

Weißer Spargel mit Orangensauce
und Rucola 78

Weißer Spargel mit Thun-
fisch 98

Spätzle mit Linsen 127

Speck

Erbsensuppe mit Würstchen
und Speck 64

Gefüllte Datteln im Speckmantel 17

Gefüllte Kartoffeln mit Grünkohl und Speck 94
Spaghetti alla carbonara 106
Spiegeleier mit Sellerie und Tomaten 29

Spinat
Graupensuppe mit Spinat 57
Kalbsleber mit Spinatsalat 199
Offene Ravioli mit Pfifferlingen und Spinat 114
Spinat-Bandnudeln mit pochiertem Ei 116
Spinatsalat mit Pinienkernen 36
Spitzkohl-Pizza mit Tomaten und Mozzarella 130
Steaks mit geschmolzenen Tomaten 197
Steckrübenrahmsuppe mit gebratener Mettwurst 61
Stubenküken, gegrillte, mit Bohnenragout 166

Tagliatelle
Lachs mit Tagliatelle und Gurken 138
Tagliatelle mit Pfifferlingen und weißen Bohnen 115

Thunfisch
Gefüllte Paprika mit Thunfisch und Basmatireis 84
Gegrillter Thunfisch mit Kräutersalat 148
Thunfisch-Toast mit Paprika 10
Weißer Spargel mit Thunfisch 98
Tilsiter-Salat mit Paprika und Rucola 43

Tomate
Ananas-Tomaten-Salat mit Basilikum und Parmesan 36
Brokkolirahmsuppe mit Tomaten 58
Dicke Rippe mit Tomatensalat 208
Gebratener Sellerie mit geschmolzenen Tomaten 90
Gefüllte Auberginen in Tomatensauce 88
Gefüllte Tomaten mit Geflügellebern 86
Gnocchi mit Kirschtomaten 127
Hackbällchen in Tomatensauce mit Penne 213
Hackbraten aus dem Ofen mit Tomatensauce 198

Hähnchen in Estragonsauce mit gefüllten Tomaten 158
Hähnchen mit Tomatensalat 170
Hähnchen-Curry mit Tomaten und Joghurt 162
Italienische Frikadellen mit Tomatensauce 212
Kalbsbacken mit Bohnen und Ofentomaten 191
Kalbsschnitzel mit Tomaten und Schalotten 188
Kartoffelpüree mit Kräutern und Tomaten 95
Kartoffelsalat mit Tomaten und Rucola 42
Lachssalat mit Bohnen und Tomaten 53
Lamm-Schaschlik mit Kräuter-Tomaten-Sauce 215
Marinierte Tomatenwürfel 80
Mozzarella-Toast mit Tomaten 14
Nudelauflauf mit schneller Tomatensauce 122
Nudelsalat mit Tomaten und Schinken 46
Petersiliensalat mit Bulgur und Minze 44
Putenbraten in Milch 173
Rucola im Glas mit Hähnchen 15
Scharfer Tomatenreis mit Sellerie 94
Spaghetti mit Mango und Tomate 111
Spiegeleier mit Sellerie und Tomaten 29
Spitzkohl-Pizza mit Tomaten und Mozzarella 130
Steaks mit geschmolzenen Tomaten 197
Tomatenbrot mit Kräuterrührei 14
Tomatensuppe mit Brot 58
Tomatensuppe mit Klößchen 60

Überbackene Austern mit Frühlingszwiebeln 33

Vanilleschote
Apfeltarte mit Vanilleeis 238
Himbeerschnitten mit Vanillepudding 237
Rhabarber mit Vanilleschaum 224
Salzburger Nockerl mit Vanillesahne 231

Schnee-Eier mit Vanillesauce 229
Schokosoufflé mit Vanillesauce 231
Vitello tonnato mit Kapern und Sardellen 32

Wachteleier
Bohnensalat mit Wachteleiern 50
Wachteleiersalat mit Spargel und Ananas 50
Weinblätter, gefüllte, mit Lammfleisch 87
Weißer Spargel mit Hummer und Orangensauce 100
Weißer Spargel mit Orangensauce und Rucola 78
Weißer Spargel mit Thunfisch 98

Weißkohl
Borschtsch mit Weißkohl und Pastinaken 68
Lamm-Curry mit Weißkohl 215
Wildgulasch mit Gorgonzolabirnen 185
Wildschweinkeule mit geschmorten Früchten 177
Winterkäse mit gratinierten Birnen 28
Winternudeln mit Lammfilet 118
Wintertraum mit Kirschkompott 230

Wirsing
Geschichteter Wirsing mit Hackfleisch 89
Kleine Wirsingrouladen mit Hähnchen und Shrimps 169

Zabaione mit Erdbeeren 222
Zander auf Fenchelgemüse 140
Zander, gebratener, mit Rhabarbergemüse 146

Zucchino
Mozzarella-Burger mit Zucchini und Rucola 15
Ratatouille-Gemüse mit Pinienkernen 101
Rotbarsch-Nudeln mit Fenchel und Zucchini 126
Zürcher Geschnetzeltes mit Rösti 190
Zweierlei gebackene Käse mit exotischem Fruchtsalat 28
Zwiebelrostbraten mit Petersilienmöhren 197